明朝帝王師

他們教皇帝的事，
以及他們的下場

熊召政 著

目錄

作者序

兩年前，王亞民先生主持《紫禁城》月刊的改版。他想在保持這份刊物的學術純粹與藝術品位的基礎上，再增加一點活潑與通俗。經故宮博物院及紫禁城出版社這兩單位的推薦與斟酌，組成了《紫禁城》月刊新的編委會，我有幸入選。二〇〇八年十月份，第一次編委會召開。亞民在會上提議我在刊物上開一個專欄介紹明史知識。我想了想，便提出撰寫「明朝帝王師」的系列文章，亞民及各位編輯都表示同意。於是，自二〇〇九年第二期開始，這系列文章便在《紫禁城》月刊上與讀者見面了。

明朝帝王師，是一個非常特殊的政治群體。這乃是明朝的政治制度所決定。開國皇帝朱元璋誅殺宰相胡惟庸之後，由此擔心大權旁落，遂永久廢除了宰相制。由皇帝直接管理國事，領導群臣。由於少了宰相這個環節，皇帝便變得格外繁忙。朱元璋於是找了幾名顧問集中在文淵閣幫他處理事務，這便是內閣的由來。

最初的內閣其實就是一個祕書處，官階最隆者也不過五品。但是，凡入選者都必須是士林公認的飽學之士。演變到後來，凡入閣當輔臣者，首先必須取得大學士的頭銜。

明朝的科舉制度是選拔官員的主要途徑。每次會試中進士者，必會選拔二十名左右的青年才俊，到翰林院繼續深造。凡選中者稱爲庶起士，深造期限一般兩年，優秀者便留在翰林院充講官、詞臣和史官。這個講官，就是給皇帝授課的人。但是，並不是所有的講官都擁有帝師的身分。

所謂帝王師，一般都是先當太子的老師。凡被立爲太子的人，便自動獲得儲君的身分。明朝對於儲君的教育相當重視。管理太子的事務機構叫詹事府，與之平行的還有一個左春坊，是專門管理太子教育的衙門。凡講臣、詞臣、史官這三種統籌由翰林院管轄的文臣，都有資格獲選爲太子師。凡選爲太子師者，時人便以「儲相」待之。

每當皇帝駕崩後，太子登基，一般都會啓用自己的老師進入內閣擔當輔臣乃至首輔。明朝內閣，雖然最初的創設只是祕書機構，但自永樂後期，特別是宣宗皇帝之後，基本上成了國家的行政中樞。其權力與地位均在六部之上，內閣首輔實際上變成了沒有宰相頭銜的宰相。因此，明朝帝王師除洪武、永樂兩朝之外，經歷大都清晰可尋，依次是：庶起士——翰林院文臣——太子師——帝師——內閣大學士。

透過以上演繹，我們不難發現，明朝帝王師不可簡單以教師身分看待。他們其實是各個時期重要的政治家與國務活動家。他們的學術思想、政治觀點以及處事方法，不僅影響到皇帝，更影響到明朝的治國方略。

明代儲君的學習內容，以經史爲主。習經則上宗孔孟，本於程朱；習史則揭示歷代帝王治國之道，興衰之理。講經者尋章摘句，雖屢見智慧然大都泥古；講史者發揮較多，較之經籍更能讓人體驗治國之得失。因此，明朝的帝師，學問不必有創見，但須雍容深厚。臧否人物可以一針見血，但不可標新立異，更不能「怪力亂神」。

所以，以思想家譽之帝王師，則不允當。儘管少數帝師確有自己的思想體系，但做爲一個群體，他們不是以思想取勝，而是精於治術。

我曾經說過，在中國歷史中，始終有「政統」與「道統」之分。皇權代表政統，而士林代表道統。明朝帝王師既是政統的維護與調適者，亦是道統的保養與堅持者，將兩者統一起來，單靠帝師的努力是不可能達到的。帝王與帝師之間的關係，即是君臣、主僕，又是師生與少長。在專制的王朝，知識永遠只能是權力的附庸。明朝的帝師們，雖然沒有以知識取禍，但在成爲內閣輔臣之後，往往與其當皇帝的學生政見不合而導致悲劇，輕者見棄，重者甚至招來殺身之禍。

明朝的帝師中，眞正學問高深者只在少數，但愈是平庸者愈是能夠善終。正因如此，帝王師在明代，既是一個顯赫的職業，亦是一個高危險性的人群。

本書選取的十五位帝王師中，大都是衆人耳熟能詳的人物。透過他們的升沉際遇，可以看到整個明朝的發展軌跡與政治走向，亦可看到明朝皇帝們的「衆生相」。他們或親民，或禍國；或勤政事，或荒社稷。對待自己的老師們，或始親終棄，或名倚實疏，或用其術而貶其人，或尊其人而疏其術，不一而足。

差不多用了一年的時間，寫了十五篇帝王師的文章。這十五位帝王師的選取，大致照顧了時代的分布與讀者的熟悉度，亦考慮到不同類型的代表性，但仍不是一個嚴格的選擇，還有一些重要的帝師未被錄入。這是一個遺憾，只能留在本書再版的時候，再予以增補。

本書在寫作過程中，得到很多朋友的支持和鼓勵。尤其是左遠波與李文君兩位編輯，糾錯勘誤，做了大量的工作，在此向他們致以誠摯的謝意。

熊召政　於梨園書屋

第一章 官場中的另類・劉伯溫

劉伯溫在天命之年追隨朱元璋效命王政。在這條路上，他走了十五年，那是怎樣的一條道路啊！

西湖上空飄來「天子氣」

元至正十年（一三五〇年）的陽春三月，杭州西湖煙柳籠堤，青蓮映水。臨近正午，一艘畫舫自湖心駛來，繫纜錢塘門外。船上走下幾名身著元朝官服的中年男子，走進一家臨湖的酒樓。二三友好遊湖之後，喝一頓春酒，本是踏青樂事。不消片刻，隨行衙役已爲他們安排好珍饈玉饌、琴師歌女。

古代官員，多半是文人出身，詩詞歌賦、琴棋書畫都是看家本領。官場酬酢，這些技藝無不派上用場。酒過三巡，聽了兩曲絲竹姣音，官員們技癢，一番推讓，一名清瘦的官員起身離席，踱到臨窗的書案，提起羊毫，對著軒外浮在湖水湖煙中的瀲灩晴光，以及金菌山上隱於蔥蘢綠樹中的菌閣，寫了一首〈春興〉：

柳暖花融草滿汀，日酣煙淡麥青青。
枝間好鳥鳴求友，水底寒魚陟負萍。
異縣光陰空荏苒，故鄉蛇豕尚羶腥。
感時對景情何極，悼往悲來總涕零。

當紙上落下最後一個字，圍觀的同僚無不蹙眉。面對滿眼的良辰美景，不說心曠神怡，總不至於涕淚生悲吧？何況還有「故鄉蛇豕」一類的話，聽了讓人覺得與時下的太平光景極不相稱。還來不及指責，但見湖上風浪驟起，一團鉛灰色的雲自西北方向湧出，陽光忽被蝕去。一會兒，鉛雲移至湖心，盤桓少許，復又散去，天空仍清碧如洗。

「好一朵異雲哪！」有人讚歎。

「不是異雲，是慶雲。」有人糾正。

其實，慶雲與異雲並無多大區別，只不過慶雲更接近瑞兆。於是，座中官員紛紛以慶雲爲題，分韻賦詩，讚頌慶雲的出現，是象徵政治清明、物阜民豐的吉祥之象。一片喧鬧中，獨獨那名首賦〈春興〉的官員獨坐飲酒。於是，一名同儕問他：「仁兄，你方才寫詩發了不少牢騷。爲何慶雲出現，你反倒不置一詞呢？」

那名官員一仰脖子浮了一大白之後，慢吞吞地回答：「方才那一朵雲不是慶雲，呑了日頭，怎麼會是祥瑞呢？」

「那是什麼？」同儕問。

清瘦官員答：「這不是慶雲，是天子氣。這股氣起自金陵，十年後那裡會誕生新的英主。我命中注定，要輔佐他再造乾坤。」

一言既出，滿座皆驚。斯時，元朝政局穩定，雖然有一些隱伏的危機，但表面上還是一派昇平氣象。這種公開宣稱即將就要改朝換代的言論，若放在清朝，不但說話的人腦袋要被卸下，恐怕他的九族也會受到株連。元朝的統治者禁錮不算苛嚴，但對於拿著朝廷俸祿的地方官員，聽到如此明確的訕謗朝廷的言論，還是嚇得面如土色。他們哪裡還敢坐下來飲酒吟詩，當下紛紛找了理由，溜之大吉了。

那名口出狂言的官員，兀自坐在那裡，痛痛快快地豪飲一番。幾分醉意之後，還拉著花容失色的歌女，用濃厚的浙東口音，咿咿呀呀地唱起〈山坡羊〉來。

這名官員名叫劉基，時年三十九歲，所任官職是江浙儒學副提舉，行省考試官。

官場中的另類

稍通明史的人，對劉基這個名字，一定不會陌生。朱元璋創立大明王朝，封賞的開國功臣有數十位，劉基列名其中。受封分為公、侯、伯三級，劉基不能位列公侯，僅受封爲誠意伯。如此說來，他的功勞不算太大。但實際情況是，如果只評兩個功勞最大的開國功臣，那麼則只有徐達與劉基兩人有資格當選。

劉基，字伯溫。在民間，劉伯溫的名氣遠遠大過劉基。他是浙江青田縣九都南田武陽村人。現在，他的故鄉劃到了文成縣，歸溫州市管轄。中國有句老話，叫「寧爲太平犬，勿做亂世人」。說到亂世，想到「白骨露於野，千里無雞鳴」的悲慘景象，人們無不心驚膽戰。連諸葛亮這樣的人都哀嘆「苟全性命於亂世」，是窘迫中的無奈選擇。但中國同樣有一句流傳廣泛的老話，叫「亂世出英雄」。中國的英雄，成名於亂世的遠遠多於順世。且不說劉邦、李淵、趙匡胤、朱元璋這樣一些趁著亂世問鼎天下的皇帝，即便如韓信、樊噲、關羽、張飛、周瑜、秦瓊、尉遲恭、徐達、常遇春這樣的武將，張良、蕭何、諸葛亮、魏徵這樣的文臣，有誰不是在亂世中實現自己的人生抱負呢？後人評價曹操，常以「治世之良臣、亂世之奸雄」對舉。其實，這種比擬沒有多大的合理之處。順世中，仕途中人要想升官，多把心思用來揣摩「聖意」；亂世中，有理想的人若想成事，所有的心思都必須用來逐鹿中原。所以說，在順世中得寵的，多爲三流人才；而在亂世中的成功者，則非一流人才莫屬。順世與亂世，人才的取向不同，品質也不同。夠得上英雄級別的人，最好的生活環境便是亂世。

如此說來，劉伯溫便是一個例子。

劉伯溫生於一三一一年，正值元朝中葉的全盛時期。順世中的文人，雖然也有報國的理想，但封侯拜相的願望，卻是比登天還難。現在的文人，可以到大學去教書，當博導（博士研究生導師）；也可以下海經商，當老闆。但在古代，除了科舉，別無進取之途。劉伯溫走的也是這一條路子，他二十二歲考中進士，然後滯留北京候補，三年後才被安排到江西行省擔任高安縣丞。此後，他有二十年的官宦生涯。其中兩次被免職，一次在江西行省椽史的任上。椽史一職，類似於今天的省政府副祕書長，屬於行省大臣的幕僚。另外一次則在江浙儒學副提舉任上，這個職務相當於今天的省教育廳副廳長。兩次免官，絕不是因爲劉伯溫行爲放浪，犯了什麼瀆職罪，恰恰是因爲他過於剛正。用《明史》的話說，他丟了烏紗帽的原因是「發奸擿伏，不避強禦」。就是說，他有點像海瑞那樣的愣頭青，或者用浙江罵人的話說，叫「呆頭鵝」。這又說明了一個道理，順世中的好官，爲當世及後代傳頌者，大都因爲兩條：反腐和親民。恰恰這兩條，是只能說而不能做的事。這從側面又提供了一個論據：亂世英雄，在順世一般都沒有機會當良臣。我常常想，如果生在亂世，唐伯虎、金聖歎這樣的落拓文人，未必就不是扭轉乾坤的英雄。因爲，如果沒有元末的大亂，劉伯溫也只能是一個寄食官場的不得意文人。

期待「真命天子」

劉伯溫少時就有神童之稱，據說可以一目七行。十四歲學《春秋》，沒有像那些好學生，捧著書本誦讀，而是讀一遍就完全記住了。判斷一個讀書人是否有才華，有兩個基本標準，一是記憶力，二是領悟力。劉伯溫在這兩個方面都是超一流的。據說他遊學北京期間，某日逛進一家書肆，發現一本天文書，遂站下來翻閱。店主見他看得入神，便上來搭訕。言談中覺得這名年輕書生談吐不凡，有意將這本天文書送給他。劉伯溫笑著謝絕，見店主仍要堅持，就說：「不瞞店家，我方才看了半日，這本書早已裝進了肚皮。」說著就流利地背誦起來。店主大驚，以爲遇到了轉世的諸葛亮。

常言道「一方水土養一方人」，劉伯溫的才情與他的故鄉不無關係。據北宋《太平寰宇記》記載：「天下七十二福地，南田居其一。萬山深處，忽辟平疇，高曠絕塵，風景如畫。桃源世外無多讓焉。」應該說，南田數百年的精氣，孕育出劉伯溫這樣一位曠世奇才。

劉伯溫出自書香世家，高祖父劉濠，出任過宋朝的翰林掌書，祖父和父親，都是儒林中的佼佼者。劉伯溫與其上輩不同的是，他不僅尊崇由內聖開出外王的孔孟儒學，更喜歡運籌帷幄的黃霸之術。《明史》上說他「博通經史，於書無不窺。尤精象緯之學」。

象緯之學，就是我們通常所說的神機妙算。這門學問是建立在天文地理、陰陽五行基礎上的讖卜術數。儒學與智術，既有關聯又各成體系。懂智術的人一般都通儒學，但即便是碩儒，也未必懂得智術。通儒之人是賢人，通智之人則是高人。而劉伯溫呢，則是同諸葛亮一樣，既是賢人，又是高人。

劉伯溫在元朝最後的幾個官職，首先是浙東元帥府都事，這職務類似於今天的省軍區參謀長。因建言捕斬海盜方國珍，與上司鬧翻而遭到革職。三年後，再入官場，當過江浙行省都事、江浙行省郎中。那幾年的浙江，主要的任務是圍剿方國珍。劉伯溫屢屢建言而不為當政者重視，最後調任他為處州路總管府判，劉伯溫一氣之下便棄官歸里。這是至正十八年（一三五八年）的事，這一年劉伯溫四十七歲。

從以上劉伯溫在元朝入仕的履歷表可以看出，無論是在縣、州還是行省，他都沒有當過一把手，始終都是無足輕重的配角。這些官職，對一般的鄉村知識分子來說，就算是出人頭地、光耀門庭了。但劉伯溫不一樣，他少有大志，認為自己是帝王師一類的角色。年輕時，他曾寫過一首〈公子行〉的絕句：

玉勒金鞍照地光，駝裘珠帽繡文章。
平明上馬歸來醉，他日清朝作棟梁。

從這些詩作來看，劉伯溫早就盼望著改朝換代。他不屑於當元朝的陋官，而期望做新朝的棟梁。

但是，新的眞命天子將於何時出現呢？劉伯溫辭官歸里時，距他在西湖賞春望見「天子氣」已過去了八年。如果他的寓言靈驗，那麼，兩年後他就應該與眞命天子見面了。

促成了朱元璋的皇帝夢

劉伯溫與朱元璋的見面，的確是在十年後即至正二十年（一三六〇年）的春三月。斯時，劉伯溫已在家閒居兩年，寫下了他一生中最爲重要的著作《郁離子》。關於這部書，我會在後面專門論及，這裡還是先講他與朱元璋見面的事。

據說，朱元璋知道劉伯溫這個人的名字，緣於另一名碩儒朱升的推薦。朱升亦是元朝歸隱的官員，與朱元璋同鄉。他被朱元璋請出山後，便向朱元璋推薦了「金華四傑」。這四個人是劉伯溫、宋濂、章溢和葉琛。其時，朱元璋已是元末農民起義軍中較有實力的一支。隨他揭竿起義的人士，多半是淮西家鄉的哥們，如徐達、沐英等，掄槍使棒衝鋒陷陣都是好漢，但審時度勢運籌帷幄都不在行。朱元璋一心想招聘幾位智多星來共謀大事。正是在這種情況下，他才聽信朱升的話，委派專人前往浙東，將「金華四傑」請到南京。

對於四人的到來，朱元璋給予足夠的禮遇。除了集體接見並宴請，朱元璋還與四個人進行單獨談話。四場談話的內容，今天已不得而知，只知道劉伯溫曾向朱元璋面陳「時務十八策」。完全可以斷定，爲這次見面，劉伯溫做了充分準備。此前他就已認定，朱元璋就是他要輔佐的眞命天子。

在會見之前，曾發生過這樣一件事情。一個老朋友跑到南田來找劉伯溫，向他獻計說：「如今天下大亂，不少人揭竿而起，據地稱王。以老兄才幹，完全可以振臂一呼，據括蒼、並金華，越中山水可收老兄囊中，成就勾踐霸業在此一舉。」劉伯溫笑著說：「放眼天下，如今起兵的張士誠、方國珍之流，皆鼠狗之輩，我怎麼能夠仿效他們呢？天命有歸，你就等著看吧。」不久，朱元璋兵臨金華，劉伯溫夜觀天象，對老朋友說：「十年前我在西湖上空看到的天子氣，如今又在金華上空出現了，這就是天命啊！」說這話時，劉伯溫已下了投奔朱元璋的決心。所以，當朱元璋派人來請，他立刻答應，冒著生命危險於兵荒馬亂中趕到南京。

劉伯溫給朱元璋的見面禮，就是那「時務十八策」。這應該是十八條錦囊妙計。具體哪些內容，史載均語焉不詳。當年諸葛亮初見劉備，便有了那一篇千古傳頌的〈隆中對〉，相信這十八條妙計也爲朱元璋日後取得江山發揮了重要作用。只是事涉機密，除兩個當事人之外，斷無第三人知曉。

不少歷史學家認爲，金華四傑的加盟，是朱元璋翦滅群雄，最終奪取天下的關鍵因素之一。其實，在軍閥混戰中，這四個人裡面眞正爲朱元璋出謀獻策產生重要作用的，只有劉伯溫一人。

劉伯溫投奔朱元璋的時候，朱元璋連吳王都還未稱，只是韓林兒麾下一支部隊的指揮官。當韓林兒稱帝的時候，朱元璋還表示了擁戴。大年初一，在中軍帳內設下韓的御座。朱元璋的部下將領，都奉朱元璋之命，對著那御座行叩拜大禮，獨劉伯溫不搭理。別人問他爲何倨傲，他不屑地說：「此（指韓林兒）牧豎耳，奉之何爲？」意思是這種平庸無能的人完全不值得尊敬，更不值得追隨。

消息傳到朱元璋的耳朵裡，他便把劉伯溫找去詢問原由。劉伯溫單刀直入告訴朱元璋：「你就是取代元朝的眞命天子，何必還要去侍奉他人？」

當時，天下稱王的人有好幾個，除了韓林兒，還有陳友諒、張士誠、方國珍等人。朱元璋也久有稱王之心，一幫和他一起揭竿的哥們也慫恿了很久，只是他心中一直沒有底。最讓他吃不準的有兩條：一是他命中是否有「龍象」；二是稱王的最佳時機。經過幾次長談，朱元璋已知曉劉伯溫是個精通天文地理的高人。農民出身的朱元璋，對卜卦、推命一類的象緯之學深信不疑。如今劉伯溫說他是眞命天子，這好比撓癢癢搔到了實處。如果說哥們的慫恿有打誑語的成分，那麼劉伯溫的勸說則被朱元璋當作「神諭」。在這一點上，可以肯定地說，是劉伯溫促成了朱元璋的皇帝夢。

一人身抵百萬師

劉伯溫投奔朱元璋之初的幾年，主要是承擔軍師的角色。他每獻一計便成一事，因此深得朱元璋信任。朱元璋對劉伯溫說：「先生有至計，勿惜盡言。」每逢軍國大事，朱元璋有吃不準的地方，必然會請教劉伯溫。他從來不叫劉伯溫的名字，而是尊敬地喊「老先生」。劉伯溫比朱元璋大了十幾歲，在輩分上喊他老先生不爲錯。但這個稱呼跟年齡沒有關係。那時，在朱元璋的集團裡，誰都知道朱元璋把劉伯溫當作老師來對待。

投奔朱元璋之前，劉伯溫閒居故里時，曾寫過一首五律〈題太公釣渭圖〉：

璇室群酣夜，璜溪獨釣時。
浮雲看富貴，流水淡鬚眉。
偶應飛熊兆，尊為帝者師。
軒裳如固有，千載起人思。

可見劉伯溫不但羨慕姜太公，更是以姜太公自居。他希望能碰到周文王這樣的人。他樂意當一名帝者師。

關於他爲朱元璋出謀獻策指點迷津的故事，無論是明代的正史和野史，都有諸多記載。在這裡，我想說說最有代表性的兩件事。

第一件事是鄱陽湖大戰。

至正二十四年（一三六四年），朱元璋即吳王位後，與漢王陳友諒大戰於鄱陽湖。這場大戰本可避免，皆因朱元璋不聽劉基勸告，撤離南昌馳援安豐。陳友諒聽說後，立即出兵欲奪取南昌。朱元璋聞訊後對劉伯溫說：「不聽君言，幾失計矣。」於是迅速回兵截擊，與陳友諒的部隊在鄱陽湖相遇。其時，陳友諒的軍事實力超過朱元璋，如果朱元璋此役失敗，就會失去問鼎皇位的機會。在這場關乎生死存亡的慘烈大戰中，劉伯溫始終與朱元璋同坐一條船上，須臾不離左右。戰鬥打到第三天，朱元璋正坐在旗艦的胡床上督戰，坐在他身旁的劉伯溫突然一躍而起，拽著朱元璋說：「走，快走！」朱元璋不知就裡，也不及細問，只得跟著劉伯溫迅速撤到另一艘戰船上。還沒坐定，只見一發砲彈「嗖」地落在先前的旗艦上。在一團巨大的火光中，旗艦被炸成碎片。朱元璋頓時大驚，心中已是非常感謝劉伯溫的救命之恩。

站在高處的陳友諒，看到朱元璋的指揮艦被擊沉，欣喜異常，命令船隊再次進攻。

朱元璋沉著應戰，一番廝殺，仍不分勝負。日暮之時，劉伯溫建議移師湖口，扼住鄱陽湖入江通道，等到金木相犯日再與陳友諒決戰。按五行學說，朱元璋為金命，陳友諒為木命。金木相犯即金克木之日，選擇這一天決戰，陳友諒必敗。

用今天的科學眼光來看，劉伯溫的這一套玄學，似乎是無稽之談。事實上，中國古代的象緯之學，的確是可為而不可知。即應用於實際中，可以得到驗證，但若窮究，卻誰也說不清楚。這只能說現在的科學水準，還不能完全破譯其中的奧祕。

由於朱元璋毫無保留地採納劉伯溫的計謀，鄱陽湖大戰最終以陳友諒的慘敗而告終。此後，朱元璋順風順水，三年而得天下。所以說，用「一戰定乾坤」形容是役，一點也不為過。而此戰的關鍵人物，則非劉伯溫莫屬。一人身抵百萬師，劉伯溫運籌帷幄的才能，於此發揮到極致。

宰相就是大房子的立柱

現在再說第二件事，劉伯溫如何幫朱元璋選擇宰相。

朱元璋建立大明王朝之後，任命的第一位宰相是李善長。這位李善長是朱元璋的鳳陽老鄉。一同起義的老鄉中，李善長文化最高。開國後，他被封為韓國公，列為文臣第一。李善長當宰相時，劉伯溫的職務是御史中丞兼太史令。這種安排，很明顯地表現出朱元璋對劉伯溫生了戒心。劉伯溫是一流人才，學識與執政能力均在李善長之上。正因爲如此，朱元璋才提防他。朱元璋離不開劉伯溫的學問，但又害怕劉伯溫用自己的學問來對付他。因此，他給劉伯溫的定位是：只允許議政，不允許執政。所謂議政，就是當顧問。有事的時候，找你來問問見識，沒事的時候，你就一邊待著去，權力中樞那個密勿之地，叫你看得見摸不著。

當了皇帝後，朱元璋的猜忌心日見嚴重，老害怕那些手握重權的開國功臣謀反。有一天，他把劉伯溫找來密談，就撤銷李善長宰相職務的事徵詢劉伯溫的意見。劉伯溫當即表示了反對，他說：「李善長資歷老，又練達，能調和諸位大將及勳舊的矛盾，適合當宰相。」朱元璋聽了大惑不解，問道：「李善長多次構害於你，欲置你於死地，你怎麼還爲他說話？」

朱元璋此話事出有因。卻說洪武元年（一三六八年），朱元璋率兵渡淮北狩，留皇太子監國。劉伯溫協助李善長處理政務。劉伯溫認爲宋元兩朝，都是因爲寬縱官吏腐敗嚴重導致失國，因此主張吏治從嚴。此時，恰逢有人揭發中書省都事李彬貪污納賄。主持監察工作的劉伯溫派人調查落實後，便立即下令將其逮捕收監，並說服皇太子批准，將李彬誅殺。這件事在當時影響非常之大，蓋因李彬是李善長的外甥。劉伯溫執法不留情面，李善長從此對他恨之入骨，一直在設法將他如何弄死。若不是朱元璋對李善長起了疑心而阻止他的陰謀，劉伯溫恐怕早就沒命了。因此，朱元璋以爲只要把廢除李善長的想法告訴劉伯溫，劉伯溫就會拍手稱快，卻沒想到這個倔老頭子居然投了反對票。

面對朱元璋的疑問，劉伯溫頓首答道：「朝廷換宰相，就好比大房子換立柱。立柱必須是一根又直又粗又長的大木頭，方可支撐房梁的重量。皇上首先得找一根新的大木頭，方可把舊的立柱換掉。如果用一堆小木頭捆起來充當大木頭去換立柱，那麼，這座房子最終會倒塌。」

這場談話到此爲止。劉伯溫的立柱說，讓朱元璋明白了「束木爲柱」的危險。所謂束木，就是大大小小的朝廷官員，他們是大明王朝這座大房子的檁子、椽子、榫子、椿子，但不是最能承受重量的立柱。

後來，李善長終究還是被朱元璋殺掉了。他找了三個在他看來可以當作「立柱」的人，再次向劉伯溫徵詢意見。劉伯溫仍是搖頭，說這三個人不適合當宰相。他一一分析說：「楊憲這個人，與我私交深厚，按理說我應該幫他在皇上面前說好話，但這個人有相才，無相器。」

朱元璋問：「何爲相才，何爲相器？」劉伯溫答：「相才指才能，相器指氣度。楊憲這個人有宰相之才，卻無宰相的氣度。他好與人計較，不能做到心靜如水。」朱元璋問：「那汪廣洋呢？」劉伯溫答：「這個人心胸偏淺，盛於楊憲。」朱元璋又問：「胡惟庸如何？」劉伯溫打了個比方說：「猶如用腐木做了個車轅，誰還敢駕這樣的車呢？」

朱元璋有點不高興，說：「我選的宰相，沒有哪個比得上你老先生。乾脆，這個宰相你來當好了。」劉伯溫有些恐懼，小心回答：「臣疾惡太盛，又耐不得細繁。若強當宰相，必然會辜負陛下的大恩。天下這麼大，何患無才，唯願明主悉心訪求。只不過，方才說到的這三個人，的確都不能當宰相。」

劉伯溫的這次議政，肯定有違聖意。因爲此次談話之後，楊憲、汪廣洋以及胡惟庸都先後拜相受到重用。但不久又相繼被朱元璋誅除。事後檢點，朱元璋承認劉伯溫識人更高一籌。他並不因此對劉伯溫更尊重一些，反而增大了戒心。一個人把什麼都看得這麼透徹，對於猜忌成性的朱元璋來說，這絕不是一件讓他愉快的事。

被胡惟庸構陷害死

如果把「清醒」這個詞用到劉伯溫身上，可作兩重意思解：一是清，二是醒。劉伯溫爲官清廉、清白，同時又法眼常睜、事事明白。朱元璋欣賞劉伯溫的清廉，卻又不喜歡他的精明。至於官場，是既不屑於他的清廉，更痛恨他的精明。如此說來，劉伯溫豈不成了官場的「毒藥」？這還眞不是玩笑話。劉伯溫知道自己無法待在朱元璋身邊了，他想學張良，功成身退從赤松子遊。但他清楚，朱元璋的心狠手辣遠遠超過劉邦，像張良那樣飄逸而去是不可能的。

洪武四年（一三七一年），劉伯溫在追隨朱元璋十一年之後，終於如願以償退休歸田。退休之前，在京城最後一個春節，劉伯溫寫了一首〈元夜〉：

玉漏遲遲出苑牆，星河疏淡月輝煌。
送寒梅蕊清香細，報喜燈花紫焰光。
金闕曉霞來若木，瑤池春色滿長楊。
君王注意防驕佚，萬歲千秋樂未央。

從這首詩的寓意來看，劉伯溫仍不忘做一個諍臣。他要朱元璋防止「驕佚」。他可能是看到朱元璋當上皇帝後的變化，即虛懷若谷、從諫如流的一面正在消失，而驕橫之氣正日益滋長。由於開始屠戮功臣，朝廷已人人自危。

儘管是委婉地規勸，朱元璋也是不高興的。他不承認自己交易驕佚，更不希望別人提醒他防止驕佚。因此，他同意劉伯溫的退休請求，讓他回到老家安享晚年。

六十一歲的劉伯溫回到老家後，既爲了避禍，也爲了娛心，便徹底做了一個田舍翁。他每日只做兩件事：飲酒和弈棋。當地的一些官員慕名求見，他一概謝絕。這麼一位曾爲「帝者師」的誠意伯歸來，青田縣令出於禮節，也爲自身計，覺得不覲見說不過去，於是屢屢登門造訪，但都被劉伯溫謝絕。青田縣令於是身著便衣，扮成遊學的先生登門，劉伯溫秉著斯文同骨肉的旨趣，便讓家僕領進門來，寒暄之後留飯。剛擺好菜肴正要入席，青田縣令憋不住說出自己的眞實身分，劉伯溫頓時大驚，朝縣令一揖說道：「山民劉伯溫見過縣令大人。」言畢進到裡屋，再也不肯出來。經過這一次，除了鄉鄰，任何生人他都不見了。

儘管劉伯溫如此謹愼，但他還是惹來了大禍，差一點讓朱元璋砍了腦袋。南田有個地方叫淡洋，一直是個鹽販聚集、盜賊出沒的地方，海盜方國珍就是在那裡起事的。劉伯溫還鄉之後，淡洋的治安狀況並沒有改善，仍然是個土匪窩子。爲家鄉計，亦爲朝廷計，劉伯溫便委託兒子劉璉給皇帝上書，建議在淡洋設立巡檢司，調派軍隊駐守，使奸民無法在此作亂。

這封信沒有透過中書省，而是直接送給了朱元璋。爾後朱元璋將這封信批到中書省處理。時任左丞相的胡惟庸，看到這封奏書，心裡頭便很不是滋味。當初，劉伯溫在朱元璋的面前進言，說胡惟庸既無宰相之才，亦無宰相之德。不知何故傳到了胡惟庸的耳朵裡，胡惟庸早恨得牙癢癢的，巴不得生吃了他，只是找不到機會而已。拿到劉璉的信後，他便找來心腹密謀報復之計。

不久，被胡惟庸派往青田調查的兵部官員回來，向朱元璋上奏了調查結果。說是劉伯溫夜觀天象，看到淡洋這塊地方有王氣，便想在這裡建造自己的墓地，以利後代。但淡洋居民極力反對不肯遷出。劉伯溫想借朝廷之力，設巡檢司以驅民。

明眼人一看便知，這是胡惟庸的構陷。這個奸相太了解朱元璋了，大明的開國皇帝什麼都不怕，唯獨擔心的，就是說某地出了「王氣」。如果說別人占了王氣，朱元璋也不至於緊張，但是劉伯溫欲占王氣，這就是天大的事了。朱元璋一看到這份調查報告，頓時暴跳如雷，不問青紅皀白，即行下旨褫奪劉伯溫的俸祿。

聖旨到達南田之日，劉伯溫誠惶誠恐，一天也不敢在家待了，即刻動身，前往南京向朱元璋當面謝罪。朱元璋在氣頭上，也不召見。劉伯溫便以待罪之身，客居京城三年有餘。在這期間，胡惟庸深得朱元璋信任，取代汪廣洋當上宰相。劉基得知消息後，對兒子說：「我早就看出胡惟庸不是好人，如果我的話不靈驗，那便是蒼生的福氣。」

風燭殘年的劉伯溫，面對一個記恨於他的皇帝，一個欲置他於死地的宰相，可謂淒風苦雨度日如年，不久病倒於客邸。胡惟庸聽說後，假傳聖旨，指派御醫前來問診。據說吃了御醫的湯藥之後，腹中便長了一個拳頭大的石頭。在今天來看，這也許是一個腫瘤。但是，在明代，若藥物之後而生腫塊，便叫「中蠱」。睚眥必報的胡惟庸，欲假郎中之手奪取劉伯溫的性命。腹中腫塊愈來愈大，劉伯溫知道自己不久於人世，於是在洪武八年（一三七五年）三月上書朱皇帝乞求返還故里，朱元璋批准同意。劉伯溫回家不到一個月，便撒手塵寰。

看盡西風木槿花

在《郁離子．多疑與僥倖》一節中，劉伯溫這樣寫道：

郁離子曰：多疑之人，不可與共事；僥倖之人，不可與定國。多疑之人，其心離，其敗也，以擾；僥倖之人，其心汰，其敗也，以忽。

前面已經說到，《郁離子》是劉伯溫用寓言的形式，講述他安邦治國析理論道的一部奇書。全書一八八篇文章，智慧的光芒無處不在。設若劉伯溫沒有遇到朱元璋而老死山中，有這一部《郁離子》，他照樣可以做爲一名傑出的思想家而名垂後世。但是，大凡智慧超群的人，絕不甘於僅僅著書立說，而是想親自參與天下的治理、社稷的重造。劉伯溫也不例外。在《郁離子》的結尾，劉伯溫這樣表述：

……欲以富貴為樂，嬉遊為適，不亦悲乎？僕願與公子講堯禹之道，論湯武之事，憲伊呂，師周召，稽考先王之典，商度救時之政，明法度，肆禮樂，以待王者之興。

可見，劉伯溫不僅僅想當軍師，更願意當伊尹、呂尙、周公、召公一類的賢相，輔佐明君成就帝業。這一理想他只完成了一半，即幫助朱元璋拿下江山。至於治理天下的另一半理想，他卻無法完成。箇中原因不在他，而在朱元璋那裡。

劉伯溫的可貴之處，在於他看出朱元璋的魄力及才能超邁群雄，是値得輔佐之人。他的遺憾之處，在於對「伴君如伴虎」這五個字認識不足。他不是不懂，他知道多疑與僥倖之人不可共謀國事，但他已將自己的全部理想都寄託到朱元璋身上了。五十而知天命，他在天命之年追隨朱元璋效命王政。在這條路上，他走了十五年，那是怎樣的一條道路啊，既輝煌燦爛，又殘酷淒冷；既轟轟烈烈，又戰戰兢兢。

有一種傳說，劉伯溫吃的蠱藥，是胡惟庸接受朱元璋的密旨而安排的，但史無根據。倒是朱元璋每次接見劉伯溫的後代，都要提這件事。說得最清楚的一次，是洪武二十三年（一三九〇年）的十二月二十二日，朱元璋接見劉伯溫次子劉璟時，當著衆官員的面，說的一段話：

我到婺州時，得了處州。它那裡東邊有方國珍，南邊有陳友諒，西邊有張家。劉伯溫那時挺身來隨著我，他的天文，別人看不著，他只把秀才的理來斷，倒強如他那等。鄱陽湖裡到處廝殺，他都有功。後來胡家結黨，他吃他下的蠱。只見一日來，和我說：「上位，臣如今肚裡一塊硬結膽，諒著不好。」我著人送他回去，家裡死了。後來宣得他兒子來問，說道：「脹起來，緊緊的，後來瀉得鱉鱉的，卻死了。」這正是著了蠱，他大兒子在江西，也吃他藥殺了。

朱元璋老提這件事，可能出於兩層原因：一是他的確指使胡惟庸下毒，所以要做「此地無銀三百兩」的辯解；二是他真的與此事無關，反覆申述，是想還自己一個清白。此事懸疑，姑且不論。但朱元璋對劉伯溫的感情由濃轉淡，由言聽計從到猜忌日深，卻是不爭的事實。

天下未得的時候，朱元璋給劉伯溫寫信，都是以「頓首奉書伯溫老先生閣下」起頭。由此可見，他在心中是把劉伯溫擺在老師的位置。但是，當了皇帝後，他再給劉伯溫寫信，便去了「老先生」三個字，換成了「爾劉基」。特別是劉伯溫死前一個月收到的〈御賜歸老青田詔書〉，開頭就盛氣凌人：「朕聞古人有云：君子絕交，惡言不出；忠臣去國，不潔其名。爾劉基括蒼之士……」

未遇明君之前，劉伯溫嬉笑怒罵皆成文章；遇上朱元璋之後，他變得謹小慎微、一飯三省。垂暮之年，劉伯溫反思自己的生命際遇，寫過〈無題〉三首，今錄其第三：

黃鵠高飛雲路遐，野梟謀食但泥沙。
山中樗櫟年年在，看盡西風木槿花。

當生命如樗櫟無人看重的時候，便會想著如何去當人人誇獎的棟梁。一旦當上了棟梁，回頭一看，還是樗櫟逍遙自在。讀懂劉伯溫晚年的心路歷程，能不感慨嗎？

第二章 優秀的學問家・宋濂

大凡開國之君，起於行伍，屢經殺伐，嗜血成性。宋濂數年來始終如一，向朱元璋講述一個「仁」字，可謂是一個異常艱難的洗腦工程。

朱元璋的〈醉學士詩〉

如果在開國皇帝中挑選大老粗，首選人物則是誰也搶不過朱元璋。他的口諭都是大白話。我曾開玩笑說，在中國第一個推廣白話文的，不應該是胡適，而是他的前輩老鄉朱元璋。但是，就是這麼一個粗人，居然仿效屈原的騷體，寫下一首〈醉學士詩〉，爲了以下故事敘述的方便，現在全詩抄錄如下：

西風颯颯兮金張，會儒臣兮舉觴。
目蒼柳兮裊娜，閱澄江兮水洋洋。

為斯悅兮再酌，弄清波兮水光。
玉海盈而馨透，泛瓊斝兮銀漿。
宋生微飲兮早醉，忽周旋兮步驟蹌蹌。
美秋景兮共樂，但有益於彼兮何傷？

詩中提到的宋生，便是侍講學士宋濂。侍講，顧名思義就是皇帝的老師。

朱元璋爲何要爲宋濂寫這首詩呢？話還得從頭說起。

卻說洪武八年（一三七五年）的八月中旬，江南已是一片醇厚的秋色。朱元璋心情大好，便率領一班詞臣，登上京城西北獅子山上的閱江樓。面對川流不息的大江，有人呈上尹程創作的〈秋水賦〉給他看。他玩味一番，覺得尹程的文章雖對景生情，但言不契道。便決定自己另起爐灶，重寫一篇〈秋水賦〉，以糾正尹程的謬誤。這位朱皇帝說做就做，不消半日，就像泥瓦匠砌牆似的砌出一篇賦來。朱元璋自我感覺良好，便讓侍候的大臣們唱和。既畢，還在興頭的朱元璋，又在閱江樓設宴款待。席間，他拿著大酒杯要宋濂喝酒，宋濂謙卑推讓說：「臣不勝酒力。」朱元璋哪不知道宋濂不會喝酒？但他就是想看看他醉酒後是個什麼樣子，於是說道：「不會喝酒，暢飲一次又何妨？」宋濂再不敢推辭，於是被朱元璋連灌了三大杯，當時就醉倒在地不醒人事。在場的御醫又是扎針灸，又是灌醒酒湯。宋濂幾番嘔吐才緩過勁。稍能動彈，便掙扎著給朱元璋磕頭，誠惶誠恐地說道：「臣狼狽造次，有污聖目，望皇上恕罪。」看著面前這個已經六十六歲的老臣侷促不安的窘態，朱元璋只覺得心裡頭爽得很。老虎的樂趣不僅僅在於生吃綿羊，還在於戲弄。於是，下令筆墨伺候，寫下了這首〈醉學士詩〉。其時，距劉伯溫去世不過四個月。

劉伯溫未死之前，朱元璋警惕之心，擱在那個神機妙算的高人身上。劉老秀才嚥了氣，朱元璋便覺得眼前這個書呆子宋濂，也不可掉以輕心。

改變不當官的初衷

宋濂是金華潛溪人，後遷往浦江居住。他比劉基大一歲，在元朝沒有出仕爲官。元至正中期，就是劉伯溫出任浙江學政之時，也有人舉薦宋濂出任元朝翰林院編修。他以雙親大人年邁需要娛養爲由，辭不赴任，並住進家鄉的龍門山十餘年。期間著書立說，收徒授課，聲名播於遐邇。宋濂博聞強記，從少年時起就刻苦鑽研上古典籍，先後求學於當時浙東聞名的大儒夢吉、吳策、柳貫、黃溍等門下。老師們都誇讚他是學問天才。

一三六〇年的舊曆三月初一，在南京（當時叫建康）的吳王府，朱元璋接見了「浙東四傑」。其時朱元璋在對陳友諒、張士誠、方國珍等幾股軍事勢力的征戰中，均處上風。雖然天下未定，朱元璋早已蓄下了問鼎帝座的雄心。所以，儘管戰事頻仍，他仍不忘網羅人才。劉伯溫、宋濂、章溢、葉琛受到他的禮聘來到建康，這在當時被傳爲美談。

此次會見的浙東四傑，劉伯溫、章溢與葉琛是第一次被朱元璋召見，而宋濂則是第二次了。他第一次被朱元璋召見是一三五八年的臘月二十二日，這是朱元璋攻克婺州的第三天。這一天，朱元璋召聚當地的儒士代表十三人，商量開設郡學，並請葉儀與宋濂兩人擔任講授《五經》的先生。但學校的校長與教務長這兩個官職卻另外委派。可見，當時朱元璋對宋濂還不怎麼了解，並沒有想到要重用他。

稽諸歷史，朱元璋大量招募文士進入他的幕府充任諮議顧問之職，是在他奪取婺州後開始的。其時，劉伯溫、章溢與葉琛三人所在的處州尚在元軍的控制中，劉伯溫在青田老家寫《郁離子》，章、葉二人尙在元朝守將舒穆嚕伊遜的幕府之中。深受信任的吳王府中書省郎中陶安不只一次向朱元璋推薦這四個人。所以，當處州被攻克後，朱元璋便請這四個人來到建安會面。

這四人都非等閒之輩。有一次，朱元璋問陶安：「這四個人和你相比怎麼樣？」陶安回答說：「若論出謀獻策，臣不如劉基；論文才學問，臣不如宋濂；至於治理百姓的才能，臣又比不上章溢和葉琛。」聽了這番話，朱元璋對浙東四傑便寄予了極高的期望。

宋濂與劉基，都是大器晚成。他來到建康見朱元璋時，已經五十一歲。在人均壽命不到四十歲的元末之際，這已是標準的暮年了。五十歲前，宋濂無意出仕爲官，辭掉元順帝要他擔任翰林侍講的詔命，便是一個明證。但他這一次爲何改變初衷呢？我想大概是以下三件事情對他的觸動。

第一件事，朱元璋打下婺州後，就下令禁酒，更不准釀酒。不久，他的愛將胡大海的兒子私自釀酒被人舉報，朱元璋立即下令將胡公子逮捕並處死。這時，有人勸說朱元璋不要這樣做，因爲胡大海正在前線對元兵作戰，若將他唯一的兒子殺掉，恐怕會讓胡大海臨陣倒戈。朱元璋說：「我寧肯胡大海背叛我，也絕不允許有人破壞我的指令。」他毫不通融，將胡大海的獨生子斬首示衆。

第二件事，婺州城中，有一個叫曾氏的女人，自稱精通天文地理，對一些自然災害和一些偶發的異常事亂加解釋，蠱惑人心。婺州城中的人都很信她，認爲曾氏是痲姑下凡。朱元璋聽說後，派兵士將曾氏抓起來當衆處死。

第三件事，婺州城打下來的第三天，朱元璋就下令恢復郡學。因爲兵荒馬亂，郡學已經解散了好幾年，朱元璋以極快速度恢復教育，使久違的讀書聲又在婺州城中響起。

第一件事證明了朱元璋的「言必信，行必果」，第二件事證明了他的「治難需用重典」的狠勁，第三件事證明了他的「重在教化」的賢君風範。目睹和經歷了這三件事，宋濂這才下定決心投奔朱元璋。他同劉基一樣，認準了朱元璋是個再造乾坤的眞命天子。與其抗命落個身首異處的下場，倒不如跟著他做一點進賢修德的工作。

說到浙東四傑，最著名還是劉基與宋濂兩人。但是，這兩人的性格、學問差異很大。《明史．宋濂傳》中將兩人做比較時，有如下評述：

（兩人）皆起東南，負重名。基雄邁有奇氣，而濂自命儒者。基佐軍中謀議，濂亦首用文學。受知恆侍左右，備顧問。

這裡的文學，不是今天的文學藝術，而是涵蓋了文史哲諸方面的經邦濟世的學問。

帝王學的必讀之書

據說朱元璋把四人召聚到吳王府中，說的最動情的一句話是：「我爲天下屈四先生。」須知說這話時，中國的皇帝還是元順帝，他只是江南三大反元軍事勢力中的一支。但他儼然以皇帝的身分在說話了，四個人也都把他當皇帝。應該說，這一時期，是朱元璋與浙東四傑的政治蜜月期。在這個蜜月中，最爲朱元璋所倚重的是劉伯溫，其次才是宋濂。

宋濂被授的第一個官職是儒學提舉。這個官職倒是符合宋濂的身分，但宋濂並不到衙門管事，他只是掛這個職銜，主要的工作是「授太子經」，就是當朱元璋的大兒子家庭教師。第二年，江南儒學提舉的頭銜被免掉，改任史官，擔負起記錄朱元璋日常言行的「起居注」的工作。對宋濂來說，這不僅僅是一個職務的變化，而是他被朱元璋寵任的表現。既然要寫「起居注」，就得天天不離皇帝左右。如果朱元璋沒有對宋濂產生好感，怎麼可能讓他形影不離地陪伴自己呢？

那麼，宋濂究竟是怎樣取得朱元璋的信任呢？

有一天，一大早朱元璋就派人把宋濂找去，劈頭劈腦就問他一句話：「帝王學，什麼書最重要？」

宋濂不假思索地回答：「《大學衍義》。」

《大學衍義》這本書，乃南宋眞德秀所著。眞德秀號西山，浦城人，二十二歲中進士，官至兵部尚書，是南宋著名的理學家，被學術界視爲朱子思想最重要的秉承者。他所編撰的《大學衍義》四十三卷，是推行孔子《大學》的奧義，從格物致知、正心誠意、修身、齊家四個方面徵引經訓，參證史事，旁採先儒之論，大旨在於正君心、肅宮闈、抑權幸。宋濂對這本書十分推崇，認為是皇帝必讀的第一本書。斯時，朱元璋一門心思想的是如何當皇帝。而歷代帝王師這一角色，就是教人如何當皇帝。帝王師也必定是士林翹楚，胸藏韜略，學富五車，道德文章眾望所歸。在朱元璋眼中，宋濂就是這一類人物。所以，他才問宋濂這個問題。很顯然，朱元璋對宋濂的回答不甚滿意。也許他內心思忖：「讀一本《大學衍義》就能當皇帝，天下讀書人個個都讀過這本書，豈不個個都能當皇帝？」宋濂看出朱元璋的心思，從容解釋：「陛下能當皇帝，不是受命於天，而是因為深得天下民心。得民心者別無他途，唯在施仁政而已。《大學衍義》一書，將孔子之『仁』闡發透徹。士子讀此書，便懂得忠君孝悌，皇上讀此書，便懂得教化風俗，淳育邦民。」

朱元璋是何等靈醒之人，一聽這話雖屬平常，卻深藏奧妙，當下點頭稱善。也就明白了「帝王學」的知識來路。書還是那些書，只不過不同的人讀了有不同的開悟、不同的效果。譬如婦人生孩子，有的生出了帝王，有的生出了囚犯……

也不必多說了，反正朱元璋同意了宋濂的觀點，他當即決定將《大學衍義》全文抄錄在勤政殿的兩廡壁上。他聽說宋濂的兒子宋璲書法不錯，便下旨讓宋璲抄寫。父子同受恩眷，一時傳為美談。

艱難的洗腦工程

時下，某一個執政團隊或某一名領袖上臺，都會建立自己的思想庫，或者叫智庫。其執事者，應該是思想家一類的角色。他們參與國家制度的建設和重大事情的決策，將學問轉化爲政治，可謂功不可沒。明代的翰林院，便是爲皇上執政服務的思想庫。

翰林院是各類社科人才的管理機構。人才都是從進士中選拔，凡選中的人，稱爲館選，民間叫「點翰林」。被選中的人，清貴無比，是光宗耀祖的盛事。翰林院官職甚多，從事研究工作的，叫檢討；替皇上起草檔的，叫待詔；給皇上講課的，叫侍講……在這些官位上做得好的，升格爲學士。學士也各種各樣，有東閣大學士、文淵閣大學士、武英殿大學士、文華殿大學士等等。有了學士的資格，才能充當皇上或者太子的老師。皇上的老師叫太師或者太傅；太子的老師叫太子太師或太子太傅。到了這個級別，就可稱爲天下的文壇領袖了。朱元璋一朝，似乎沒有任命過太師與太傅。大概是沒有任何一個人敢稱是這位開國皇帝的老師。劉伯溫與宋濂，都是朱元璋恭恭敬敬稱過先生的人。國有疑難，朱元璋向這兩個人請教甚多。但即便是這樣，朱元璋也從來不肯把太師的頭銜賞給他們。宋濂最高的頭銜是太子太傅，這也是洪武朝中唯獨的一個。宋濂當了十幾年的太子太傅，他同時教兩個人，一是朱元璋，二是太子朱標。

宋濂的性格有點「迂」，或者說有點「倔」。他每次進講或進言，都不看朱元璋臉色，而講他認爲應該講的道理。有一次，朱元璋在端門口升座，把宋濂找來，要他講《黃石公三略》。讀過《漢書·張良傳》的人，都知道黃石公這個神祕人物。正是他傳了一部兵書給張良，使張良能夠輔佐劉邦獲得天下。朱元璋不只一次對人說：「基，吾之子房也。」他認爲劉伯溫就是他的張良。奇怪的是，關於黃石公的事，他不去請教劉伯溫，卻叫宋濂來回答。

宋濂看出朱元璋一直對奇書祕笈感興趣。這樣下去，很容易走入旁門左道，不利於國家政治的健康發展。於是拱手答道：「尙書、二典三謨、帝王大經大法畢具，願留意講明之。」

宋濂認爲有利於社稷的正宗學問還是儒學，學不好儒學，便找不到治國的根本。還有一次，朱元璋就賞賜功臣一事徵詢宋濂意見，宋濂說：「得天下以人心爲本，人心不固，雖金帛充室，將焉用之！」在宋濂看來，治國須以人爲本。若要讓人民安穩，前提還得以人心爲本。「得民心者得天下」，講的就是這個道理。

以朱元璋剛愎自用的性格，能夠在治國理念上聽從宋濂的建議，實屬不易。朱元璋特別迷信。他立國第二年，南京鐘山上屢降甘露，有人說這是祥瑞，是眞命天子上合天意下符民心的表現。朱元璋非常高興，便命令群臣寫〈甘露賦〉以頌其事。宋濂卻一本正經地對朱元璋說：「受命不在於天，在於人。休符不在於祥，在於此仁。春秋書異不書祥，爲是故也。」朱元璋被掃了興頭，於是請宋濂講《春秋左氏傳》。宋濂說：「《春秋》乃孔子褒善貶惡之書，苟能遵行，則賞罰適中，天下可定也。」

大凡開國之君，起於行伍，屢經殺伐，嗜血成性。宋濂數年來始終如一，向朱元璋講述一個「仁」字，可謂是一個異常艱難的洗腦工程。政治家講成功，思想家講操守；政治家看效果，思想家看風氣。這就是道統與政統的差別。

好在朱元璋從自身計，從家天下計，他接受了宋濂「仁治」的思想。有一天，他帶著大臣在西廡聽完宋濂講述《大學衍義》後，做了一個總結性的講話，他說：

> 聖哲之君，知天下之難保也，故遠聲色，去奢靡，以圖天下之安。是以天命眷顧，久而不厭。後世中才之主，當天下無事，侈心縱欲，鮮克有終。秦皇、漢武，好神仙以求長生，疲精勞神，卒無所得。若移此心以圖治，天下安有不順之理？以朕觀之，人君如能清心寡欲，勤於政事，不做無益事以害有益。使百姓安田裡，足衣食，熙熙皞皞，天天快樂，此即神仙也。功業垂於簡策，聲名留於後世，此即長生不死也。夫恍惚之事難信，幽怪之事易惑，人君要謹慎所好，不入旁門。朕夙夜兢業，以圖天下之安，豈敢游心於此？

從這段話來看，宋濂長期的遊說還是產生了作用。朱皇帝接受了仁治思想，而仁治的核心，就是以人為本。

君道與臣道

研讀歷史不難發現，帝王師中學問好的人不在少數，而算得上思想家的人，卻少之又少。一個時代有一個時代的正統思想，這個不可能隨便改變。思想一亂，社會的困惑必然增多，這是統治者不願看到的局面。所以，皇帝挑選老師，首要的標準是學問好而不是思想新。思想家多好標新立異，很容易被人斥為異端邪說。明代可以稱為思想家的兩個人，一個是王陽明，一個是李贄。兩個人都當過官，但都屢受排擠。所以說，讓思想家生活在道統中是可以的，若讓其進入統治階層，則兩敗俱傷，思想家的下場會更悲慘。

朱元璋欣賞的宋濂，若定其學術身分，他絕不是思想家，卻是優秀的學問家。這麼說，並不是譏刺他沒有思想，而是說他在思想上傾向保守。他是朱熹理學思想的繼承者。因為他的原因，朱熹學說成為明朝自始至終堅持的正統思想。他畢生致力於儒學，重在闡發而不是拓展。但是，在他的闡發中，我們還是可以看到他獨到的見解。

他有一篇文章〈讀宋徽宗本紀〉，其中有這樣一段：

徽宗爰自端邸入正宸極，呼吸雷風，舒慘舊蔭，赫然有為，聞於天下。於是敘復正人，宏開言路，意臻時雍之治，以復祖宗之舊。曾未旋踵，卒改所圖，委政奸回，托國閹豎。鼎軸非據，節鉞妄加。狐狸嗥於闕庭，鬼蜮潛於宮掖。置編類之局，樹黨人之碑。倡言紹述，擠陷忠良。虐焰炎炎，炙手可熱。百僚側足，四國寒心……

分析歷代帝王的興亡得失，給當下皇帝以警示，是帝王師最爲重要的責任。宋徽宗好聲色犬馬，結果導致忠奸不分，黑白顛倒。宋濂講述這段歷史，是爲了增強朝廷統治者的憂患意識與勵精圖治的精神。

剖析君道，他亦不忘研判臣道。對白居易的〈長恨歌〉，他有一個全新的解讀：

樂天謫居江州，聞商婦琵琶，掩淚悲嘆，可謂不善處患難矣。然其詞之傳，讀者尤愴然，況聞其事者乎……余戲作一詩，止之於禮義，亦古詩人之遺言歟，其詞曰：

佳人薄命紛無數，豈獨潯陽老商婦。
青衫司馬太多情，一曲琵琶淚如雨。

此身已失將怨誰？世間哀樂常相隨……

（題李易安所書〈琵琶行〉後）

相信世上人讀〈長恨歌〉，覺得値得吟詠的是「同是天涯淪落人，相逢何必曾相識」這兩句。但宋濂卻認爲白居易「不善處患難」，和一個早就失身的風塵老婦攪在一起悲悲戚戚，怎麼說也是件掉身價的事。何況白居易是得罪了皇帝而遭貶的，這麼發牢騷，更是不懂「伴君如伴虎」的道理。古人云：「君不密則失臣，臣不密則失身。」白居易若給朱元璋當臣子，寫這首〈長恨歌〉，不遭殺身之禍那才怪呢？

關於所謂民間高人依附權貴屢屢亂政，宋濂亦相當痛恨。在〈說玄凝子〉一文的結尾，他寫道：

先王之世，以左道惑眾者，必拘殺於司寇。有旨哉，必有旨哉！

孔夫子痛恨「怪力亂神」，宋濂亦如是。所謂清明政治，就是不允許旁門左道者進入廟堂。宋濂獨尊儒學，但他並不呆板。在〈本儒解〉一文中，他說：

儒者非一也，世之人不察也。有遊俠之儒，有文史之儒，有智數之儒，有章句之儒，有事功之儒，有道德之儒……

把儒學分爲七種，這麼說，天下一多半的學問，都屬於儒家了。

被朱元璋稱作賢人

大約是洪武六年（一三七三年），也就是劉基遭胡惟庸的陷害，從家鄉回到南京閒居一年多之後，朱元璋加緊了對大臣的控制。有一天早朝時，他讓宋濂出列，當著衆位大臣的面，他問宋濂昨夜做什麼？宋濂回答說在家請朋友吃飯。朱元璋又問請的何人？吃些什麼菜？喝的什麼酒？什麼時間散席？宋濂一一回答。

一番盤問之後，朱元璋笑道：「宋濂說的都是眞話，卿不欺朕。」

朱元璋如此說，乃是因爲他派出的監視宋濂的密探，已經將宋濂昨夜的行蹤做了稟報。朱元璋利用早朝的機會發問，動機有二：一是檢驗宋濂是否忠誠，二是藉此機會威懾其他的大臣。設想一下，如果宋濂說了假話。他的後果將會怎樣？輕者貶謫，重者殺頭。在他之前，已有不少大臣掉了腦袋，劉基監視居住，已是惶惶不可終日。

開國之後，最受朱元璋信任的兩個人，武有徐達，文有宋濂。但就是這樣兩個人，依然經常受到朱元璋的監視和敲打。

宋濂自一三六〇年投奔朱元璋之後，一直待在朱元璋身邊「備顧問之職」，只是在一三六七年因父親去世回家守喪三年。洪武二年即一三七〇年還朝，被朱元璋任命爲編纂《元史》的總裁官。書成後，升爲翰林院學士。

但是，當上翰林院學士後，宋濂也有兩次貶官的經歷。

第一次是洪武三年，因爲有一次早朝遲到，被朱元璋訓斥，降爲編修。第二年，又因爲沒有及時就考祀孔子的禮儀向朱元璋上奏，再次貶謫爲安遠知縣。用今天的官職做比較，等於是從正部級幹部一貶爲廳級，二貶爲處級。由此可見，朱元璋對人苛嚴，再信任的人，只要犯下一點點過錯，也必嚴懲。

一來是宋濂的天性使然，二來他深諳「伴君如伴虎」的道理。因此成爲朱元璋的禁臣之後，宋濂謹小慎微到了極致。他每日到禁城上班，散班時，絕不帶走一張紙片。朱元璋分封有功之臣，何者爲王，何者爲侯，什麼人可當什麼官，唯獨只找宋濂一個人商量。那段時間，朱元璋與宋濂同宿大本堂，討論通宵達旦。直到結果宣布之前，外人無從猜測。因此，宋濂知道的朝廷機密最多，參與決策也最多。《明史·宋濂傳》說到這一段，只有一句話：「濂力據漢唐故實，量其中而奏之。」但究竟採用了哪些漢唐故實，又如何「量其中」，則語焉不詳。箇中祕密，只有朱元璋與宋濂兩人知道。兩人一死，就誰也不知道了。

宋濂既居密勿之地，又是近侍重臣，很多人便想與他套近乎。但他和任何人都不表現出特別親熱。有人登門造訪，千方百計想從他嘴中探得一點朱皇帝的口風，他都笑而不答。但他也從不會利用與朱元璋的關係而臧否人事。有一個叫茹太素的大臣，給朱元璋上了一份「萬言書」，指斥時政，將朱元璋激怒而被打入詔獄。廷議時，宋濂不顧朱元璋的反感，爲茹太素講了一番好話。朱元璋一反苛嚴常態，當著衆位大臣的面，發了一通感慨：「朕聞太上爲聖，其次爲賢、爲君子。宋景濂事朕十九年，未嘗有一言之僞，誚一人之短，始終無二。非只君子，抑可謂賢矣。」

朱元璋稱宋濂爲賢人，此前稱劉伯溫爲「吾之子房」，對這兩個人，他可謂讚賞有加。但是，朱元璋這種感情的熱度，究竟能保持多久呢？

讓人動容的君臣惜別

就在朱元璋稱讚宋濂後不久，即洪武十年（一三七七年）的正月，朱元璋同意宋濂退休回鄉的請求。這一年，宋濂六十八歲。早在幾年前，宋濂就以年事已高爲理由，多次請求退休。朱元璋一直不肯答應。後來看到宋濂確實老邁，才終於答應。

應該說，在洪武九年的臘月，朱元璋就做出了讓宋濂退休的決定，但拖延不宣布，是想留宋濂在京城過一個春節。過完年，在正月初六這一天，朱元璋將宋濂召進宮中，宣布了准予退休的決定。爾後問：「愛卿今年多大年紀？」宋濂回答說：「六十八歲了。」朱元璋吩咐內侍搬上早已準備好了的一套《御制文集》和幾匹綺帛，對宋濂說：「你把這些綺帛保存三十二年，到時候可做百歲衣。」宋濂聽了非常感動，伏地哽咽感謝。朱元璋也很動情，走下御座上前扶起宋濂，囑咐道：「你回家要多多保重身體，每年最少得進京入朝一次，咱君臣也好敘敘舊、拉拉家常。」

這一個君臣依依惜別場面，在場的大臣看了無不動容，宋濂本人更是感慨萬分。六天以後，在離開南京返回浦江的船上，宋濂寫了一篇〈致政謝恩表〉：

翰林學士承旨，嘉議大夫、知制誥、兼修國史、兼太子贊善大夫臣宋濂，誠歡誠忭，稽首頓首上言：

臣聞生世而逢真主，仕宦而歸故鄉，此人臣至榮而願者也。臣本一介書生，粗讀經史，在前朝時雖屢入科場，卻不能沾分寸之祿，甘終老於山林。今幸遭逢聖主，定鼎建業，特敕省臣遣使者致幣，起臣於金華山中，俾典儒臺，繼升右史，侍經東宮，供奉翰苑。去歲欽蒙特除承旨，為文章之首臣。而次子璲擢中書舍人，長孫慎殿廷序班，一門三世，俱被恩榮。近者又荷追封祖父，親御翰墨，寵以雄文，燦然奎壁之光，照耀霄漢。且憐臣年老，令致政還鄉，又有冠服、文綺、寶楮之賜。鴻澤滂沛，不一而足，其高如天，其厚如地，其照臨如日月，非筆墨能盡述。

臣誠歡誠忭，稽首頓首。欽惟皇帝陛下以布衣混一四海如漢高祖，以仁義化被萬方過唐太宗。宵衣旰食，孜孜圖治。欲使天下蒼生，無一夫不被其澤。雖以臣之愚陋，無尺寸之功，亦蒙寵遇如此之至，銘心鏤骨，誓不敢忘。自度無以效犬馬之誠，惟朝夕焚香，上祝千萬歲壽，並以忠勤教育子孫，俾世世勿忘陛下深仁厚德而已。臣無任瞻天仰聖激切屏營之至，謹奉表稱謝以聞。

臣濂誠歡誠忭，稽首頓首謹言。洪武十年二月十二日，翰林學士承旨、嘉議大夫、知制誥、兼修國史、兼太子贊善大夫臣宋濂謹上表。

之所以全錄這篇文章，是想讓讀者了解此時此刻宋濂的心情。文章中從三個方面表現了宋濂的用心良苦：第一，宋濂的大部分文章，都用詞古奧，但這篇文章卻明白如話。皆因朱元璋是大老粗，不喜歡別人給他的奏章中咬文嚼字，茹太素就是因爲在上疏中敷設詞藻、用典太盛，而遭到朱元璋的嚴懲。做爲帝王師的宋濂，焉能不知道學生米桶的深淺？故放下身段，寫了一篇「準白話文」。第二，文章中三次重複「臣誠歡誠忭，稽首頓首」，透過語無倫次來表達自己的感激涕零。天下文臣之首，眞正懂得什麼叫「大智若愚」。第三，反覆強調朱元璋對他的知遇之恩，並發誓子子孫孫世世圖報。但是，宋濂萬萬想不到，這篇文章竟一語成讖，宋濂晚年的悲劇，就出在子孫身上。

為何成了死囚

洪武十三年（一三八〇年），明王朝發生了幾件大事：

一是正月初六，丞相胡惟庸以圖謀造反的名義，被朱元璋下令處死。朝廷開始清理胡惟庸黨，受到牽連的官員有一萬五千多人。

二是正月十一日，朱元璋在南郊祭告天地後，宣布廢除中書省的建置。中書省是宰相衙門。從此終明一朝，再沒有宰相之設，皇帝直接管理六部。這體制有點像今天的美國，是總統負責制。

三是二月十一日，朱元璋讓他的第四個兒子朱棣到北平就藩，朱棣被封爲燕王，王府設在北平。

四是五月二十日，朱元璋命令翰林院儒臣編輯歷代諸王、大臣、宦官中違法叛逆者共計二一二人的劣跡，編成《臣戒錄》一書，頒發給朝廷內外各級官員，要他們以此爲警戒。

五是十月二十一日，退休在浦江老家怡養天年的宋濂被押送到南京，送進詔獄拘禁。

曾是朱元璋最爲寵信的天下文臣之首，爲何變成了階下囚呢？這一突來的變故，起因在宋濂的長孫宋愼身上。關於此，《明通鑑》上只記載了一句：「愼坐胡惟庸黨被誣，與濂季子璲俱下獄死。」此處稱璲爲季子，即爲小兒子。而《明史・宋濂傳》中又說：「仲子璲最知名，字伯珩，善詩，尤工書法。」宋濂在〈致政謝恩表〉中又道：「次子璲擢中書舍人。」三處記載不一。若以宋濂之說爲準，則次子宋璲與季子宋璲並非一人。被朱元璋殺掉的應是季子宋璲，而非詩人書法家宋璲。

《明通鑑》與《明史》均記載清楚，言「坐胡惟庸黨被誣」。既然是被誣，就是冤假錯案。胡惟庸黨一萬五千餘人，其中被誣的恐怕不在少數。朱元璋拿胡惟庸說事，藉機排除異己，整肅官場。整個洪武十三年，京城一直陷在恐怖氣氛中，多少大臣「人在家中坐，禍從天上落」。可謂人人自危，惶惶不可終日。凡逮進大獄的，不死也得脫層皮。由於宋愼，他的叔父宋璲也受到牽連，叔姪兩人雙雙杖殺於獄中。朱元璋還嫌不解氣，又把宋濂抓了起來。

既有今日，何必當初。朝中大臣都記得，洪武九年六月十九日發生的一件事。

那一天，六十七歲高齡的宋濂被朱元璋任命爲學士承旨，這是文官中最高的職銜。

幾天後，又任命宋璲爲中書舍人，宋慎爲儀禮序班。祖孫三代，均成爲御前近臣，眞可謂有明一代最爲顯赫的「文官第一家庭」。任命官職的那一天，朱元璋笑著對宋濂說：「愛卿爲朕教育太子、諸王，朕也教育愛卿的子孫。」

這話說了不過三年，朱元璋就親手將宋濂的愛子、愛孫送上了斷頭臺。而且，他也對宋濂下達了執行死刑的命令。

聽說要處死宋濂，第一個反對的是朱元璋的太子朱標。他找父皇求情，希望能赦免宋濂。任憑朱標怎麼流淚，甚至以死相抗，朱元璋不爲所動。消息傳到了朱元璋原配夫人馬皇后的耳朵裡，她連忙在朱元璋面前進諫：「平常百姓人家，爲孩子請一個先生執教，還要按照禮教善始善終，何況是天子家裡。宋先生住在浦江老家，怎麼知道孫子在京城的事。還望皇上保全宋先生的性命。」朱元璋仍不爲所動。正好那天馬皇后侍候朱元璋飲食，兩人吃飯時，馬皇后既不陪酒，也不吃肉。朱元璋問馬皇后爲何什麼都不吃，馬皇后惻然說道：「我吃齋是爲了替宋先生積德修福呢。」聽了這句話，朱元璋放下筷子，沉默了一會兒，終於下達命令赦免宋濂死罪，讓他全家離開浦江，遷往偏遠的四川茂州安置。

第二天，宋濂從死牢中放出，在錦衣衛的押解下回到浦江。帶著餘下的家人，以待罪之身，悽悽惶惶地踏上前往茂州的道路。

一年後，七十二歲高齡的宋濂，死在遷謫的中途夔州。

對於突遭的橫禍，宋濂始終不置一詞。晚年的劉伯溫，身陷困厄，還時時借景生情發點牢騷。宋濂卻甘願做啞巴，洋洋四巨冊的《宋濂全集》，找不到隻言片語述說此事。哪怕連隱喻、暗示都沒有。他譏刺白居易不懂臣道，所以借老妓女的淪落以自況。沒想到，他的下場比白居易更慘，但他修練到家，堅決奉行逆來順受的策略。

看了劉伯溫的下場，可以流淚。看了宋濂的下場，卻是淚也流不出來了。

是誰污了殘書

檢視宋濂的一生，他最快樂的時光，應該是五十歲出仕之前，在故鄉收徒授課的那段光陰。孤燈之下，砥礪學問，山中歲月，書本娛心。他寫過一首〈長白山居圖〉：

滿地風雲稱隱居，燕泥污我讀殘書。
五更風急鳥聲散，時有隔花來賣魚。

何等適意，又何等悠閒。我看，污了宋濂殘書的，不應該是燕泥，而是朱元璋。

第三章 令人景仰的硬骨頭・方孝孺

方孝孺受宋濂的影響，二十多歲形成了「重德輕法」的觀念，而且一生堅持。他當上「帝王師」之後，試圖以這種思想指導朱允炆重建治國方略。

朝廷請來的國師

一三九八年的七月初，在漢中府學擔任教授的方孝孺，忽然接到來自京城吏部的特快專遞，要他迅速進京擔任新職。

這一年是洪武三十一年，開創大明王朝的朱元璋在當了三十年皇帝後，於閏五月的初十在南京西宮去世，享年七十一歲。八天以後，他的長孫朱允炆即位，是爲明朝第二位皇帝明惠帝。

朱允炆是太子朱標的兒子。朱標是法定的皇位繼承人，但他壽命不永，於洪武二十五年（一三九二年）去世。朱標死後，朱元璋的精神受到重創。他一生中最喜歡的兩個人，一個是他的結髮妻子馬皇后，另一個就是長子朱標，沒想到這兩個人都先他而去。朱標一死，究竟誰來當皇位繼承人？朱元璋經過一番斟酌，決定不在衆多的兒子中選拔，而是選定朱標的第二個兒子朱允炆。朱允炆生於洪武十年（一三七七年），他六歲時，哥哥虞懷王卒。朱標去世時，他已經十六歲，而朱元璋已是六十五歲的老人了。朱允炆一直在他身邊長大，他很喜歡這個孫子，決定傳皇位給朱允炆，因此很快就將其立爲皇太孫。朱元璋這麼做，並非出於祖孫之情，而是想爲朱家後代訂下「嫡長繼大統」的規矩。

朱元璋在他的〈遺詔〉裡說：

> 朕膺天命，三十有一年，憂危積心，日勤不怠，以期有益於民。奈起自寒微，無古人之博知，好善惡惡，不及遠矣。夙昔憂慮，常恐不終，今得萬物自然之理，其奚哀念之有！皇太孫允炆，仁明孝友，天下歸心，宜登大位。中外文武臣僚，同心輔弼，以福吾民。喪祭儀物，勿用金玉。孝陵山川，因其故，毋改作。天下臣工，哭臨三日，皆釋服。諸王臨國中，毋至京師。諸不在令中者，推此令從事。

這是朱元璋向他的臣民們頒布的最後一道聖旨。他除了以卑微的心態，向天下百姓做了一次簡單的皇帝自述報告，重要的關節在於要天下歸心，擁戴他一手挑選的接班人朱允炆。

二十一歲的朱允炆，就這樣輕輕鬆鬆地得到了大明王朝的權杖。他上任的第一個月，就任命齊泰爲兵部尚書，黃子澄爲太常寺卿兼翰林學士。齊泰是朱元璋欣賞的兵部官員，對朝廷軍事問題瞭若指掌。黃子澄是朱允炆的伴讀老師。將這兩個人提拔起來，一爲武官之首，一爲文官之首。由此可見，朱允炆想迅速改弦更張，培植自己的勢力。

這兩個人剛一到任，在第二個月，朱允炆又讓吏部火速召方孝孺進京。吏部移文剛一發出，朝中大臣都知道，朱允炆要爲朝廷請來一位國師了。

宋濂稱讚高足

在漢中府學教授任上已待了六年的方孝孺，面對秦嶺巴山之間的遠離朝闕的偪促之地，心中常生嗟嘆。就在洪武三十一年（一三九八年）的立春日，他在府學齋房中寫了〈立春偶題〉二首七絕：

萬事悠悠白髮生，強顏閱盡靜中聲。
效忠無計歸無路，深愧淵明與孔明。

百念蹉跎總未成，世途深恐誤平生。
中宵擁被依牆坐，默數鄰雞報五更。

詩中透露的訊息，是那種報國無門的書生憂患。妙就妙在「深愧淵明與孔明」這一句，若能學陶淵明歸隱亦可自標高潔。不幸的是，自己還在爲五斗米折腰；想學孔明輔佐聖君「鞠躬盡瘁，死而後已」，自己卻在當一個無足輕重的教書匠。隱既不可，達亦不能，處兩難之中，方孝孺竟有了那種「活人讓尿憋死」的感覺。如此說來，讀者想必有興趣了解方孝孺的來歷。不妨在這裡囉唆幾句。

方孝孺出生在浙江寧海。在他出生的一三五八年，朱元璋已經攻克了婺州（今金華市），並聘請宋濂爲府學教授。劉伯溫正蝸居在青田家中，一面靜觀天下局勢，一面寫著他的《郁離子》。那是一個戰亂的年代，方孝孺可謂生不逢時，但他自幼就顯露出做學問的天才，每日讀書盈寸。六歲時，他寫過一首〈題山水隱者圖〉的詩：

棟宇參差逼翠微，路通猶恐世人知。
等閒識得東風面，臥看白雲初起時。

詩氣尙弱，但對參差棟宇的追慕勝過對山水的迷戀，這種情緒幾乎是與生俱來，貫穿了方孝孺的一生。

方孝孺十一歲時經歷了改朝換代。其時，他的生母已經亡故。如果「苦難是一筆財富」這句話當眞，那麼方孝孺應該是他的同代人中獨占鰲頭的超級富翁了。他從小失去母愛，但性格並不孤僻。洪武初年，他的父親方克勤應聘出來做官，被派往山東濟寧擔任知府。《明史》中方克勤有專門的列傳，被時人稱爲循吏。因爲方克勤做事認眞、愛民心切、奉命唯謹，一些與他共事的官蠹滑吏，因爲撈不著好處，便很忌恨他。洪武九年（一三七六年），方克勤因遭人誣陷，說他私用府倉中炭葦二百斤，被朱元璋下旨押解來京，打入詔獄。方孝孺曾經給朱元璋寫信爲父親辯冤，並提出代父坐牢。該信被有關部門扣押沒有上報。方克勤身陷冤獄大約一年後，被貶往江浦爲吏。又因「空印案」再次遭衙吏誣陷，終被逮至京師伏誅。方克勤四十六歲應試做官，僅五年就因官棄市。他是洪武時期難得的執政爲民的好官，卻沒有得到好報。一直隨侍在側的方孝孺，爲父親的冤屈撕肝裂膽。《明史》中用「扶喪歸葬，哀慟行路」八個字來形容，說得簡單，但可深味之。

遵父親生前之囑，方孝孺前往浦江從師宋濂。宋濂自洪武九年（一三七六年）致仕後，在家鄉龍門山中繼續招納弟子授業。在他的衆多弟子中，方孝孺特別得到他的青睞。三年後，當方孝孺學成歸還故鄉時，宋濂特地寫了一篇文章送給高足。題目叫〈送方生還寧海並序〉，其中有這樣一段：

凡理學淵源之統，人文絕續之寄，盛衰幾微之載，名物度數之變，無不肆言之。離析於一絲而會歸於大通，生精敏絕倫，每粗發其端，即能逆推而底於極，本末兼舉，細大弗遺……

予今為此說，人必疑予之過情；後二十餘年，當信其為知言，而稱許者未過也。雖然，予之所許於生者，寧獨文哉。

以宋濂謹言慎行的性格，絕不會說過頭的話。但他這篇文章對方孝孺讚賞有加，甚至說他所期望的，不只是方孝孺的文章。言外之意，他看到了方孝孺匡扶天下、協理陰陽的宰輔之才。

被朱元璋稱為「莊士」

用「階級鬥爭」的觀念來說，方孝孺屬於「黑五類」子弟。父親是被鎮壓的「反革命」，按理說，他不應該期望有什麼政治前途。但是，就這麼一個家庭出身的年輕人，居然被朱元璋接見了兩次。

第一次是洪武十五年（一三八二年），即方孝孺的父親被誅六年之後，也是他的老師宋濂在貶謫的途中老病而死一年之後，由於一位權勢人物的推薦，朱元璋接見了時年二十六歲的方孝孺。接見時皇太子朱標在座。當經過一番接談與詢問，朱元璋覺得這個年輕人舉止端正，且文采斐然。於是對朱標說：「此莊士，當老其才。」誇獎了幾句後，就讓方孝孺回了老家。

關於這次會見，方孝孺雖然沒有得到實惠，但他還是顯得興奮，他寫了一首詩記其事：

漢家圖治策賢良，董子昌言日月光。
自笑腐儒千載後，卻勞聖主試文章。

朱元璋讓他命題作詩以試其才，他自詡漢朝大儒董仲舒，可見自望甚高。

朱元璋第二次召見他是十年後的事情了。其時，太子朱標剛去世。朱元璋接見了方孝孺，對吏部官員說：「現在還不是起用方孝孺的時候。」這一年，方孝孺已經三十六歲了。爲了解決生計，吏部還是給了他一個漢中府學教授的職位。

漢中這個地方，既是漢高祖劉邦的龍興之地，又是諸葛亮進取中原的北伐基地，交通閉塞而風氣醇厚。方孝孺在這裡過了將近六年的安定日子，每日與學生們講經說法，窮諸學問。這六年有兩件事值得一記。第一，蜀獻王欽慕他的學問，聘請他擔任世子的教授。蜀獻王是朱元璋的第十六個兒子，封王後入藩成都。皇帝的長子叫太子，藩王的長子叫世子。方孝孺教導蜀獻王世子，以道德仁義為尚，深得蜀獻王贊許，將他的書房取齋號為「正學」。所以，後世也稱方孝孺為「正學先生」。第二，方孝孺說服蜀獻王，將他老師宋濂的屍骨從夔州遷往成都安葬，並對宋濂存活的家屬給予優待。

朱允炆登基不到兩個月，就急召方孝孺進京。他起用方孝孺是否是朱元璋臨終前的特別交代，已不得而知。但是，朱元璋在位時不把人才用盡，而為後世留一些足當大任的人才，這一點源自他「長治久安」的思想。這一策略，貫穿到各個方面，如礦山的開採、賦稅的徵收、漕糧的額度，他都留有較大的餘地。一朝君王不在他的手上將資源與人才用盡，讓繼任者不至於捉襟見肘無從展布，這也是「聖君」的風範。

不過，據《明通鑑》記載，朱允炆在東宮時，就聽說過方孝孺的大名，知道他的學問在當世無出其右。朱允炆的父親朱標，師從宋濂，方孝孺亦是宋濂的高足。如今，朱允炆要拜方孝孺為「帝者師」，這才叫父子師生兩代情，帝家儒門兩代承傳的佳話。

方孝孺來到京城後，立即被朱允炆任命為翰林侍講。侍講，就是專門給皇帝講授學問的官員。方孝孺一生的榮耀以及一生的悲劇由此展開。

從洪武三十一年（一三九八年）的夏天開始，齊泰、黃子澄、方孝孺三個人，便成為朱允炆身邊的核心智囊。單說智囊尚為不確，應該說既是權力中樞又參與機密。齊泰、黃子澄二人偏於執政，而方孝孺則成了朱允炆名副其實的「文膽」。

朱允炆登基時只有二十一歲，方孝孺正好比他大一倍，四十二歲。這個「文膽」究竟給年輕的朱允炆灌輸什麼樣的學問呢？研讀方子儒的文集《遜志齋集》，便可知其大概。

道統譜序之人

宋濂秉承南宋朱熹的理學，因此他要朱元璋讀的第一本書是《大學衍義》。朱元璋接受了宋濂的思想，因此程朱理學便成了明王朝的正統思想。做為宋濂的學生，方孝孺比老師似乎走得更遠。他認為，孔子之所以發出「吾不復夢見周公」的哀嘆，乃是因為他所處的春秋時代已經禮崩樂壞，他矢志「克己復禮」，復的就是周禮。方孝孺認為政治文明的最佳楷模是周朝的制度。因此，他對春秋之後的中國政治大都持否定態度。他二十多歲時，在回答友人俞子嚴的一封信中，曾如此描述：

自宋亡以來，八九十年來，風俗變壞，延至於今世也。又不知古人倘在，視今世為何如也。每深居沉念，輒用慨嘆，曷為而見古人之遺風乎？

他所稱讚的「古人之遺風」，指的便是周朝，在《周禮考次目錄序》中，他指出：

周室既衰，聖人之經，皆見棄於諸侯。而周禮獨為諸侯之所惡，故周禮未歷秦火而先亡。吏將舞法而為奸，必藏起法，使民不得見。使家有其法而人通其意，吏安得而舞之？周之制度詳矣，嚴上下之分，謹朝聘之禮，而定其誅賞。教民以道，使命以義，恤鄰而遵上，此尤戰國諸侯之所深惡而不忍聞者也。

大凡志行高潔者，都有執古而薄今的傾向。此種人，沉穩而趨保守，堅守大於變通。方孝孺認爲周朝是「以德治國」的楷模，對秦以後歷朝宣導的法制，他認爲是舍本問末，不值得借鑑。這一觀點，在他的著述中多次提到：

藥石所以治疾，而不能使人無疾。法制所以備亂，而不能使天下無亂。不治其致疾之源而好服藥者，未有不死者也。不能塞禍亂之本而好立法者，未有不亡者

也。（《深慮論之二》）

治天下有道，仁義禮樂之謂也。治天下有法，慶賞刑誅之謂也。古之為法者，以仁義禮樂為穀粟，而以慶賞刑誅為鹽醢。故功成而名不病，棄穀粟而食鹽醢，此亂之所由生也。（《深慮論之五》）

在方孝孺看來，治天下之道，德爲本，法爲末。德可以使人去欲，法只能制人之欲。這種觀點，仍是朱熹「存天理，滅人欲」理學核心思想的翻版和闡釋。

方孝孺受宋濂的影響，二十多歲便形成了「重德輕法」的觀念，而且一生堅持。他當上「帝王師」之後，試圖以這種思想指導朱允炆重建治國方略。在遵朱允炆之命寫的〈基命錄序〉一文中，他將自己的思想推向極致：

智力或可以取天下，而不足以守天下。法術可以糜當世，不足以傳無窮。有以取之而不知守成之具，慮止乎旦夕而不為久遠之圖。為己則難以言智，為民則難以言仁。夫豈善為天下計者哉！

商周聖王，舍智力而不用，而必本乎仁義；舍法術而不恃，而必養民以道德。積之以奕世之勤勞，藉之以數百年之忠厚。聖人之才為億兆所戴，其心猶凜然。若不能當天之心，行民之所願，除民之所惡，唯恐有所弗及。既受命於天矣，而所以保其命者，益謹而弗懈，其傳序之遠也，豈不宜哉！

後世人主，祖宗積壘之素，既不若古之人，取之以僥倖而欲守之以智力，縻之以權詐而欲傳之以法術，此秦隋以來之君所以隕性僨國者相屬也。

在方孝孺看來，自秦隋以來的人主，都是靠權詐與法術而取得天下的。如果坐上皇帝位後，繼續以權詐與法術來維持統治，則絕不會傳之久遠。單從道理上講，這絕對沒有任何錯誤。方孝孺所指斥的權詐與法術，即莊子所譏刺的「機心」，亦是老子忌諱的「僞」，孔子痛恨的「怪力亂神」。由這些大智慧所構築的道統，一代代都有人來維護它、發展它。漢朝的董仲舒，北宋的二程，南宋的朱熹，明初的宋濂、方孝孺，都是道統譜序中人。但是，問題的關鍵在於：「心機」之於人，是如影隨形；法術之於世，是無處不在。世上的事情，僅憑學問是處理不好的。歷史上，凡是講求學問的皇帝，都是被後世譏爲「秀才皇帝」，在他們手上，社稷江山總是難以達到大治。

方孝孺的學問好，心思也正。但遺憾的是，他所處的時代，沒有他的學問賴以生存的土壤。

秀才皇帝的盲目樂觀

在方孝孺赴京將近一年之際，即建文元年（一三九九年）的七月初四，一直在北平燕王府中裝病的燕王朱棣，突然在東殿升座，對聚齊在西廂的親信宣布，自己病體康復，爲朝廷社稷計，他決定興兵勤王，率軍攻打南京，提出的口號是「清君側」。君之側，即明惠帝朱允炆身邊，究竟有哪些人被朱棣視爲「奸黨」呢？打頭的還是齊泰、黃子澄兩人。這兩人幫助朱允炆制訂了一個「削藩」的計畫。而衆多藩王中，最具威脅力的就是燕王朱棣。面對這一局勢，朱棣先是裝病，當他得知姪兒朱允炆已對他下達了祕密逮捕令後，決定反抗。

這一場戰鬥先後打了四年，史稱「靖難之役」。朱棣初起兵時，朱允炆並沒有想到事情的嚴重性，他將緊急軍務統統交給齊泰、黃子澄處理，自己每日與方孝孺討論《周官》的制度，商量國家的政治體制改革。經過一年的磨合，朱允炆對方孝孺的尊崇與依賴大爲增強。方孝孺幾乎無日不待在他的身邊備作顧問。每逢讀書遇到疑難，就請方孝孺講解。臨朝處理政務，與大臣商量國事，他也要方孝孺坐在丹墀下的屏風前，隨時批答。

應該說，朱允炆秉承了父親朱標的儒雅性格，骨子裡存在著一種悲天憫人的精神。

這種氣質來自他的奶奶，即朱元璋的原配夫人馬皇后。朱元璋之所以選定朱允炆繼承皇位，除了要堅持「嫡長承祚」的制度外，他對朱允炆的欣賞不能不說也是一個重要的原因。朱元璋是一個「武治」皇帝，他很希望自己的孫兒能當一個繼往開來的「文治」之君。以他的睿智，不可能不知道朱允炆「雅」有餘而「威」不足。這種人，可處順世而不可處亂世，可養君子而難制梟雄。基於這一點，朱元璋在位時，就將他認爲可能給繼位者造成障礙的「梟雄」盡可能誅除乾淨，這就是幫著他打下江山的建國功臣幾乎被一掃而空的原因。但是，令他意想不到的是，院子外的「梟雄」誅除乾淨了，家裡頭的「梟雄」卻是個個都在。有問鼎皇座野心的兒子，少說也有三、四個。朱元璋心再狠，也不至於說拿起屠刀剮了自己的骨肉。倒是黃子澄看到這一點，勸朱允炆立即「削藩」。但黃子澄是優秀的詞臣而非老辣的幹臣，說起來一套一套的，話也在點子上，但做起來卻把不住火候與節奏。用現在的話來講，叫思想力還不錯，執行力太過欠缺。

二十歲的「秀才皇帝」，本來心智就弱，加上內有清流，外有虎狼，其悲劇的下場是完全可以預見的。問題的關鍵在於，朱允炆欲學他的爺爺舉重若輕的執政技巧，什麼大事都覺得沒什麼了不起。

當第一支討伐大軍從京城出發，朱允炆爲了表示他的寬宏大量與優雅，他對部隊的最高指揮官說：「你們打到燕京，不可胡亂殺人，你們總不至於讓我背上殺害親叔叔的惡名吧。」

在朱允炆看來，對燕王朱棣的作戰，勝利猶如探囊取物。他自認爲自己是天下歸心的皇帝，王師出征，必然所向披靡。這種莫名其妙的樂觀情緒在京城中瀰漫。鐘山腳下的宮闕，依然散發著金色的魅力；秦淮河兩岸的河房，更是弦歌如舊。但是，有誰知道，燕王的旌旄南指，會使金陵的王氣黯然失色。

連出三計均未奏效

在戰爭的初始階段，方孝孺也表示出極大的樂觀。當朱允炆要求他按周朝制度改革朝政時，他顯示出極大熱情。建文二年（一四〇〇年），朱允炆敕旨修建的省躬殿建成。這座宮殿專門用來存放古書、《聖訓》，類似於皇家圖書館與檔案館。大敵當前，朱允炆修建這座宮殿已屬可笑。更可笑的是，朱允炆仍不以軍情爲重，卻把省躬殿的落成典禮當作頭等大事來抓。他讓方孝孺稽古三朝，按尙父所說的丹書宗旨，對殿內的一切陳設都撰寫銘文，以取戒飭的作用。這有點像年輕的學生，見到格言警句抄下來貼到牆上，太小兒科了。

省躬殿建成不久，到了八月初一，叔姪之間的戰爭打了一年了，恰逢承天門遭遇一場火災。方孝孺認爲這是大事，天降災咎，是人君有過失。再者，洪武皇帝朱元璋定下的城門之名也有問題。因此他提議將午門改成端門，把原來的端門改成應門，把承天門改成臯門，把前門改成路門。朱允炆一一准奏。

就在這時，忠於朝廷的官軍與燕王的部隊在河北、山東一帶已經打了數十場戰鬥。戰爭開始，官軍略占上風。但幾個月後，燕兵漸漸掌握了戰爭主動權，而且朝廷中叛變的官員也漸漸多了起來。到了建文三年（一四〇一年）的三月，官軍遭遇夾河之敗，損失慘重。朱允炆這才意識到事情的嚴重性。他於閏三月初四罷免了齊泰、黃子澄的官職，表面上將他們貶出京城，實際上是讓他們到處招募軍士。

齊、黃二人離開京城後，方孝孺就不再只是一個講述周禮，推行政治體制改革的顧問了。他開始在朱允炆的要求下過問軍事。從建文三年四月至建文四年的五月，一年多的時間內，就當時的戰事，他向朱允炆出過三次大計，但這三次大計均未奏效。建文四年（一四〇二年）的六月初八，朱棣率領的燕兵在接連攻克淮河、長江兩道天險之後，挾如雷破竹之勢，終於兵臨金陵城下，駐紮在城郊的龍潭。

「奸臣」榜上名列第四

建文四年（一四〇二年）六月初八的晚上，南京城中潮溼燠熱。昔日密管繁弦車輦相接的帝京，如今籠罩在戰雲之下，一片驚恐。手足無措的朱允炆在大內殿廷前徘徊。

他已派人緊急召進方孝孺。當這名始終充滿自信的帝王師匆匆走進內廷，在東廡的長廊見到朱允炆時，他多少有點黯然神傷，因爲這裡是他的老師宋濂向朱元璋講述《大學衍義》的地方。如今物是人非，新一代的君與臣、學生與老師，將會在這裡講些什麼呢？

看到方孝孺走近，朱允炆焦急地問：「方先生，燕兵已入龍潭，朕該怎麼辦？」方孝孺問：「陛下想怎麼樣？」朱允炆說：「有幾名大臣建議，讓朕棄守金陵，前往浙江或湖、湘，以圖重新振作。」方孝孺連忙搖頭答道：「君王怎麼能夠離開帝都呢？城中尚有二十萬部隊，我們只能盡力堅守，等待援軍的到來。」朱允炆問：「萬一守不住呢？」方孝孺看了一眼朱允炆，凜然說道：「就算是沒有希望了，國君爲社稷而死，也是正當的，是死得其所。」也許是方孝孺的正氣讓朱允炆感到了震撼，他頷首表示了同意。方孝孺又說：「暫時的辦法，是再派大臣以及諸王前往龍潭，與燕王講和，以拖延他的進攻。陛下好等待勤王之師的到來。」

這一段話，記錄在《明通鑑》上，六百年後重讀，依然感到方孝孺的可親可敬。在生死存亡的關頭，他依然要他的學生堅定以身殉國的決心。明代的帝王師大都不幸，但方孝孺是最不幸的一個，可是他又是最幸運的一個。爲什麼這樣說呢？因爲朱允炆對他始終依賴，甚至可以用「言聽計從」四個字來形容。這樣的皇帝實不多見。

遺憾的是，明惠帝朱允炆的悲劇就在眼前。方孝孺要朱允炆行使拖延術以待勤王之師。其時，朱允炆的股肱大臣王叔英與齊泰在廣德募兵，姚善與黃子澄在蘇州募兵，練子寧在杭州募兵，黃觀在長江上游募兵。六月初十，朱允炆派人帶著藏有密詔的蠟丸，分成數路遁出金陵，到各處催兵，但這些信使全部都被燕兵捕獲。得到消息後，朱允炆與方孝孺執手流涕，兩人知道大限將臨。

六月十三日，燕軍逼近金川門，谷王朱橞、李景隆打開城門迎接燕軍。朱允炆見大勢已去，下令縱火燒毀宮殿，而他自己下落不明。傳言「帝從地道出，翰林院編修程濟、御史葉希賢凡四十餘人從」。

當天晚上，燕王就下達通緝令，金陵城中的大街小巷到處張貼告示，上榜的奸臣共有二十九人，前六名是：太常侍卿黃子澄、兵部尙書齊泰、禮部尙書陳迪、文學博士方孝孺、御史大夫練子寧、右侍中黃觀。通緝令下達時，除方孝孺外，餘下五人都在外募兵。所以，第一個泰然就逮的，是安坐家中等待這一刻的方孝孺。

三年前燕王在北平起兵時，他的軍師大和尙道衍（姚廣孝）曾以方孝孺爲託。道衍說：「城破之日，方孝孺一定不肯投降，希望殿下不要殺他。殺了方孝孺，天下讀書種子就滅絕了。」燕王點頭同意，因爲他也聽說過方孝孺，同當年的宋濂一樣，是天下文臣之首。

六月十四日，燕王在祭拜了父皇朱元璋落葬的孝陵之後，回到宮中，命人將方孝孺從獄中提出。

誅滅十族的慘案

中國的文人，向來把氣節看得比生命還重要。所以，大凡在國家危亡之時，殉國的文人比武人要多得多。明惠帝失國，爲他殉亂的文臣多達四百餘人，而武臣則只有河北衛指揮張倫一人。殉亂文臣，最爲慘烈的當數方孝孺。

卻說方孝孺被捕前，就已在家換好了孝服。當他被帶進殿中時，悲慟之聲震動殿陛。

燕王朱棣之所以要將方孝孺帶進殿中，是想藉他的名氣來起草自己登極的詔書。見方孝孺痛哭不止，朱棣走下丹陛，上前勸慰道：「先生不要太痛苦了，我是效法周公輔佐成王。」

方孝孺怒問：「成王在哪裡？」

朱棣答：「他已經自焚了。」

方孝孺又問：「爲什麼不立成王之子？」

朱允炆只有兩個兒子：太子文奎，少子文圭，此時都還年幼。

因此朱棣回答：「他的孩子太小，現在國家需要一個可以擔負責任的年長的君主。」

太子朱標共有五個兒子。大兒子虞懷王早夭，二兒子朱允炆就成了朱元璋欽定的太孫。朱允炆下面還有三個弟弟，分別被封爲吳王、衡王、徐王，此時也都已就藩在外。

方孝孺的話，倒把朱棣給噎住了。他靦腆回答：「這是我家裡的事。」說著，他示意左右給方孝孺紙筆，懇切地說：「詔告天下，非先生不可。」

方孝孺把筆扔在地上，一邊哭一邊罵：「要殺就殺，詔書絕不起草！」

依朱棣的性子，這時候早就手一揮，讓人將方孝孺推出去斬首了事。但他還記得對道衍和尚的承諾，於是還想施以威脅，逼使方孝孺從命。他說：「你一個人死是小事，難道就不怕滅你的九族嗎？」

方孝孺嗆道：「就是滅了十族，你又能把我怎樣？」

朱棣忍了忍，還是請方孝孺草詔。方孝孺拿過筆，在紙上大書「燕賊篡位」四字。朱棣終於歇斯底里爆發，在殿庭裡咆哮起來，下令將方孝孺推到街市上，當衆處以車裂分屍的磔刑。

方孝孺臨危不懼，臨死前寫了〈絕命詞〉一首：

天降亂離兮，孰知其由？
奸臣得計兮，謀國用猶。

忠臣報國兮，血流交流。
以此殉君兮，抑又何求！
嗚呼哀哉兮，庶不我尤！

這一年，方孝孺四十六歲，這正是他父親出來當官的年齡。他的四年帝王師生涯，由此畫上了血腥的句號。

就因爲他的「便十族，奈我何」這句話，不但他的九族誅滅淨盡，朱棣更將他的朋友、弟子湊爲十族，全部抓捕殺害。方孝孺的夫人、兩個兒子、兩個女兒全都罹難。從「滅門之禍」到「滅族之禍」、「滅友之禍」，一共被殺掉了八百多人。終明一朝，再沒有比這更酷烈的慘案了。

讓人景仰的硬骨頭

當年朱元璋去世，遠在漢中的方孝孺聽到噩耗，摒棄殺父的仇恨，寫了一首〈大行皇帝挽詩〉：

睿哲君天下，恢宏德化新。

宵衣圖治道，側席致賢臣。
王氣金台曉，仁風玉宇春。
忽朝雲晏駕，率土淚沾巾。

以方孝孺這樣的硬骨頭，對朱元璋那樣一個屢造冤案的開國之君，還抱有如此真誠的好感，這種文化現象，古往今來並不少見。大約每一位懷有「致君堯舜上，再使風俗淳」理想的讀書人，都會在心中掂量君王的是非功過，然後做出感情上的選擇。方孝孺服侍朱允炆忠貞不貳，碰到朱棣這樣的強勢人物也絕不變節，這就是常被人不能理解的「愚忠」表現。縱觀歷史，道統之所以能夠延續，就是因爲有不少的人堅持愚忠。

方孝孺未顯時，常常「深愧淵明與孔明」。其實不用慚愧，淵明不願爲五斗米折腰，是愚而不忠；孔明「鞠躬盡瘁，死而後已」，是忠而不愚。方先生又忠又愚，用自己的生命（同時讓十族相陪），爲歷史留下一個讓人景仰卻難以做到的大丈夫的標本。

寫到這裡，我爲方先生上一炷香。

第四章 三代帝王師・姚廣孝

「靖難之役」，是燕王與建文帝的對決，也是姚廣孝與方孝孺的較量。治國忌詭，用兵忌直，方孝孺不懂詭術，以治國之道來行軍事；姚廣孝則不然，他尊崇儒家的方正，但更懂得變通。

生性嗜殺的和尚

大約在洪武六年（一三七三年）的秋天，一個名叫道衍的和尙到河南嵩山少林寺參訪。他在寺側的塔林轉悠，緬懷那些已經圓寂的大禪師。突然，從斜側的一座靈塔後轉出一名頭戴儒巾的方士，攔住道衍，劈頭蓋臉地說：「你這個和尙好怪異！」

道衍一驚，追問：「我怎的怪異？」

方士說：「看你目如三角，形同病虎。雖穿著僧衣，但眉宇間殺氣騰溢。你生性嗜殺，必劉秉忠之流。」

道衍聽罷，並不詫異，而是拱手一揖，問道：「劉太保遇到忽必烈，才成就一番事業。當今洪武皇帝才剛剛開創萬世基業，改朝換代已經完成，我怎麼會成為劉太保呢？」

方士一笑：「不出十年，和尚當遇明主。」

這名方士名叫袁珙，是元末明初時期活躍於江湖的著名相士。他與道衍和尚相會於嵩山的事，明史中有記載。他所說的劉秉忠，是元初的大政治家，此人原名劉侃，字仲晦，祖籍江西瑞州（今江西高安）。他祖上在遼國做官，遂定居邢州（今河北邢臺）。金滅遼後，他的曾祖父又仕金，當過金朝的邢臺節度副使。蒙古人滅掉女眞人建立的金國，劉秉忠的父親又歸順蒙古人，在邢州元帥府中擔任軍職。劉秉忠長到十八歲，便依靠父親的關係，在邢州節度府裡當了一個小官。

劉秉忠屬於班超一類的人，胸有大志，不甘於當一名受人驅使的刀筆吏，於是棄官歸隱，上武安山當了一名道士。當時，有一名虛照禪師聽說了劉秉忠的行跡，於是派弟子上武安山找到劉秉忠，對他說：「不要當道士了，還是出家當和尚為好。」也許是慕虛照禪師的大名，劉秉忠眞的就脫了道袍剃度出家。又過幾年，居於漠北王府的忽必烈召見高僧海雲印簡。海雲聽說劉秉忠博學多才，便邀他一同前往。忽必烈見到劉秉忠後，一番晤對。劉秉忠侃侃而談古今治亂興亡之事，忽必烈深為讚賞，於是放歸海雲，而將劉秉忠留在身邊參與軍政大事，並令其還俗，賜名秉忠。從此，劉秉忠得以展露他的政治才華。一二六〇年六月四日，忽必烈在開平即蒙古大汗位，年號中統，取中原正統之意。四年後，忽必烈又接受劉秉忠的建議，改年號為至元，取《易經》中「至哉坤元」之意。

劉秉忠精通周易，三式六壬遁甲之術，無所不會。儒釋道三家學問，他都能融會貫通。忽必烈對他終生信用不疑，即帝位後，拜劉秉忠為光祿大夫、太保、參領中書省，也就是通常所說的宰相之職，可謂位極人臣。劉秉忠一生的三大功勞：第一是協助忽必烈奪取皇帝之位；第二是設計了元朝的典章制度；第三是主持設計並建造了元大都，即今天的北京城。中國大一統的政權建都北京，自元朝忽必烈始，在這一點上，劉秉忠功不可沒。

比劉秉忠晚了一百餘年的道衍和尚，聽袁珙誇他是「劉秉忠」之流，內心自然歡喜。數年之後，道衍和尚到了北京，還專門拜謁了劉秉忠的墳墓，並寫了一首詩：

芳時登壟謁藏春，兵後松楸化斷薪。
雲暗平原眠石獸，雨荒深隧泣山神。
殘碑蘚蝕文章舊，異代人傳姓氏新。
華表不存歸鶴怨，幾多行客淚沾巾。

劉秉忠著有《藏春集》，故稱謁藏春，道衍覺得自己是劉秉忠的傳人。他對劉秉忠身後的寂寞頗爲不平。兩年後，道衍隨另一名高僧宗泐過鎮江北固山，寫了一首〈京口覽古〉：

樵櫓年年戰血干，煙花猶自半凋殘。
五洲山近朝雲亂，萬歲樓空夜月寒。
江水無潮通鐵甕，野田有路到金壇。
蕭梁事業今何在，北固青青客倦看。

宗泐是一個循規蹈矩的得道高僧，一看道衍這首詩，禁不住驚呼：「此豈釋子耶？」用今天的話說，即「這哪裡是和尚說的話呀」！

和尚尚和，凡事阿彌陀佛，但道衍心中總有不平之氣。用袁珙的話說，他是「嗜殺」之人。從這一點看，道衍倒眞的不像是正經八百的和尚。既不像和尚，他爲何又要出家呢？

吟詠與參禪的歲月

據《明史・姚廣孝傳》記載：「姚廣孝本為醫家子，十四歲度為僧，名道衍。」

姚廣孝出生於江蘇長洲（今屬蘇州市）一個富裕的醫家。他從小受到了良好的教育，少年時代，是在研讀儒家典藏與修習詩詞歌賦中度過的。但凡有異稟之人，天生就有叛逆性格，於不經意處，就做出了驚世駭俗的大事。姚廣孝從小就有強烈的出人頭地的念頭，總想做第一流的大事，卻不知如何一個做法。那一天，他上街閒逛，忽見一隊人馬過來，傘蓋簇擁之中，肩輿上坐著一個和尙。那陣勢、那派頭，竟比地方上的縣令出行還要威風。姚廣孝大受刺激，心中忖道：「當這樣一個和尙，竟比當官還強。」當下就跑到廟裡剃度出家。

用今天的話講，姚廣孝這是行為藝術，但他並不是好出風頭的憤青，而是敢做敢當的有志之士。在一般人看來，十四歲的年齡，心智尙不成熟，何況是慕人豪華而出家，肯定做不長。但是，姚廣孝自當了道衍和尙之後，直到老死都是腳蹬僧鞋，身著袈裟。

姚廣孝出家時，江南流民增多，尖銳的社會矛盾已經顯現，但還不是兵荒馬亂的年份。待到他二十歲後，天下大亂，元朝的氣數將盡。斯時，姚廣孝的家鄉為軍閥張士誠所控制。當姚廣孝蟄於古廟，以長夜的木魚聲拒抗一陣緊似一陣的殺伐聲時，比他大了二十餘歲的宋濂與劉伯溫已被朱元璋聘至幕府參與機務。而比他小了二十餘歲的方孝孺則剛剛出生，風聲鶴唳、血雨腥風，成爲這位神童無可更換的生命營養。

姚廣孝十四歲到四十四歲的這三十年時間裡，史載甚少，只說他曾師從道士席應眞，「得其陰陽術數」之學，餘則語焉不詳。可那是天翻地覆的三十年，也是改朝換代的三十年。這期間多少英雄人物起於草莽？但與朱元璋年紀差不多的姚廣孝，卻是平靜度過的。這無論對於歷史，還是對於姚廣孝這樣一位胸富韜略、智貫古今的人物來說，都是無法解釋的奇蹟。

在這種激濁揚清、除舊布新的歷史轉折期，三流人物只要機緣得當，都可叱吒風雲，做出一流的事業。像姚廣孝這樣的一流人物，更應該是如魚得水，如虎穿林。但是，這一時期的姚廣孝，日子卻非常平淡，從他的詩中可以看出：

暝色連群壑，孤舟促去程。
寒山惟塔在，古路斷人行。
弱燕風停舞，殘農雨罷耕。
慚同問津者，奔走去餘生。
（〈次塞山〉）

萬里攜妻去，危亡恨昨非。
身應隨地葬，魂擬故鄉歸。
天末人家少，雲深鳥道微。
抗之不可得，徒自淚沾巾。
（〈黃三謫欽州死於途次哀之以詩〉）

鴻雁池頭落日低，倚筇吟望路東西。
雲山盡處潮聲歇，煙樹陰邊塔影迷。
江市有塵車過亂，野樵無約燕歸齊。
水禽飛斷千林靜，不覺隨鐘度遠溪。
（〈江頭暮歸〉）

第一首詩，勾勒出戰亂年代的蕭瑟和淒清；第二首詩，表現了動盪歲月中生離死別的哀慟；第三首詩，凸顯了亂世中超然物外的禪家心態。

人住世上，爲世所用，叫風雲際會；反之，則叫生不逢時。元亡明興的三十年，儘管英雄輩出，但這個時代不屬於姚廣孝，他仍只是披著一襲僧衣的「病虎」，在吟詠與參禪中打發漫長的歲月。

「王道」與「佛道」

大約在洪武八年（一三七五年），朱元璋下詔天下各寺院通儒的僧人來京入覲，經金陵大天界寺主持宗泐的推薦，姚廣孝自蘇州來到南京。《明史・姚廣孝傳》中記載此事：「洪武中詔通儒僧試禮部，不受官，賜僧服。」

爲何朱元璋要特別召見通儒的和尚呢？這一點，姚廣孝在〈般若波羅密多心經新注演義序〉一文中有記載：

今聖天子詔令天下僧徒習通《般若心經》及《金剛》、《楞枷》，復詔取諸郡禪講師僧會於大天界禪寺，校勘三經古注，一定其說。須行天下，以廣博持。於是天界住持宗泐等折中古注而釋焉。

宗泐是朱元璋深爲信賴的大和尚，正是由於宗泐的推薦，姚廣孝才得以參加由朱元璋倡議的三經校注工程。這是姚廣孝第一次爲大明王朝做事，但做的還是和尚分內之事，即校注佛家經典。而且，他顯然沒有引起朱元璋的注意。第二年，三經校注完成，所有參加這項工程的和尚都賜僧服還山，姚廣孝亦不例外，他有一首〈京都送雲海上人還山〉可證此事：

朝辭魏闕返家林，秋到江南尚綠蔭。
鐘阜雲歸山寺近，石城潮落海門深。
僧中不有興亡事，世上寧存去住心。
此別似難期後會，且留茶座撫孤琴。

從詩中可以看出，辭別帝都，姚廣孝心中有排遣不盡的惆悵。這個道衍和尚，深知「僧中不有興亡事」，但他偏偏愛說的，就是天下興亡。李白來到黃鶴樓，感嘆「眼前有景道不得」，是因爲前有崔顥的題詩。姚廣孝的「天下興亡道不得」，是因爲朱元璋沒有問他。朱元璋在他面前「不問蒼生問鬼神」，乃是因爲朱元璋只把他當作一個誦經念佛的和尚。

姚廣孝離開京師的這一年，正是劉伯溫倉促返家遽然死去的那一年，也是宋濂乞求回家養老的那一年。洪武八年（一三七五年）的南京，於不經意間，將這幾位大明王朝的菁英輕輕地剔除了。

姚廣孝回到蘇州太湖西山的海雲院，在院中覓得一間小屋，取名蓮花室。他日夕坐於其中，研習佛法。他有一篇〈蓮花室銘〉，單道此事：

洪武九年春，衍奉旨還西山之海雲院聞小室，奉彌陀畫像於西隅。日夕面之西稱念，無過客則終日危坐澄想。已名之曰蓮花室焉……衍自少時知有彌陀教法，業深障重，雖發願造修，或進而或退。茲年四十有八，死期將至，故痛自鞭策，要必往彼國蓮花化生也。冀是花之有榮而無悴，因扁其室以自勉，乃為之銘……

從這篇短文中可以看出，姚廣孝「奉旨還山」後，內心中受到的打擊很大。劉秉忠碰到忽必烈後，先談佛後論政，一拍即合。而朱元璋壓根兒就沒有和姚廣孝談論過政治。姚廣孝感到自己苦等三十餘年，仍無法行「王道」，於是下決心歸於「佛道」。年滿四十八歲的他，忽然感到死期將至了。他發願要往佛國往生，變成一朵「有榮而無悴」的蓮花。

但是，這個打算在蓮花室中終老其身的和尚怎麼知道，幾年後，還會有一番驚天動地的大事業等著他呢？

無愁應只為賓王

洪武十五年（一三八二年）八月初十，朱元璋的結髮夫人馬皇后病逝，享年五十一歲。馬皇后與朱元璋是患難夫妻，爲人賢慧，在朝野上下威望極高。她的死，讓朱元璋流出了平生最悲痛也是最洶湧的淚水。他命令所有就藩的皇子們都趕回來弔孝。九月二十四日，馬皇后在孝陵安葬。喪禮之後，各路親王都要回到藩地，燕王朱棣在回返北京時，他的扈從中多了一個人，這個人便是姚廣孝。

關於這件事，《明通鑑》是這樣記載的：

時諸王奔喪送葬畢，將還，上命各選僧一人侍從之國，為孝慈皇后修佛事。吳僧道衍，先以宗泐薦，名在燕府籍中，一見相契，燕王因奏請從行。道衍者，姚廣孝僧名也。

宗泐向朱棣推薦道衍，大約是洪武九年（一三七六年）的事。朱棣大約也是接受了道衍的，因此才有可能「名在燕府籍中」，但兩人並未相見。朱棣就藩正是在洪武九年，其時二十歲，離開父母前往北京，一住就是六年。這次回來，有了六年的歷練，燕王已是颯爽英姿，威武有加。朱元璋對他的這位四皇子，內心也是充滿喜愛。很顯然，讓諸親王帶一位和尚前往藩王府爲皇母祈禱，是朱元璋的主意。但道衍跟隨燕王，卻並不是朱元璋的指定。

關於燕王與姚廣孝的第一次相見，明人札記中曾有記錄，說是燕王乍一見到姚廣孝其貌不揚，便生厭棄。姚廣孝把燕王叫到一旁，耳語一句：「殿下若是帶我前往北京，我將送一頂大白帽子給您戴。」這是一句隱語，王字頭上加一個白字，即是「皇」字。朱棣聽了這句話，當即同意帶姚廣孝回北京。這種記載屬於小說家言，不足爲憑。但兩人相見時，姚廣孝已五十四歲，朱棣二十六歲。這樣兩代人的差距，燕王爲何欣賞姚廣孝，倒眞是一個謎。

洪武十五年（一三八二年）的十月初一，姚廣孝跟隨朱棣啓程，乘船沿京杭大運河前往北京。上船後，姚廣孝寫了一首詩：

石頭城下水茫茫，獨上官船去遠方。
食宿自憐同衛士，衣冠誰笑雜軍裝。
夜深多櫓聲搖月，曉冷孤桅影帶霜。
歷盡風波艱苦際，無愁應只為賓王。

比之六年前的「奉旨還山」，姚廣孝此時的心情有了很大的改變。他不再有那種「坐老菩提樹，翻殘貝葉經」的枯寂心境，而是不計艱苦，決心輔助燕王成就帝業。「無愁應只爲賓王」七個字，透露了姚廣孝心路的調適，以及對新環境、新生活的追求與期待。

出家人偏做兵家事

《明史・姚廣孝傳》載：「（廣孝）從至北平，住持慶壽寺。出入府中，跡甚密，時時屏人語。」這是說姚廣孝到北京後與朱棣相處的情況，寥寥數語，已將兩人非同一般的關係描摹深刻。

關於燕王朱棣與姪兒建文帝爭奪皇位的故事，我在〈令人景仰的硬骨頭〉一文中已經闡述。現在我要補充的是，發生在西元一三九九年至一四〇二年這四年間的「靖難之役」，既是燕王與建文帝的對決，也是姚廣孝與方孝孺的較量。治國忌詭，用兵忌直，而方孝孺恰恰不懂詭術，以治國之道來行軍事。姚廣孝則不然，他雖然尊崇儒家的方正，但更懂得變通。用兵的人，不講公正只講輸贏，不求道德只求成功。姚廣孝不僅認識到這一點，更可以說，朱棣之所以橫下心來舉兵討伐建文帝，與姚廣孝的日夕慫恿不無關係。

姚廣孝寫過一首詩〈送袁廷玉〉：

昔遊西崦喜隨君，馬上清吟思逸群。
早過道陵同溺雪，暮棲梵剎共眠雲。
泉頭掃石琴三疊，谷口尋花酒半醺。
今日相逢又相別，到家勿惜寄音聞。

袁廷玉即袁珙。若以詩論，這算不得好詩，但這詩的背後，卻藏了一個表現姚廣孝詐術的故事。

如果說洪武十五年到洪武三十一年（一三八二至一三九八年）這十六年間，姚廣孝住在北京做了些什麼，可以說，除了日常佛課之外，他只做了一件事，就是鼓勵朱棣造反，與姪兒建文帝爭天下。

據說，朱棣起初對舉兵之事猶豫不決。爲了使其增強信心，姚廣孝請來二十多年前在嵩山認識的老友袁珙，請他爲燕王看相。朱棣混跡於一群大兵之中，袁珙一眼將他認出，並說出他有皇帝之命，年屆四十四歲時將登大位，當一個垂諸後世的太平天子。

袁珙的話，對朱棣產生一定的作用。中國古代，人們普遍信奉君權神授的說法。而一些神祕職業者，諸如相面、風水、卜卦等，往往充當君與神之間的橋梁。袁珙所言，被朱棣看做是吉祥的神示，這對他堅定信心大有裨益。

卻說建文帝登基之後，便接受黃子澄的建議，實施削藩計畫，即將朱元璋分封的各路親王全都撤其爵祿或易地安置。這些親王都是建文帝的叔叔。二十四位藩王中威脅最大者，首推燕王與秦王。但對這兩個位高權重的親王，建文帝卻不敢輕易下手。他上任後僅三個月，就下旨削奪了周王的藩封，接著又先後逮捕齊王朱榑、代王朱桂、岷王朱楩等人。周王朱橚是朱棣的同母弟弟，削藩自他開始，可謂敲山震虎。朱棣心存恐懼，於是裝病，躲在燕王府中不與外界接觸，但暗中在招兵買馬，伺機反撲。

在這期間，姚廣孝是唯一能夠爲朱棣出謀獻策的人。朱棣對姚廣孝，可謂言聽計從。「靖難之役」發動之前，有兩件事或可一記。

第一件是朱棣已有心反抗建文帝，但仍擔心得不到老百姓的支持。因爲，建文帝畢竟是朱元璋親自指定的接班人。中國人一向崇尚正統，身爲藩王出兵反抗中央，難免有篡逆之嫌。當姚廣孝勸朱棣儘管舉兵時，朱棣說出自己的顧慮：「民心向彼，奈何？」姚廣孝當即回答：「臣知天道，何論民心。」

在儒家看來，天道即民心，兩者不可分。姚廣孝此說乃兵家言，即不談空道理，講求實際效果。

第二件事更表現了姚廣孝的機智。據說燕王在北京起兵誓師時，忽然來了一陣大風雨，誓師廣場後的燕王府簷瓦嗽嗽墜地。朱棣見此臉色大變，認爲是不祥之兆。姚廣孝生怕動搖軍心，連忙站出來大聲說道：「這是好兆頭、大吉祥，飛龍在天，從以風雨。這說明燕王起兵是上順天意。至於燕王府上的黑瓦墜地，更是上天示意，燕王的房子不再是黑瓦了，即將換成黃瓦。」黃瓦是皇宮專用瓦。姚廣孝這是向將士們暗示，朱棣要當皇帝了。

大悲願力因無盡

歷史上將朱棣與朱允炆叔姪之間這場權力爭奪戰，稱之爲「靖難之役」。朱棣稱自己的部隊爲靖難之師。日後，他登上皇位大行賞封時，稱受封的將士們爲「靖難功臣」。我想，靖難二字，是朱棣強加給建文帝朱允炆的。這一詞句難以表達那場戰爭的眞實性，但相沿成俗，更改似乎已無必要了。不過，靖難一詞的發明，倒眞是幫了朱棣的大忙。這一功勞，可能還得記在姚廣孝名下。

三年多的戰爭，姚廣孝因年事已高，不能隨朱棣馳驅征戰。他留在北京，輔佐世子朱高熾鎮守後方，籌集糧草。但是，朱棣每有疑難，還是馳書相問。靖難之役中，幾乎每一場重大的戰役，都有姚廣孝的獻策，他實際擔任了靖難之師的總參謀長。其重要性，可比擬於劉邦身邊的張良，以及朱元璋身邊的劉伯溫。

戰爭初始，朱棣開局不利。大約兩年多時間，南北二師互有勝負，戰爭處於膠著狀態。姚廣孝的心情，一直隨著戰爭的態勢而起伏變化。在靖難之役的第二年重陽節，留守北京的姚廣孝對局勢擔憂，寫過一首〈九日感懷〉的詩：

八月中秋不玩月，九月九日不登山。
可憐時節夢中過，誰對黃花有笑顏。

中秋不玩月，重陽不登山，表露出姚廣孝對戰事的關切。他一生的政治抱負，都寄託在朱棣身上，若朱棣失敗，他也必將身敗名裂。此一時期，姚廣孝已完全摒棄了釋家心態。他寫過〈常山王廟二首〉，明說常山王張耳，實際是說他自己：

倏然一衲久忘情，際遇元君喜有成。
不恤蒼生塗炭苦，肯來塵世立功名。
征南籌幄豈尋常，功烈應封異姓王。
黃鶴不歸人世變，廟前松柏飽風霜。

如果說第二首還沾一點常山王的邊，第一首則完全是自況了。他認爲自己之所以重入塵世，乃是爲拔除蒼生塗炭之苦。常言說，出家人修山中法，芸芸衆生修世間法，兩者不可相容。由釋子而居廟堂的姚廣孝，卻認爲兩者是一回事，他在〈題釋迦佛出山相圖〉中指出：

> 六載功成便出山，頂旋螺髻耳金環。
> 大悲願力因無盡，離世間還入世間。

在這裡，姚廣孝又拿釋迦牟尼佛說事。認爲佛家眞正的大悲願力，既在離世也在入世，因事流轉，因人度化，應無定法。從中可以看出，姚廣孝的嗜殺，在別的出家人看來是孽障，但他卻認爲，嗜殺是濟世的方式，亦是普渡衆生的方式，這就是大悲願力。

關於姚廣孝在靖難戰役中的功績，《明史》是這樣評價的：

> 帝在潛邸，所接皆武人，獨道衍定策起兵。及帝轉戰山東河北，在軍三年，或施或否，戰守機事，皆決於道衍。道衍未嘗臨戰陣，然帝用兵有天下，道衍力為多，論功以為第一。

當了三代帝王師

靖難之役，以朱棣勝利而告結束。建文帝身邊的重臣，大都被禍酷烈，方孝孺更是被誅十族。而朱棣身邊的人，則一個個驟登顯貴。做爲第一功臣的老和尙道衍，在永樂二年（一四〇四年）四月以七十五歲的高齡，被朱棣封爲資善大夫、太子少師。並恢復其俗姓，賜名廣孝。朱棣還希望姚廣孝脫掉袈裟，蓄起頭髮還俗，姚廣孝堅持不肯。朱棣賜給他一處大宅第和兩名如花似玉的宮女，他也全都謝絕。但當了資善大夫，卻免不了上朝，爲了照顧朝廷的顏面，姚廣孝還是身著一品官員的衣帽。退朝後，仍回到寺廟，卸下官袍換上僧衣。

幫助朱棣奪取政權當上皇帝，是姚廣孝一生最大的事業。朱棣登基後，姚廣孝便日漸淡出朝政。他被任命爲太子少師的第二個月，朱棣便給姚廣孝派了一個美差，讓他到松江、嘉興、蘇州、湖州四州賑濟。臨行前，朱棣對姚廣孝說了一席話：「人君一衣一飯都取自百姓、民產，怎麼可以不體恤救濟。君是父親，民是兒子。做爲兒子應當孝順，做爲父親應該慈愛，各盡其道。少師前往，應體諒朕的苦心，不要爲國家憐惜錢財。」

松、嘉、蘇、湖四州，是姚廣孝四十餘年的禪遊之地，亦是建文帝的根基，一些追隨建文帝的大臣多誕生於此。這四個州的百姓對朱棣多生牴觸。朱棣派姚廣孝前來賑濟，可謂煞費苦心。此前，他曾調廣西參政陳瑛來京擔任都御史，專管緝拿建文帝舊臣。陳瑛心狠手辣，短短幾年製造冤案無數。如果說陳瑛惡事做盡，那麼，朱棣便想讓姚廣孝回到家鄉大行善舉。拿著中央財政的錢到家鄉賑濟，愛給多少就給多少，愛給誰就給誰，拿著朝廷的錢收攬人心，天底下還有比這更美的差事嗎？這件事，可以視為朱棣對姚廣孝盡心輔佐的回報。

永樂一朝，朱棣派給姚廣孝的差事，除了這一件，還有三條可記：第一是輔佐太子朱高熾監國。從永樂三年（一四〇五年）起，朱棣往來於南北二京，並多次帶兵深入漠北與北元作戰，治國事務交由太子處理，姚廣孝協助。第二是永樂五年（一四〇七年），皇長孫朱瞻基入書房上學，朱棣命姚廣孝擔任侍講、侍讀。這種安排，讓姚廣孝實際成為朱棣、朱高熾、朱瞻基三代皇帝的老師。終明一代，姚廣孝這樣的殊榮，恐怕絕無僅有。第三，敕令姚廣孝與刑部侍郎劉季篪、文淵閣大學士解縉三人督修《永樂大典》。

這三件差事，姚廣孝都只是牽個頭，負領導責任。各有一幫臣子盡心去做。所以說，永樂二年以後的姚廣孝，又回到和尚的位置上，做一些出家人分內的事。這期間，他寫了一本在當世與後代都爭議很大的小冊子《道餘錄》。

拿二程與朱熹尋開心

《道餘錄》這本書，是站在佛家立場上，對儒家的三位巨匠北宋程頤、程顥與南宋朱熹的排佛學說大加撻伐。在《道餘錄》序言中，姚廣孝言詞凌厲：

三先生同輔名教，唯以攘斥佛老為心。太史公曰：世之學老子者，則絀儒學，儒學亦絀老子。道不同不相為謀，古今共然，奚足怪乎？三先生既為斯文宗主，後學之師範，攘斥佛老必當據理，至公無私則人心服焉。三先生固不多探佛書，不知佛之底蘊，一以私意，出邪詖之辭，枉抑太過，世之人心，亦多不平，況宗其學者哉！

姚廣孝雖然通儒，但其學問根基在佛老。儒佛之爭，在宋元兩朝，一直未曾停歇。雖然帝王信佛是多數，但在讀書人特別是大儒那裡，對佛持批判態度的不在少數。朱元璋建國後，雖然尊崇佛教，但亦推崇儒學。他親定朱熹學說爲儒學正宗，規定天下士子必讀。朱子思想上宗二程。這三個人的學說風靡天下，姚廣孝欲伸佛學，以他的「嗜殺」的性格，首先想到的，必然是拿二程與朱熹開刀。他認爲：二程遺著中有二十八條，朱熹語錄中有二十一條，都是妄斥佛理，極爲謬誤，他遂逐條批駁。現摘錄幾則觀其大概：

伊川先生（程頤）曰：學佛者難。吾言人皆可以為堯舜，則無僕隸不材。言人皆可以為堯舜，聖人所願也，其不為堯舜是可賤也。故曰為僕隸。

逃虛曰：佛願一切為眾生，皆成佛道。聖人言又皆可以為堯舜。當知世間、出世間，聖人之心未嘗不同也，伊川知此否？

晦庵先生（朱熹）罔論釋氏多有神異，疑其有之。曰此未必有，便有亦只是妖怪。

逃虛曰：神異一事，非但有佛有之，至於天仙龍鬼，雖大小不同，亦皆有之。心學佛者，當求安心法門，頓悟妙理為務。若真積力久，自然神通光明，非是顯異惑人也。若言佛之神異為妖怪，朱子亦怪矣。

《道餘錄》的寫作體例，是引用一段二程朱熹的原文，然後加上一段批駁。姚廣孝釋名道衍，還有一名叫逃虛子，這顯然是道家的法號了。他站在釋道的立場上批判儒學，而且口氣苛嚴，猶如鄉村私塾先生揪著蒙童的耳朵大聲申斥。

《道餘錄》成書於永樂十年（一四一二年），這一年姚廣孝八十三歲。如此耆老尊宿，還有這樣的凌雲健筆，可見這老頭子一是壓抑得太久，二是願力猶健。

《道餘錄》一經傳出，立刻就引起軒然大波。江南的知識分子，不要說將朱熹奉若神明，就是對本朝的宋濂、方孝孺這樣的大儒，亦奉之唯謹。雖然，這兩個人都先後成爲罪臣而受到貶謫和鎮壓，但在士人心目中，他們依舊是光鑑千古的人物。如今，姚廣孝仗著朱棣這個後臺，把二程與朱熹如此奚落嘲諷，這是絕不可饒恕的事情。

據說，《道餘錄》發表後，姚廣孝迅速衆叛親離。他回到長洲老家，年近九十的姊姊不肯見他，更不准他踏進家門。他折身去見當年的知己好友王賓，王老先生也趕緊躲避。不想在路上兩人相遇，王老先生一邊趨避，一面搖著手喊道：「和尚誤矣，和尚誤矣！」

位極人臣，身爲三代帝王師的姚廣孝，已是有家歸不得了。他的悲劇不在於得罪了政統，而在於得罪了道統。

最後的歸宿

永樂十六年（一四一八年）三月初，姚廣孝回到闊別十四年的北京。斯時，他已重病在身。儘管此時朱棣還沒有下達遷都的詔令，但北京的紫禁城已經建造得差不多了，而且朱棣也選中天壽山建造自己的陵寢。姚廣孝覺得自己不宜厝骨江南，同朱棣一樣，他已經把北京當作精神上的故鄉，這是他一手策畫的龍興之地。魂歸故里，歸的不是長洲，而是多慷慨悲歌之士的北京。

一到北京後，姚廣孝仍住進慶壽寺，朱棣立即趕來探視。姚廣孝一身僧衣，從床上下來勉強行禮，朱棣扶住他，知道老和尚將不久於人世，便問他：「少師，你有何吩咐？」姚廣孝說：「陛下，老僧別無所求，只求一件事，請把溥洽放了。」溥洽是建文帝的剃度師，傳說是他掩護建文帝逃走。所以，朱棣找一個理由，將溥洽關了十六年。聽到姚廣孝為他求情，朱棣沉默了一會兒，答應了。

建文帝的老師是方孝孺，剃度師是溥洽。當年，姚廣孝曾請求朱棣攻取南京後不要殺方孝孺，結果未能如願。但這次卻成功地解救了溥洽。「嗜殺」的姚廣孝，其實心中仍裝著常人難以測度的大慈悲。

到京城不過二十餘天，即永樂十六年（一四一八年）三月二十九日，姚廣孝在慶壽寺中圓寂，享年八十九歲。《明史》說他享年八十四歲，恐記載有誤。

聽到這個噩耗，朱棣深為震悼，輟朝兩日，他吩咐禮部遵從姚廣孝的遺願，以僧人的方式葬之。朱棣為之在房山縣東北選造墓地，親自撰寫神道碑，並追贈他為推誠輔國協謀宣力文臣，特進榮祿大夫上柱國榮國公。這是文臣能夠得到的最高榮譽。

姚廣孝究竟是火化還是棺葬，史書沒有記載。更不知道如果是火化，他的肉身是否能燒出五彩斑斕的舍利來。

第五章 朝中最年輕的大臣・解縉

做為近臣，解縉一生最大的功勞，就是在立儲問題上促使朱棣做出了正確的選擇。但也因為這件事，他得罪了漢王朱高煦，最終招致了殺身之禍。

一首題畫詩改變太子命運

永樂二年（一四〇四年）四月初二這一天，永樂皇帝朱棣做了兩件大事。上午，他在金鑾殿舉行隆重儀式，任命和尚道衍爲太子少師，並恢復俗姓姚，賜名廣孝。朱棣讓姚廣孝擔任太子的老師，可見倚重之深。但此時，究竟誰能夠當上「太子」，朱棣還沒拿定主意。

朱棣有三個兒子，大兒子朱高熾，二兒子朱高煦，三兒子朱高燧。按照襲封的規定，親王的大兒子，其官方的稱呼叫「世子」，親王的爵位由世子繼承。所以，朱高熾幾歲時就成爲皇室承認的世子。朱棣獲得皇位以後，按規定，當了多年世子的朱高熾，應該順順當當地登上太子之位，成爲合法的儲君。但朱棣嫌朱高熾柔弱，有心將皇位傳給二兒子朱高煦。

朱棣之所以偏愛朱高煦，的確有他的理由。卻說建文元年（一三九九年）七月朱棣在北平起兵南下「靖難」時，時年二十歲的朱高煦一直追隨父王，經歷上百次戰鬥，總是衝鋒陷陣，不畏箭矢。在幾次慘烈大戰中，朱高煦拚死保護父王，可謂屢建奇功。朱棣與朱高煦，既是父子，又是戰友，加之朱高煦的長相及性格都很像朱棣，因此朱棣有心棄世子朱高熾，而改立朱高煦為太子。朱高煦知道父皇的心思，也四處籠絡大臣，打算奪取太子之位。

在永樂元年（一四〇三年）下半年，圍繞究竟由誰繼位的問題，朱棣召開過幾次會議進行討論。朝中大臣分為兩派。淇國公丘福、駙馬都尉王寧等都是朱高煦的支持者，他們認為朱高煦有戰功，應當立為皇儲。但兵部尚書金忠持反對觀點，他認為長子當立，這是傳位的規矩，破了規矩，會給後世的立儲留下無窮的隱患。

丘福、王寧、金忠三人，都為朱棣奪得皇位立下了汗馬功勞。特別是金忠，他由姚廣孝推薦，因善於占卜而得到朱棣的信任。朱棣起兵後，金忠始終跟隨左右，以占卜決定疑難問題，往往靈驗。加之時時提出建議，朱棣採納後亦收奇效。朱棣登基後論功行賞，金忠升任工部侍郎，輔導世子朱高熾留守北京，後來又同世子一起被召回南京，晉升為兵部尚書。他在朱棣面前多次講述歷代廢嫡立庶的教訓，讓朱棣無法反駁。

到底應該立誰爲太子呢？朱棣舉棋不定。儘管他想傳位於朱高煦，但大臣們的反對意見又不無道理，而立儲之事再也不能拖下去。四月初二這天下午，在封姚廣孝爲太子少師之後，朱棣決定召聚一些大臣，到閱江樓舉辦一次筆會。

事先，在朱棣的授意下，宮廷畫師畫了一幅〈彪虎圖〉。畫面上是一隻健碩的大老虎領著三隻小老虎，盡顯父子相親，兩相眷顧的情狀。在閱江樓上，朱棣讓太監將這幅〈彪虎圖〉懸掛起來，命在場大臣作題畫詩。

一看這幅圖畫，大臣們都明白，朱棣是借畫自況。他無法就立儲問題做出決斷，想借助這種方式，再次徵詢大臣們的意見。

不多時，大臣們作好的題畫詩都懸掛了起來，朱棣一一觀看，其中有一首詩吸引了他：

虎為百獸尊，誰敢觸其怒？
唯有父子情，一步一回顧。

朱棣情不自禁念出聲來，他再回頭去看那幅〈彪虎圖〉，只見三隻小老虎都緊緊追隨大老虎，打頭的那隻小老虎眼神溫順而謙恭。朱棣不免大受感動，當即宣布，立世子朱高熾為太子。而他最喜愛的二兒子朱高煦被封為漢王，三兒子朱高燧被封為趙王。一場持續半年之久的立儲風波終於平息。這正好印證了那句話：歷史的進程往往決定於細節。促使朱棣最後決心的，便是這首短短二十字的題畫詩。

作詩的人，乃朝中最年輕的大臣，文淵閣侍讀學士解縉。

二十二歲時的一封「萬言書」

如果以洪武立國為界，解縉算是「解放後」出生的年輕幹部。明朝的帝王師，自解縉開始，都是和平年代生人。比之劉伯溫與宋濂等，他們的人生歷練要少得多。

解縉出生於洪武元年（一三六八年）。在江西吉水，解家是一個官紳世家。解縉的祖父解子元是元朝安福州的州判，元末死於亂兵。父親解開曾受到朱元璋的召見，討論元朝得失，得到朱元璋的賞識，要留他做官，被他婉言謝絕。回到鄉里後，專以課子為樂。

解縉幼年聰穎，有神童之稱。洪武二十一年（一三八八年），解縉考中進士，時年亦是二十一歲，這一科共有兩百餘名進士，解縉年紀最小。少年才子，風流倜儻，引起了朱元璋的注意，將他選為翰林庶起士。這個庶起士並非官職，與今天的博士後庶幾近之。每科進士，吏部會挑選其中優秀者，再入翰林院深造兩年，入選者則被稱為庶起士。有了庶起士這個臺階，日後晉升便要優人一等。明代的首輔，十之七八都是庶起士出身。當了一年多的庶起士後，解縉被授予中書。中書類同祕書，不但要負責替皇上起草各種檔，亦要謄寫。因此擔任中書的人，一要文采，二要書法精到。縱觀歷史，解縉的確是明初重要的書法家之一。

大約解縉的才情，很得朱元璋的欣賞。有一天，朱元璋將解縉召到宮中的大庖西室，對他說：「朕與爾義則君臣，恩猶父子。爾當知無不言。」

朱元璋放下皇帝架子的幾句家常話，讓解縉心潮澎湃，感激不盡。回到廨房後，解縉豪情頓生，洋洋灑灑，給朱元璋寫了一封萬言書，就朝政問題發表意見。爲了方便了解解縉當時的思想脈絡，姑將這份奏章略錄如下：

> 臣聞令數改則名疑，刑太繁則民玩。國初至今將二十載，無幾時不變之法，無一日無過之人。嘗聞陛下震怒，鋤根翦蔓，誅其奸逆矣。未聞褒一大善，賞延於世，復及其鄉，終始如一者也。
>
> 臣見陛下好觀《說苑》、《韻府》雜書與所謂《道德經》、《心經》者，臣竊謂甚非所宜也。《說苑》出於劉向，多戰國縱橫之論。《韻府》出元之陰氏，抄輯穢蕪，略無可采。陛下若喜其便於檢閱，則願集一二志士儒英，臣請得執筆隨其後。

上溯唐虞夏商周孔，下及關閩濂洛，根實精明，隨事類別，勒成一徑，上接經史，豈非太平製作之一端歟？

……若夫祀天，宜復掃地之規，尊祖宜備七廟之制。奉天不宜為筵宴之所，文淵未備夫館閣之隆。太常非俗樂之可肆，官妓非人道之所為。禁絕倡優，易置寺閹。執戟陛墀，皆為起士。虎賁趣馬，悉用俊良。除山澤之禁稅，蠲務鎮之征商。木輅朴居而土木之工勿起，布鑾荒田而四裔之地勿貪。釋老之壯者驅之，俾復於人倫；經咒之妄者火之，俾絕其欺誑。絕鬼巫，破淫祀，省冗官，減細縣。痛懲法外之威刑，永革京城之工役。流十年而聽復，杖八十以無加。婦女非帷簿不修，毋令逮系；大臣有過惡當誅，不宜加辱。治曆明時，授民作事，但申播植之宜，何用建除之謬……

近年以來，台綱不肅。以刑名輕重為能事，以問囚多寡為勳勞，甚非所以勵清要、長風采也。御史糾彈，綿承密旨。每聞上有赦宥，則必故為執持。意謂如此，則上恩愈重。此皆小人趨媚效勞之細術，陛下何不肝膽而鏡照之哉！

陛下進人不擇賢否，授職不量重輕，建不為君用之法，所謂取之盡錙銖、置朋奸倚法之條，所謂用之如泥沙……椎埋嚚悍之夫，闒茸下愚之輩，朝捐刀鑷，暮擁冠裳。

皆謂陛下任喜怒為生殺，而不知皆臣下之乏忠良也。古者善惡，鄉鄰必記。今雖有申明旌善之舉，而無黨庠鄉學之規……

陛下天資至高，合於道傲，神怪妄誕，臣知陛下洞矚之矣。然猶不免所謂神道設教者，臣謂不必然也。一統之興圖已定矣，一時之人心已服矣，一切之奸雄已震懾矣。天無變災，民無患害，聖躬康寧，聖子聖孫，繼繼繩繩，所謂得真符者矣。何必興師以取寶為名，諭眾以神仙為征應也哉……

孔子曰：「名不正則言不順。」尚書侍郎，內侍也，而加於六卿；郎中員外，內職也，而以名於六屬。御史詞臣，所以居寵台閣；郡守縣令，不應迴避鄉邦。同寅協恭，相倡以禮。而今內外百司，捶楚屬官，甚於奴隸，是使柔懦之徒，蕩無廉恥。進退奔趨，肌膚不保，甚非所以長孝行，勵節義也。臣以為自今非犯罪惡解官，笞杖之刑勿用……

臣但知罄竭愚忠，急於陳獻，略無次序，惟陛下幸垂鑑焉。

根據現存的史料，可以斷定，這是解縉寫給朱元璋的第一封奏章。這一年，解縉二十二歲。以今天的眼光看，這年齡尚是一個不諳世事的大學生，不要說給皇帝上疏，就是寫一篇學士論文，有的人還免不了東拼西湊，甚至詞不達意。但解縉的這篇奏疏雖是急就章，卻顯得才華橫溢，不負神童之稱。不過，細究起來，其中的問題也顯而易見。歸納起來，有以下幾條：

一、行文龐雜，體例不純。從民間風俗談到朝廷典章，從文化建設又談到宗廟祭祀，繼而又談人才選拔與官場惡習，信馬由韁而莫衷一是。

二、羅列問題多而創見少。常言道，發現問題不難，找到解決問題的方法難。解縉給朱元璋開出的救世藥方，多半是老生常談，照抄前人的書本而已。

三、煽情文字多而理性分析少。這幾乎是年輕人的通病，解縉也在所難免。胸中塊壘不吐不快，固然是血性文章的突出特徵，但給皇上提建議、討論國事，此類文字不是要熱得發燙，而是要冷得有味。

四、過於恃才傲俗，不能準確把握分寸。奏疏中指斥弊端，勇氣可嘉，但一竹篙打一船人，甚至連皇帝也要捎帶譏刺幾句。如果譏刺得有理，倒也無可厚非，問題是所譏之事，並非朱元璋之頑症，因此才讓人有隔山打牛的感覺。

總之，這封萬言書將解縉的優點與缺點都暴露無遺。很明顯，解縉年紀太輕，從校門到衙門，經歷太簡單，所以出口就是學生腔。

據說朱元璋看到這封萬言書後，只是稱讚解縉的文采好。至於內中的諸多建議，卻是一條也未採納。解縉的本意是要給沉悶的官場放一個響砲，誰知到頭來，依舊是啞砲一個。

對這一位年輕才俊，朱元璋的態度開始有了微妙的變化。

被朱元璋體面辭退

朱元璋之所以欣賞解縉，大概出於兩個原因：第一，經過二十年的整肅，開國元勳中的菁英大部分都離開了朝廷，他們或死或貶，不再構成威脅。但朝廷的人才也因此而缺乏，急需新人來補充。第二，洪武二十一年（一三八八年）的二月二十一日，東壁二星在天上相對而出。朱元璋請欽天監的術士占卜，得出的結論是將有文士被效用。朱元璋聽了非常歡喜，因爲馬上就要舉行三年一度的會試，這意味著有謀略的進士將要出現。不到一個月，二十一歲的解縉考中進士，他是新科進士中最年輕的一位，得到老年朱元璋的眷顧是理所當然的。他讓解縉待在身邊擔任祕書之職，受重視的程度不亞於國初的宋濂。但解縉的才學與沉穩，遠不能與宋濂相比。

繼萬言書後，解縉又給朱元璋呈獻了一份文字更爲冗長的〈太平十策〉。因無甚新意而不爲世人推崇。朱元璋一如既往表示了高興，但未作任何指示。

不過，朱元璋對解縉的器重卻是朝野共聞。朱元璋做爲雄才大略的開國皇帝，同多少一流的人才打過交道啊！像朱升、劉伯溫、宋濂、章溢、李善長、徐達等等，都是雄視千古的人物。但他們在朱元璋面前莫不俯首貼耳，極盡謙卑。和他們相比，解縉只是一個毛孩子，完全不可同日而語。但這個毛孩子卻得到老皇帝的如此歡心，這不能不令人驚奇。

一個人過早地得到了他不應該得到的東西，一定不是好事。受寵的解縉，大概還不懂得「伴君如伴虎」的道理。他不但不收束自己，反而更加放縱。用當時人的議論，他是「恃才不檢」。有一次，他跑到兵部索要皂隸。那時，高官身邊的服務人員都由兵部管轄。解縉私自去索要，很可能是與自己級別不符的非分要求，因此遭到了抵制。解縉惱羞成怒而辱罵兵部尙書。有人將這件事告訴了朱元璋，老皇帝聽了，說了一句：「解縉這是因爲閒散而自我放縱啊。」幾個月後，朱元璋將解縉改任爲監察御史。

用今天的話講，監察御史屬於紀檢幹部。做這種工作的人，大都謹言愼行。解縉卻放蕩不羈，很快就和同僚弄得關係緊張。才高遭忌，本屬規律，何況解縉常表現出自命不凡，鶴立雞群。他的頂頭上司、都御史袁泰對他十分懷恨，他的下場也就可想而知。大約在洪武二十四年（一三九一年），解縉的父親解開受詔來到南京，朱元璋接見了他，對他說：「你現在把你兒子帶回老家，讓他再刻苦讀書，以期大器晚成。」就這樣，當了三年近臣的解縉，在二十四歲時被朱元璋體面地辭退。

復出後再度得寵

解縉回家閒居八年後，朱元璋去世。在這期間，朱元璋再也沒有起用解縉。建文帝登基，解縉也沒有受到重用。到建文帝被推翻時，解縉的職務只是翰林待詔。其時，建文帝身邊最受信任的文臣是方孝孺。以方的性格，他不大可能喜歡解縉這種習性的人。但坐冷板凳的處境恰恰幫助了解縉，當永樂皇帝朱棣登基後，解縉很快得到了重用。

朱棣於一四〇二年七月初一在南京南郊舉行祭天大祀，爾後宣布登基。一個月後，即八月初一，他就下旨命解縉與黃淮兩人到文淵閣辦公，參與機務。關於解縉受到重用的情形，《明通鑑》做了如下描述：

> 縉首迎附，召對稱旨，命與（黃）淮常立御榻左備顧問。或到夜分，上就寢，猶賜坐榻前，語以機密重務。內閣預機務自此始。

自胡惟庸與李善長兩名宰相相繼被誅殺之後，朱元璋便永久地廢除了中書省這個宰相衙門，自己親自掌控六部等各大行政機構。爲了方便草詔、督辦、調研與待制等公務，朱元璋配備了幾名祕書。這些祕書通常都放在翰林院，職務是待詔、待制、侍讀、侍講。建文帝時，這種方式並未改變。朱棣登基後，專門設置了一個機構，將身邊的工作人員放置其中，這便是明代內閣制度的開始。入內閣當值者，被稱爲輔臣，也稱閣老，爲首者則爲首輔。明中葉之後，首輔逐漸演變爲實際的宰相。當輔臣的條件，首先須有學士的頭銜，再者就是當過皇帝或太子的老師。當然，朱棣初設內閣時，選拔輔臣的條件尚不苛嚴，甚至有些隨意，完全是朱棣個人的意見在起決定作用。不過，賦閒十年的解縉，卻無意中當了明代閣臣的第一人。

閣臣不同於祕書的顯著特點，在於祕書只辦公務，而閣臣卻參與機務。給朱元璋當過祕書的解縉進入內閣前，先被朱棣拔擢爲侍讀學士，並且命他主持纂修《太祖實錄》及《烈女傳》兩書。編纂《太祖實錄》是一個難辦的差事，皆因朱棣用非正常的手段奪取皇位，對於前代之事，特別是朱元璋關於「太子」、「太孫」的一些論述，都得進行刪改，以符合朱棣的需要。解縉被朱棣選中來做這項工作，肯定是經過深思熟慮的。解縉在建文帝當政時並未受到重用，而且是第一批向朱棣歸順的官員。

解縉辦這件事很賣力，對朱棣的意思也是心領神會。有一天，朱棣在宮中得到建文帝時的千餘本奏章。他命令解縉等翻閱，還明確指示：凡是關係軍馬錢糧數目的都留下，其餘有干犯當下忌諱的一概燒掉。當解縉與另一名修撰李貫進行這項工作時，朱棣忽然跑進來問解縉等人：「這些燒掉的摺子裡頭，恐怕有你們的吧？」解縉不敢回答。

李貫表白說：「臣實在沒有干係。」朱棣沒好氣地說：「你以為你沒有就是好人嗎？吃人家的俸祿就得給人家辦事。當國家危急之時，身為皇上身邊的近臣，獨無一言建樹，這可以嗎？朕並不厭惡那些盡忠於建文的人，只是憎恨那些引誘建文破壞祖宗法度的人。」李貫慚愧而退，解縉也嚇出一身冷汗。

不久，《太祖實錄》與《烈女傳》兩書編成，解縉由此得到朱棣的賞賜。這時，立儲之爭也在朝廷展開。有一次，朱棣找來解縉詢問關於立儲的意見。解縉回答說：「世子仁孝，天下都歸向他。」朱棣默不作聲。解縉又說：「聖孫更好！」朱棣這才頷首，似有所悟。聖孫指的是世子朱高熾的大兒子朱瞻基，即後來的宣德皇帝。朱棣非常喜歡這個孫子，解縉這一句話可謂點到了要害。因為如果廢掉世子，則聖孫將來也不能繼承皇位。茲後，當朱棣掛出〈彪虎圖〉請諸位大臣作題畫詩時，其內心雖然仍在猶豫，但為了聖孫，他感情的天平已慢慢向世子朱高熾傾斜了。

做為近臣，解縉一生最大的功勞，就是在立儲問題上促使朱棣做出了正確的選擇。但也因為這件事，他得罪了漢王朱高煦，並最終招致了殺身之禍。

兩次賜衣中的玄機

翻閱史籍，會發現一個很有趣的問題，立儲紛爭中，身為朱棣最為信任的朝廷第一重臣姚廣孝，卻從頭到尾不置一詞。由此可見姚廣孝的大智慧，他認爲立儲是朱棣的家事，摻和進去必會引火焚身。儘管這樣，朱棣還是先讓他當上了太子太傅，後立太子。按理說，教導太子的責任應該由姚廣孝來承擔，但實際情況不是這樣。名分給了姚廣孝，實際工作卻由金忠來擔任。立太子的當天，朱棣就任命金忠爲詹事府詹事。詹事府是負責太子事務的機構，詹事是這個機構的主要負責人。同時，解縉被晉升爲侍講學士。至此，他有了太子講官的正式身分。

當解縉準備給太子授課時，朱棣把他找來，特別交代一番：「帝王的學問，貴在切實合用。秦始皇教太子學習法律，晉元帝給太子大講《韓非子》，這都是誤入歧途。他們將帝王之道廢棄不用，所以亂倫。現在，朕讓你將修己治人、管理國家的道理編成一部《文華寶覽》。這是大經大法，你要用這部書來輔導太子，每天爲他講說，這樣可以養成太子的德業，日後就能夠立一個遵守成規的好君主。」

此一期間的解縉，雖然小有麻煩，但仍春風得意。一天夜裡，朱棣派人給解縉送來一封密件，內中開出一串名單，讓解縉對這些人進行評價。名單上的人皆是朝廷重臣，解縉不計後果，居然秉筆書答：

蹇義天資厚重，中無定見；夏原吉有德量，不遠小人；劉俊有才幹，不知顧義；鄭賜可謂君子，頗短幹才；李至剛誕而附勢，雖才不端；黃福秉心易直，確有執守；陳瑛刻於用法，尚能持廉；宋禮憨直而苛，人怨不恤；陳洽疏通警敏，亦不失正；方賓薄書之才，駔儈之心。

解縉點評的這十位，都是朝廷中位高權重之臣，亦是朱棣的股肱。解縉對朱棣親自培植的這一個「執政團體」，總體評價並不太高。從日後這十個人的政績來看，評價亦不算太準。朱棣拿到這份回覆，沒有任何評語，而是交給了太子。太子看過，便把解縉找去，又問了尹昌隆與王汝玉兩位，解縉仍是不假思索回答：「尹昌隆是個君子，但氣量不恢宏。王汝玉有文采，但可惜有貪財之心。」

以上談話，雖屬君臣密語，但以解縉的性格，他不可能守口如瓶。久而久之，他獲得了一個「狂人」的稱號，並遭到同僚的忌恨。朱棣對他的態度，從兩次賞賜中可以看出變化。

第一次是永樂二年（一四〇四年）的九月二十九，朱棣給七位內閣輔臣各賜一套五品官服。此前，內閣輔臣都是按洪武時期的祕書待遇，級別定在六品或七品。現在提到五品，相當於翰林院的掌院學士了，可見朱棣對內閣的看重。茲後，第二年之春，朱棣又賜給解縉等人金絲線綺衣，這衣服過去只有二品尚書才能穿。解縉等入宮致謝時，朱棣說：「內閣是爲皇帝代言的機構，關係著朝廷的機密，你們從早到晚侍奉朕，對朕的協助不在尙書之下。」

這一次的贈衣，解縉放在首位，說明朱棣此時對解縉聖眷猶濃。但是，時隔兩年，到了永樂四月（一四〇六年）的十一月，朱棣給內閣輔臣賜二品官穿用的紗羅衣時，六位輔臣賜了五套，唯獨沒有解縉的。賞賜不及，這是極大的政治事件。官場上的人鼻子都靈，立刻聞出了味道，解縉已經失掉了朱棣的信任。

一貶再貶，死得窩囊

解縉的失寵，還是源於他擁立太子的態度。當世子朱高熾被立爲太子儲君的同時，朱棣的二兒子朱高煦被封爲漢王，並將他的藩地定在雲南。朱高煦聞訊後，惱怒地說：「我有什麼罪，把我貶斥到萬里之外，我不去！」朱高煦知道解縉一直在爲朱高熾說話，因此對他恨之入骨。

自立朱高熾爲太子後，朱棣心中總覺得對不起二兒子朱高煦，因之對他的寵愛超過以往。朱高煦不肯去雲南，他也就聽之任之，並讓他待在身邊，參與國家大事。他受到的待遇超過太子。眼見此情，大臣們都頗感憂慮，但不敢說出來。解縉不改魯莽脾氣，向朱棣勸諫說：「陛下厚漢王而輕太子，這是引發爭端啊！」朱棣聽了很不高興，認爲這是離間他們父子間的骨肉之情，對解縉開始冷淡。

永樂五年（一四〇七年）的二月，有官員上表彈劾解縉，說他於上年的廷試中閱卷不公道。朱高煦也乘機在父皇面前進讒，說解縉在外頭炫耀自己擁立太子的功勞，故意洩露宮中的機密。朱棣聽罷，將解縉貶爲廣西參政。

解縉被貶，在朝廷中算是一件大事。欣賞他才華的人爲之惋惜，而忌恨他的人莫不彈冠相慶。曾被他在密信中譏刺過的禮部郎中李至剛，乘機給朱棣上書，揭發解縉對被貶出京心懷不滿。朱棣看到這封奏章立刻批示，將尚在赴任路上的解縉再貶一次，從廣西調到交趾，命令他在化州（今廣東化州市）督餉，職務是化州參軍。

解縉此去化州，路遠山高，一去就是四年多，其間沒有回過京城。直到永樂九年（一四一一年）的六月，他才得以機會到南京奏事。此時，朱棣正好北征，解縉便前往宮中拜謁行監國權力的皇太子朱高熾。漢王朱高煦知道這件事後，便在父皇面前進讒說：「解縉趁皇上離京，私自從化州跑回來拜見皇太子，他背著皇上見太子，究竟想做什麼？」朱棣聽罷，聯想到當年解縉擁立太子的堅決態度，頓時震怒，立即動了逮捕解縉的念頭。

恰好在這個時候，又發生了一件事。

解縉來京奏事返回化州時，正好翰林院檢討王偁也因罪貶謫交趾，兩人得以同行。

他們由江西取道廣東，一路上察看山川。感到山川險峻交通不便，解縉忽發奇想，覺得應該開鑿贛江，用水路連接廣東和江西間的交通。

這件事如果放在別人身上，也只是想想而已，最多在酒席上與朋友們談談也就罷了。但解縉卻認爲這是一條體現朝廷功德的錦囊妙計，於是又提起筆來，給永樂皇帝上書一封，請他聖宸獨斷，開鑿贛江。

這道奏章送到朱棣手上，本來就在氣頭上的他，更是暴跳如雷，他認爲解縉是在用妄語欺他。讓向北流入鄱陽湖的贛江翻越高高的大庾嶺向南流向廣東，這不是妄語又是什麼？朱棣毫不遲疑，下旨將解縉捉拿來京。

解縉一到南京，就被打入錦衣衛掌控的詔獄，遭到嚴刑拷問。內容有兩個：一是爲何要私下見皇太子，二是爲何要用妄語欺侮皇上。

在解縉看來，這本是平平常常的兩件事，沒想到竟能釀成巨禍。這位曾經風光無限的皇帝近臣、太子的老師，哪裡受得過刑具的殘酷摧殘？每次用刑，免不了胡言亂語。凡他提到過的人，又被朱棣視爲他的同黨，都統統抓起來。一時間，受到牽連而身陷囹圄的官員有二十多個。其中，有六人「病」死獄中。

解縉命大，沒有被折磨致死，卻在大牢裡無限期關押。到了永樂十三年（一四一五年）的正月，解縉已在獄中過了五個春節。卻說第五個春節剛過，正月十九日，朱棣下旨京內外各衙門，蠲免以前所拖欠的各種賦稅，將士軍官犯罪被羈押的，全部赦免。

得到這道赦令後，管理詔獄的錦衣衛都督紀綱便向朱棣呈上在押囚犯的名單。審閱名單時，朱棣發現了解縉的名字，便輕描淡寫地問了一句：「解縉還在呀？」俗話說，聽鼓聽聲，聽話聽音。紀綱一下子聽出了朱棣的弦外之音，回到値房後，他擺了一桌酒席，吩咐手下將解縉請來吃酒。解縉已聽到了朱棣要大赦犯罪官員的消息，現在又見平日狠如豺虎的紀綱滿臉巴結地請他喝酒，以爲自己即將被赦免，本來蔫耷耷的精神頓時又高漲了起來。心懷鬼胎的紀綱乘機猛勸，酒過三巡，情緒不錯的解縉便爛醉如泥。斯時天降大雪，紀綱命人脫去解縉的衣服，把他拖到院子裡，用積雪掩埋。不一會兒，醉酒的解縉便身體僵直而死。

第二天，解縉的死訊傳到朱棣的耳朵裡，朱棣又下令抄沒了解縉的家產，將他的妻子、子女以及宗族統統流放到遼東。這一年，解縉四十七歲。

歷史沒有假設

關於解縉，《明通鑑》的作者夏燮有如下評價：

明之解縉，其才有似於賈誼，其得君有似於魏徵。然跡其生平，殆裴行儉之所謂有文藝而無器識者歟！

說解縉有文藝而無器識，這一評語下得允當。朱元璋當皇帝時，曾接見過兩個年輕的才子，一個是方孝孺，一個是解縉。朱元璋沒有重用這兩個人，是想把他們放回江湖，磨礪他們的學識膽氣，儲爲兒孫所用。方孝孺後來見知於建文帝朱允炆，足膺重任，且能死節，被士林視爲楷模。而解縉知遇於朱棣，卻不改放縱的本性，終以悲劇收場。雖然方孝孺的結局也是悲劇，但其悲劇轟轟烈烈，震撼人心；而解縉的悲劇窩窩囊囊，頗遭謾評。人不能不聰明，人又不能太聰明；人不能沒有個性，人又不能太有個性。此中分寸，唯有得道者才能把握。

解縉死後的第九個年頭，即永樂二十二年（一四二四年）七月十八日，永樂皇帝駕崩於塞北榆木川。八月十五日即中秋節這一天，太子朱高熾繼位，是爲仁宗皇帝。

朱高熾登基不到十天，就召見禮部左侍郎兼華蓋殿大學士楊士奇，將當年父皇朱棣交給他的解縉點評十位大臣的密信給楊士奇看。並說：「人們說解縉狂妄，我看了他的這個議論，都有一定見解，可見他並不是狂妄的人。」楊士奇明白，新皇帝心裡頭一直感激解縉當年在立儲問題上對他的幫助，於是建議皇上給解縉平反。

八月二十七日，朱高熾登基後的十二天，就頒布詔令為解縉平反，將解縉的妻、子、宗族放回原籍，並任命解縉的兒子解禎亮為中書舍人。

試想一下，如果解縉學會隱忍，熬到太子登基，他豈不會以「帝王師」的身分，輔佐新皇帝做出一番革故鼎新、收攬民心的偉大事業？遺憾的是，歷史沒有假設。

第六章 鄉村教書匠・楊士奇

做為帝王師，楊士奇的學問比之先前的劉伯溫、宋濂、方孝孺、姚廣孝等人，是最平實的一個。但他先後服務於四位皇帝，並都能平安相處，始終獲得信任，這就是楊士奇的過人之處。

奪嫡風波中的兩次召見

永樂九年（一四一一年）的夏天，北巡三年的永樂皇帝朱棣，在北京與西北各地轉了一大圈，而後回到南京。其時尚未遷都，南京仍是朝廷中樞所在。

朱棣回來的第二天，就在便殿中單獨召見了擔任左諭德官職的楊士奇。明代，管理太子事務的衙門叫詹事府。左諭德隸屬於詹事府，負責太子的學習。明代的翰林院與詹事府，都是講臣與詞臣匯聚之地。左諭德官階五品，在講臣中較有地位。

朱棣爲何要單獨召見楊士奇呢？說來事出有因。

朱棣奪位之後，在立儲的問題上一直搖擺不定。這件事的始末情由，我已經在寫解繒的文章中做了介紹，這裡不再贅述。需要說明的是，在永樂皇帝北行期間，太子朱高熾一直行使監國的權力。而他的兩個弟弟漢王朱高煦與趙王朱高燧，也都留在南京。這兩人聯手對付太子。不停地找岔子，弄一些似是而非的問題，用密件向遠在西北邊陲的父皇打小報告。

朱棣本來就不大喜歡太子，所以情緒容易受到干擾。於是，一回到南京就找來楊士奇祕密詢問。北行之前，朱棣下旨讓楊士奇、蹇義、黃淮三名大臣輔佐太子監國。這三人都得到朱棣信任，而楊士奇又特別得到朱棣的賞識。

在便殿中，楊士奇被賜座之後，朱棣劈頭就問：「這三年來，太子監國的情況如何？」

楊士奇面對朱棣咄咄逼人的眼神，從容答道：「太子對皇上非常孝敬。」

朱棣對這種回答顯然不滿意，斥道：「治國大事，僅有孝敬，焉能擔當大任？」

楊士奇又答：「殿下天資高，即便有過，常自當省悟，並且知過必改。而且存心愛人，從來不敢有任何差池，有負皇上監國重託。」

聽了這席話，朱棣微微頷首。眼看就要爆發的一場「易儲」危機，暫時得到了化解。

但是，這件事情並沒有完。

三年後，朱棣再次北征。臨行前，仍下旨讓楊士奇等三人輔佐太子監國。朱棣這一去又是三年，永樂十四年（一四一六年）秋回到南京。這期間，漢王朱高煦的奪嫡之舉愈演愈烈，對太子的詆毀與譖害變本加厲。朱棣仍是將信將疑，返回南京時，恰恰太子因爲弄錯了時間，出城接駕稍遲，引得朱棣勃然大怒。他當時就下旨將太子身邊的大臣全部逮捕，送往錦衣衛拘押。但唯獨寬宥了稍後趕到的楊士奇，並於當日再次單獨召見。

朱棣問道：「這三年，太子監國如何？」

楊士奇跪奏：「稟告皇上，太子孝敬如初。今日迎駕稍遲，皆臣等罪過，與太子無關。」

朱棣讓楊士奇退下，並不追究。但被漢王收買的大臣卻交相上疏，認爲楊士奇身爲太子身邊重臣，不能獨宥。朱棣只好下旨將楊士奇收監。但過了幾天，又將楊士奇等一干在押大臣全都釋放。其因是漢王奪嫡的陰謀以及一些行爲不軌的事，傳到了朱棣的耳朵裡。於是，他找來蹇義和楊士奇兩人，詢問漢王的事蹟。

棣首先問蹇義，蹇義不回答。朱棣轉而問楊士奇，楊士奇答道：「臣與蹇義兩人，長期就職東宮輔佐太子。漢王有什麼不軌之舉，外人也不敢告訴我們二人。」

楊士奇回答得很有分寸，既保全自己又留有餘地。朱棣又問：「朕聽說了漢王的一些事情，你們難道什麼都不知道？」

楊士奇等哪不知道漢王奪嫡之舉，只是不敢在朱棣面前披露。見朱棣態度似有轉變，楊士奇乘機說道：「漢王是否有非法之舉，臣等沒有證據，不可妄言。但漢王最近的一件事，倒是值得皇上注意。」

朱棣問：「什麼事？」

楊士奇說：「皇上兩次分封漢王，他均以種種理由拒絕前往就藩。近日，聽說皇上有遷都之意，漢王便主動申請留守南京，唯陛下深思漢王之意。」

聽了這句話，朱棣默不作聲，起身回到內宮，可見楊士奇的話觸動了他。南京乃龍蟠虎踞之地，且祖陵所在，就近有江浙膏腴之地，糧賦充足。設若自己百年之後，太子在北京登基，留在南京的漢王，完全可以憑藉江南的賦稅北向擒王。到那時候，兄弟相殘，非死即傷，說不定還會發生「鷸蚌相爭，漁翁得利」的悲劇。接下來的幾天，大約是朱棣內心掙扎最為激烈的時候，為社稷民生著想，為朝廷長治久安計，他做出了一個正確的決定：削減漢王的兩廂護衛，並讓他即日離開南京到山東樂安就藩。

一場進行了十四年的「奪嫡」鬥爭，至此才算落下帷幕。在漢王愴然離開南京的時候，朱棣宣布提拔楊士奇為翰林學士。

在「奪嫡」風波中，風流倜儻的才子解縉丟了性命，而老成持重的楊士奇卻榮膺重任。他們都是擁立太子的重臣，其下場為何絕然不同呢？哲人說「性格即命運」。撣開歷史的煙雲，在解縉與楊士奇兩人的身上，我們看到了某種宿命。

從鄉村教書匠到帝王師

回到洪武二十年（一三八七年）之前，就是在劉伯溫與宋濂相繼飲恨離世的時候，可謂官場的環境惡劣，朝中大臣人人自危。此時宦海中人，恐怕都有唐代詩人李商隱的那種想法：「永憶江湖歸白髮，欲回天地入扁舟。」此情之下，優游山林是一種多麼令人羨慕的生活。我們現在來讀兩首寫於這一時期的詩：

湘陰山南江水斜，春來兩岸無人家。
深林日舞鳥啼歇，開遍滿山紅白花。
（〈三十六灣〉）

漢陽樓上鼓聲稀，煙柳朧朧一鵲飛。
乘月不知行處遠，滿江風露溼人衣。
（〈江山早行〉）

這兩首詩的作者就是楊士奇，他當時的身分是一個教育蒙童的私塾先生。說到教書匠，便想起鄭板橋〈道情十首〉中，有一段描寫老書生的詩句：「老書生，白屋中。說黃虞，道古風，許多後輩高科中。門前僕從雄如虎，陌上旌旗去似龍。一朝勢落成春夢，倒不如蓬門僻巷，教幾個小小蒙童。」鄭板橋看穿了世態，故將社會上的一些邊緣人物視爲己友，下筆歌頌。與功名無涉的老書生，本是窮愁潦倒，在他眼中倒是樂趣無窮。

楊士奇在整個洪武時代，都過著鄉村教書匠的生涯。這倒不是他選擇這種生活，而是迫於無奈。比起前面寫過的五位帝王師，他應該是出身最苦的一位。他一歲時就死了父親，母親帶著他改嫁到一名羅姓人家，他也跟著姓羅。大約這個姓羅的也是一名鄉村知識分子，士奇跟著他，念了幾年私塾。出於生活所迫，士奇連進縣學討一個秀才的資格都無法實現。十幾歲他就離開羅家，恢復李姓，獨自在外，靠教書度日。一邊教學生，一邊自修。在湖湘之間，也就是今天的湖南、湖北，他漂泊近二十年。其中有一半的時間，他是在湖北的江夏度過的，所交者都是村夫野老、醫卜煉士之流。授課之餘，勤研史籍，遊歷山水，寫點詩詞遊記文字。誰也不會想到，這樣一個混跡於市井的落魄書生，日後竟成爲手操宰輔權柄的三朝帝王師。

大約快四十歲時，楊士奇經歷了人生的重大轉折。洪武皇帝朱元璋駕崩，尚在江夏教私塾的楊士奇同所有大明王朝的子民一樣，只是感到死了一位老皇帝，對自己的貧賤生活毫無影響。但是，過不多久，他接到當地知縣的手劄，告知新繼位的建文帝要徵集天下飽學之士，爲其祖父纂修《太祖實錄》，經人推薦，楊士奇入選其中。

建文元年（一三九九年），楊士奇以一介布衣的身分來到南京。全國徵召來的儒士不下百人，用了一年的時間，《太祖實錄》告成，所有參加編纂的儒士皆有獎賞。楊士奇由於才華出衆，被破格錄用，派到南京某府學擔任教授。還沒有啓程，主修官之一的王叔英聽說了，他再次向吏部推薦，稱楊士奇史才勝於文才。於是，吏部改變初衷，改派楊士奇到翰林院任編纂官。又過了一年，翰林官例行考錄，楊士奇寫了一篇策論，大約談了一些如何借鑑古代經驗治國的道理。吏部尙書張紞看了這篇策論後，讚道：「此非經生言也！」將這卷子判了個第一。經張紞的建議，建文帝批准，楊士奇被提拔爲吳王府副審理，即管理吳王府的二把手。但只是享受待遇，並不到職，楊士奇仍留在翰林院充當史官。

朱棣打到南京、奪取姪兒建文帝的皇位之後，楊士奇沒有像他的頂頭上司方孝儒那樣慷慨殉君，十族盡誅。而是同解縉一樣，成爲第一批向朱棣表示效忠的官員。朱棣當了皇帝，需要大批的官員爲他效命。他身邊多武將，所以對於投誠過來的文官格外看重。當年，就升任楊士奇爲翰林院編修，接著又讓他進入內閣參與機務。第二年，再次升楊士奇爲左中允，五年進左諭德。短短十年時間，楊士奇從社會底層步入朝廷中樞，從一名鄉村教書匠晉升爲帝者師。這種變化，不但朝野稱奇，連他本人也是做夢都沒有料到。

但是，若仔細分析楊士奇的爲人，對他的這種人生巨變便有跡可尋。

卻說永樂四年（一四〇六年），廣東布政使徐奇置辦了一批嶺南的土特產，運到南京來分送各衙門高官。有人以行賄之名向朱棣寫了檢舉信，並列舉了那些接受了徐奇禮物的官員名單。朱棣看到名單後，奇怪上面怎麼沒有楊士奇的名字。於是把楊士奇找來詢問。

楊士奇知道原委後，回答說：「徐奇當初赴廣東就任時，很多官員都前往送行，並以詩文相贈。臣正好生病沒有參加。所以，徐奇就沒有禮物送我。依臣之見，徐奇送點土特產以答謝贈他詩文的人，也是人之常情，且禮物菲薄，諒無他意。」

聽罷楊士奇這番話，原本要嚴肅處理這件事的朱棣，笑了笑，頓時把那封檢舉信給燒掉了。

這件事傳爲美談。設若楊士奇一味取悅朱棣，大談自己如何清廉，對行賄受賄官員理該嚴懲，這樣的話，恐怕許多高官都要丟掉烏紗帽了。

皇帝近臣，一句話能活人，一句話也能死人。楊士奇深諳這個道理。所以，他的人望極好，皇帝也覺得他辦事可靠，這是他平步青雲的重要原因。

仁宗執政時的四條記載

在朱棣當政的二十二年，楊士奇雖然深受信任，但常常還受到敲打。譬如說，朱棣在去世前一年，聽信旁人讒言，認爲楊士奇輔導太子出了差錯，將他打入錦衣衛大牢，不到半個月又下旨釋放。朱棣兩次讓楊士奇到牢中小坐，皆有驚無險，這樣反倒增添了楊士奇的戒愼之心。永樂二十二年（一四二四年）七月十八日，朱棣在西北榆木川軍中病逝，享年六十五歲。他死前讓英國公張輔赴京傳達遺詔，讓太子朱高熾繼位。朱高熾於八月十五中秋節這一天登皇帝位，是爲仁宗。仁宗是一個勤政愛民的好皇帝，可惜在位時間太短。他死於第二年（即洪熙元年）的五月十二日，只當了九個月的皇帝，享年四十八歲。

在仁宗執政的短短九個月內，他頒發了一系列詔令。對祖父朱元璋、父親朱棣兩位皇帝製造的冤案，都有所糾正；對老百姓的治理，更是大行寬政。因此，朝野上下都對這位新皇帝大加讚賞，認爲是眞正的太平天子。

他登基後不幾天，就下旨恢復被建文帝裁掉的公孤制度。始於漢代的公、孤，是朝廷的最高爵賞。各有三：三公爲太師、太傅、太保；三孤爲少師、少傅、少保。這六種頭銜並非專設，而是由尚書、輔臣中德高望重的人兼任。建文帝認爲賞爵太濫是朝廷弊政，故革除。永樂一朝亦未恢復。仁宗皇帝恢復公、孤制度，乃是爲了報答一直效命的幾位股肱大臣。第一批賞封公、孤的有四位大臣。他們是：蹇義爲少傅，楊士奇爲少保；楊榮爲太子少傅，金幼孜爲太子少保。

這四位大臣中，蹇義、楊士奇是仁宗身邊的老臣，而楊榮、金幼孜則是他的父親永樂皇帝的心膂。爲了顯示公正，一邊提拔兩個。這四人中最受仁宗信任的，應數楊士奇。

在仁宗執政的九個月裡，楊士奇提了不少好的建議。這裡介紹四條。

第一條：楊士奇擔任禮部侍郎、華蓋殿大學士職務不久，有一天忽然申請求見。時仁宗正在乾清宮外的便殿接見蹇義、夏元吉兩名大臣。他吩咐讓楊士奇進來，並笑著對在座的兩名大臣說：「新任的華蓋殿大學士來了，必有讜言，你們一起聽聽。」楊士奇一進來，果然一番諍諫。原來三天前，仁宗下詔減歲供，目的是減輕農民負擔。但大內惜薪司今日傳旨，依舊照去年計畫，徵山東、河南棗木八十萬斤。楊士奇看到這道旨後，認爲與前旨不符，更與仁宗減輕農民負擔的初衷有悖。於是特意入宮，請求仁宗更改旨令。仁宗聽罷，立刻降旨減半徵收。

第二條：仁宗因蹇義與楊士奇輔導有功，決定給他們二人增加俸祿。楊士奇知道後，連忙建議：「漢文帝劉恆即位後，首先增加了自己老師宋昌的俸祿，這件事受到史家的貶斥。請您先給扈從先皇出征的大臣增加。」仁宗聽從建議，先給楊榮、金幼孜增加了俸祿。

第三條：御史舒仲成在仁宗尚爲太子監國時，曾向朱棣告過刁狀，意在幫漢王說話。仁宗對此一直耿耿於懷，登基後欲找個岔子對舒仲成治罪。楊士奇知道後立即制止，勸諫說：「陛下即位時，曾向全國下達詔書，明言此前一切忤旨者都不追究，盡行寬宥。如今卻要處罰舒仲成，這與詔書的精神不符。這樣一來，很多人都會感到恐懼，對政局的開展不利。陛下應該學習漢景帝對衛綰的態度，衛綰反對他，他卻不計前嫌給衛綰升官，這才是從諫如流的仁政。」仁忠聽罷，點頭稱許。

第四條：由於仁宗推行一系列勤政愛民的善政，短短幾個月，國家便呈現出生機勃勃的新氣象。於是，有一名大臣上疏，稱太平盛世已到來。仁宗很喜歡這個說法，把這封奏疏拿出來讓大臣們討論。大臣們多數都積極附和，唯獨楊士奇站出來對仁宗說：「陛下雖然恩被天下，但還有許多流徙在外的人不能回到家鄉，許多州縣的瘡痍尚未得到恢復，老百姓普遍還比較貧困，溫飽沒有解決。若陛下堅持懷仁之心以及養民善政，幾年後，百姓貧困得以解除，那時再提太平盛世，也不算遲。」仁宗再次聽從建議，將那份奏疏束之高閣了。

政治家分多種

政治家分多種：有的理論頗有建樹，實幹也卓見成效；有的不喜歡坐而論道，卻埋頭苦幹；有的勤於造勢，喜歡先聲奪人；有的善於冒險，開時代風氣之先；有的言行不一，卻政績斐然。楊士奇的性格表面上像是棉花包，內心中卻有鋼鐵長城。這種人若碰到強硬的君主，其忍讓與妥協的一面便顯現出來。遇上仁慈的明君，其智慧與清醒的一面就會發生作用。

楊士奇入仕較晚，碰到朱棣時，他已經四十多歲了。在社會底層苦苦煎熬了半輩子，驟然顯貴，便不會得意忘形。因爲，過去的苦難歷歷在目，使他謹慎。這一點，不似少年得志的解縉，恃才傲物，終以悲劇收場。楊士奇之所以獲得朱棣的信任，不在於才幹，而在於性格。當時的朝廷大臣中，比楊士奇才幹高的人多的是，但像楊士奇這樣老老實實的人卻太少。

但是，讀《明史‧楊士奇傳》，便發現一個有趣的問題。在朱棣當政時，楊士奇每次受到召見，都不是建言獻策，而是替太子和自己辯解。到了仁宗當政，他每次召見，大都討論國事，明辨是非，以促進政局的健康發展。堅持與變通，會塑造政治家的雙重人格，而敬畏與感恩，又會讓政治家變得縝密與圓融。朱棣與朱高熾父子兩位皇帝，雖然性格與才略有天壤之別，但楊士奇對他們同樣感激涕零。

仁宗駕崩後，亦埋葬於天壽山，是爲獻陵，與父皇朱棣的長陵相去不遠。宣德五年（一四三〇年），楊士奇陪皇太后與宣宗皇帝上萬壽山謁陵，曾寫了兩首律詩：

憶昔六龍升御日，最先呈詔上鑾坡。
論思虛薄年華遠，霄漢飛騰寵命多。
空有赤心常捧日，不禁清淚欲成河。
文孫繼統今明聖，供奉無能奈老何！

（〈謁長陵〉）

海宇洪熙戴至尊，愚臣殿陛最蒙恩。
常依黼扆承清問，每荷綸音獎直言。
萬古茲山藏玉劍，九霄何路從金根。
餘生莫罄涓埃報，血淚橫膺不忍論。

（〈謁獻陵〉）

從這兩首詩中，我們看到一位柄國老臣的敬慎之心。在永樂一朝，楊士奇僅是一個合格的帝王師；而在洪熙朝，他迅速變成一個老練持重的政治家。

君臣合力的範本

洪熙元年（一四二五年）的五月初二，南京發生地震。仁宗得知消息後，認為這是上天示警，處理政務愈加謹慎。但不幸的是，到了十一日這天早上，仁宗感到身體不適，他立即下旨，將蹇義、楊士奇、黃淮、楊榮四人召到思善門，命楊士奇當眾寫下敕書，馳傳留守南京的太子朱瞻基趕回北京。

第二天，仁宗皇帝駕崩，享年四十八歲。一個月後，太子朱瞻基繼位，改明年為宣德元年，是為宣宗。

宣德元年（一四二六年）的八月初一，漢王朱高煦反叛。朱高煦與朱高熾爭奪儲君的位子失敗後，被朱棣安排到山東樂安就藩，但他的奪位之心從未消除。儘管仁宗繼位後，對他的賞賜高於所有的王府，他仍不甘心。仁宗死後，漢王認為時機到來，就派遣親信枚青祕密來到北京，聯絡英國公張輔做為內應，但張輔卻將枚青捉拿並奏聞宣宗。

此時，朱高煦已經組織好自己的造反班底，委任了一批太師、尚書、都督、侍郎等官職，並在衛所散發弓刀旗幟，將相鄰郡縣的牲畜馬匹盡數奪取，建立五軍、四哨。

宣宗知道這個消息後，不忍心討伐自己的親叔父。於是，寫了一封信派宦官侯泰送到樂安。朱高煦看到信後，對侯泰說：「靖難之時，如果不是我拚死出力，父皇怎能奪取江山。後來，父皇聽信讒言，削減我的護衛，將我遷到樂安。仁宗軟弱無能，用金帛財寶來引誘我。當今的君主，我那個姪兒動不動以祖先的制度約束我，我怎能在此鬱鬱久住。」侯泰回京，不敢將漢王的話告訴宣宗。而朝中大臣，不少人開始做壁上觀。眼看朱棣與建文帝叔姪之間爭奪皇位的故事又要重演，京師內外人心惶惶。

但宣宗不是建文帝，他還在孩童時，就隨祖父朱棣北征，有過軍事上的歷練。而且他接位時已經二十七歲，心理素質已經很堅強。在這箭在弦上不得不發的時候，他聽從大學士楊榮的建議，親自率師討伐。九月十九日，王師抵達山東樂安。僅兩天，漢王朱高煦便在衆叛親離的情況下宣布投降。一場聲勢浩大的叛亂如此之快地平息，這得益於宣宗聽信了楊榮的建議。皇帝親自出征，既可鼓舞士氣，又能震懾叛將。設若只派將帥出征，則漢王之威無法遏止。

但是七天之後，即九月二十九日發生的一件事，又因楊士奇的清醒判斷，宣宗再次做出了正確的選擇。

是時，宣宗班師凱旋而歸，在河北獻縣的單橋駐紮。大學士陳山從北京趕來迎接，對宣宗獻計說：「趙王與朱高煦共謀叛逆爲時已久，陛下平叛漢王，一戰告捷。此時不宣班師回京，應乘勝出擊，移師彰德將趙王擒拿，以免後患再次發生。」

宣忠聽罷心有所動。楊榮支持陳山的意見，但楊士奇堅決反對。他說：「對皇上進言，要事當有據，豈可妄言，天地鬼神可欺乎？」楊榮性子急，忍不住朝楊士奇吼了起來：「你想阻撓朝廷的大計嗎？已經抓獲的叛逆奸黨，都說趙王確實參與了陰謀，怎麼沒有根據？」楊士奇不急不惱，從容解釋：「太宗皇帝有三個兒子，當今皇上只有兩個叔父。有罪的人不可饒恕，無罪的人應當優待。如果懷疑趙王謀反，就防範他，使他不敢妄爲。如果僅憑懷疑就遽然用兵，這不是傷害皇祖的憐子之情嗎？」在場大臣分爲兩派。同意楊士奇的人，只有楊溥。宣宗經過深思，終於同意楊士奇的意見，還是班師回京。

此後，在審理漢王朱高煦的謀反案時，宣宗下旨不要追究趙王朱高燧。並再次徵求楊士奇的意見，將大臣揭露趙王參與謀反的奏章封好，送到彰德給趙王看。趙王由是產生敬懼，並自動申請削減護衛，擁戴宣宗，一場家族間的奪權紛爭終於平安落幕。

不難看出，楊士奇與三朝皇帝打交道，始終堅持「和爲貴」的治國策略。他總是與人爲善，並且冷靜地觀察局勢，對於各種矛盾的出現，他力圖消滅而不是激化。因此，三代帝王都對他倚重和信任。

宣德六年（一四三一年）六月末的一天，漏下十二刻時分，樂於微服出行的宣宗帶著四名侍衛，騎馬來到楊士奇的宅邸。楊士奇倉皇迎接，叩頭說：「陛下身繫宗廟社稷，怎麼不自己保重？」宣宗笑了笑說：「朕想和愛卿說幾句話，所以來了。」見楊士奇仍蹙緊眉頭，便問：「微服出行有什麼不妥嗎？」楊士奇回答：「陛下尊居九重，對紫禁城外的幽暗豈可盡知。萬一冤夫怨卒，伺機尋仇，豈不釀成大禍？陛下不可不慮。」這件事過去半個多月，刑部在北京城內捕獲了專門在夜間搶劫行人的大盜。宣宗知道後對楊士奇說：「那晚愛卿的態度讓朕心裡不痛快，現在才知道愛卿是眞正地愛護朕。」

皇帝到大臣家，對於大臣來講，應是値得炫耀的殊榮。但楊士奇首先想到的不是自己獲得恩寵，而是皇上的安寧。這既證明楊士奇深諳臣道，又說明他爲人本分。

宣宗是明朝第五位皇帝。此前，太祖朱元璋在位三十一年，建文帝在位四年，成祖朱棣在位二十二年，仁宗朱高熾在位一年。在這五十八年間，無論是改朝換代帶來的陣痛，還是爲鞏固政權而產生的官場劇禍以及皇室內鬥，均使朝廷冤案不斷，精力耗散，老百姓得不到眞正的休養生息。宣宗繼位後，特別是成功平息漢王叛亂之後，朝野之間綿延幾十年的爭鬥才宣告平息，國家的元氣日漸恢復，老百姓也才初步嘗到了太平日子的滋味。

因此可以說，宣宗一朝，是明朝由開創轉向建設的重要轉捩點。楊士奇做爲承前啓後的股肱大臣，既是帝王師，又是內閣首輔，實乃舉足輕重的關鍵人物。

宣宗繼位時，朝廷各個重要的職位上，幾乎都是德才兼備的菁英。像蹇義、夏元吉、金幼孜、楊榮、楊溥等，他們共同撐起了宣宗時代的一片藍天。這眞是一個讓人景仰的時代。雖然在宣宗末期，朝廷老臣僅餘下楊士奇、楊榮、楊溥三人，但史書中一直稱讚的「三楊」之治，也是後代君臣合力、上下同心的範本。

太監干政的先例

宣德十年（一四三五年）的正月初三，三十八歲的明宣宗在乾清宮駕崩。明代的皇帝，除朱元璋、朱棣父子及嘉靖、萬曆之外，大多英年早逝。我想，這除了家族遺傳，恐怕與他們的縱欲無度有關。正月初十，時年九歲的太子朱祁鎭即皇帝位，詔令將明年改爲正統元年，是爲英宗。這是明代的第一個兒童皇帝。

四月二十二日，已經歷仕四朝的內閣大學士楊士奇上言太皇太后：去年十月，奉先皇帝諭：「明年春暖，東宮出閣講讀，宜愼選賢良端謹之士以爲輔導。」今遺言猶在耳。皇上沖齡，此爲第一要事。伏惟山陵畢日，早開經筵以進聖學。

因英宗年幼，宣宗死前安排自己的母親太皇太后張氏垂簾聽政。老太太收到這封上書，傳諭同意。已是七十多歲的楊士奇，又開始擔負起教育九歲小皇帝的責任。

但是，隨著小皇帝的登基與楊士奇的衰老，政治修明的局面開始有了改變。這種改變，取決於一個叫王振的宦官。

王振是英宗的貼身內侍，成天逗英宗開心，因此英宗對他產生了心理依附。王振也藉英宗之勢，在大內橫行霸道，甚至對外廷大臣也常常頤指氣使，大臣屢感不堪。這些消息逐漸傳到太皇太后的耳朵裡。

太皇太后即仁宗皇帝的皇后，宣宗的母親。姓張，河南永城人。她深明大義，明英宗即位之初，她將政事都交給內閣三楊處理，而讓英宗一心學習。她聽說王振干涉政事，決定嚴懲。

一天，太皇太后坐在便殿，召英國公張輔，內閣楊士奇、楊榮、楊溥，尙書胡濙五人進殿。但見太皇太后左右的女官，都佩刀帶劍，表情嚴肅。英宗小皇帝站在太皇太后身邊，五位大臣面朝太皇太后站在須彌座下。太皇太后與五位大臣依次敘話。問到楊溥時，太皇太后嘆息著說：「仁宗在世時，總是稱讚愛卿的忠誠，沒想到在他去世十幾年後，我們還能相見。」太皇太后的話，勾起楊溥的心酸往事。因爲小人進讒，楊溥被朱棣打入詔獄十幾年，直到仁宗登基後才被釋放並重新重用。想到這裡，楊溥淚流滿面，太皇太后也放了悲聲。

拭過淚後，太皇太后對站在身邊的孫兒——英宗皇帝說：「這五位大臣，都是你爺爺、父親兩代皇帝深爲信任的，現在我召他們來，是把他們送給你。朝廷的大事，必須和他們五人商量，凡是他們不同意的，不可一意孤行。」英宗皇帝點頭，表示知道了。

這時，太皇太后將太監王振叫進來。王振一見架勢不對，趕緊匍匐在地。太皇太后臉色驟變，指斥王振：「你侍候皇帝起居，很不規矩，現在該賜你死。」話音一落，一女官出列，將刀刃架在王振脖子上。英宗見狀，連忙跪下求情，五大臣也跪下。太皇太后猶豫片刻，說：「皇帝年幼，豈容這等人禍害國家。我答應皇帝和五大臣的請求，留你王振一命，以後絕不許你干預國事！」

應該說，太皇太后殺死王振的決策是正確的。刀下留人後，王振收斂了一些日子，但不久太皇太后去世，王振便變本加厲地干涉朝政。而年事已高的楊士奇，因爲精力不濟反應遲鈍，也沒有能力加以制約。

關於王振干政的種種劣跡，不在本文敘述。但可以斷定，他是明朝第一個大肆干政的宦官。正是因爲他，才有了土木堡之變。當了十四年皇帝的英宗，被他慫恿出征西北，結果在土木堡當了瓦剌首領也先的俘虜。此時，楊士奇已死了五年。

楊士奇於正統九年（一四四四年）的三月十四日死在任上，享年八十歲。他是明朝第一個善始善終的帝王師。儘管土木堡之變後，有人認爲這是楊士奇當年做老好人，不肯嚴懲王振的結果。但英宗對這位四朝老臣，還是給予極大的哀榮，追贈他爲太師，謚號文貞。

真正的智者

做爲帝王師，楊士奇的學問比之先前的劉伯溫、宋濂、方孝孺、姚廣孝等人，恐怕是最平實的一個。他不是理論家，也算不上文學家。他也從不拿學問唬人。論治國之術，他幾乎沒有創見。但他卻能夠老實做官，以不變應萬變。他先後服務於四位皇帝。不管這四代皇帝能力如何，性格如何，他都能平安相處，並始終獲得信任，這就是楊士奇的過人之處。

他留下的《東里文集》，應酬之作占大半。裁蕪汰俗，我們仍能從中讀到他的一些觀點。在〈文丞相祠堂重修記〉中，有這樣一段：

> 孟子曰：我知言我，善養吾浩然之氣。知言者盡心知性，而有以究極天下之理。浩然之氣，即天地之正氣。具於吾身，至大而不可屈繞者，知之至養之充，而後足以任天下之大事。天下大事，莫大於君父……

對孟子的「養氣」說，楊士奇用自己的觀點詮釋，認爲養好氣後才能最有效地爲君王服務。當皇帝的人，看了這樣的文章，哪有不高興的道理？在〈滁州重建醉翁亭記〉

一文中，他又說：

三代而下，以仁厚為治者，莫逾於宋。宋三百年，其民安於仁厚之治者，莫逾昭陵（宋仁宗）之世。當時君臣一德，若韓（琦）范（仲淹）富（弼）歐（陽修），號稱人傑，皆以國家生民為心，以太平為己任。蓋至於今，天下士大夫想起時，論其功，景仰歆慕之無已也。

滁州醉翁亭，爲歐陽修所修，出於「醉翁之意不在酒，在乎山水之間也」這句名言。而楊士奇極爲稱讚的韓琦、范仲淹、富弼、歐陽修等人，集於一朝而創造太平盛世。做此表述，足見士奇心境，一是欽慕君子當國，二是提倡「集體領導」，他不希望有某個特別出衆的人獨操權柄。士奇如此說，也如此做。我想，這就是他能夠善始善終的原因。

晚年，士奇思鄉日切，但他身爲首輔無法回到故鄉頤養天年，當然也就不可能和故鄉的親朋把盞話舊。於是在七十歲時，他請宮廷畫師替他繪了一張小像寄回老家供人探視，並爲此寫下〈自題小像寄鄉邑親故〉這首五律：

兩京三十載，夢寐在鄉閭。
叨祿承明主，匡時愧腐儒。
淹留鞶帶緩，愁思髩毛疏。
惟有秋霜意，今吾是故吾。

自稱腐儒，士奇總是謙抑。這位塾師出身的人，從教鄉村蒙童到教皇帝，兩種截然不同的人他都教得很好，可見他是眞正的智者。

第七章 憂患在胸的政治家・李東陽

李東陽善於提出問題，但解決問題的能力卻甚弱。

孝宗駕崩前的緊急召見

弘治十八年（一五〇五年）五月初六的下午，內閣輔臣劉健、李東陽、謝遷三人，被太監李榮叫到乾清宮。此時，孝宗皇帝躺在乾清宮的病榻上，已是氣息奄奄。見三名大臣來到跟前，他強打精神喃喃說道：「朕秉承國家大統十八年，現年三十六歲。這次患病恐怕再也不能好了，所以才把你們召來。」

看到孝宗皇帝痛苦的樣子，劉健等三名大臣心下愴然。孝宗接著說：「朕自己知道天命，朕遵守祖宗法度，不敢稍有荒廢怠慢，天下事務確實煩憂了你們。」

劉健安慰皇上，讓他安心養病，國事他們會盡力辦好。孝宗微微搖頭，繼續交代：「東宮太子已經十五歲了，還沒有選擇婚配，你們要立即命令禮部操辦這件事。」三大臣齊聲答應「遵命」。孝宗於是命司禮太監李榮入內起草傳位遺詔。擬畢，孝宗拉著劉健的手，顫抖著說：「你們三人這些年輔佐朕，用心良苦，朕心裡都知道。東宮太子年幼，性好貪玩，你們應當教育他讀書，把他輔導成一個有才有德的君主。」後事交代完畢，孝宗疲乏地閉上眼睛，三大臣退下。

第二天午時，即五月七日，孝宗去世。

孝宗名朱佑樘，是明朝的第九位皇帝。從仁宗皇帝開始，茲後明朝皇帝，大多壽命不長：仁宗四十八歲、宣宗三十七歲、英宗三十八歲、景皇帝三十歲、憲宗四十一歲。出現這種情況，與他們毫無節制的酒色生活有關。

孝宗是憲宗的太子，其出生頗為傳奇。憲宗登基後玩「姊弟戀」，對比他大十六歲的萬貴妃寵愛不衰。萬貴妃很想為憲宗生一個兒子，但諸般努力皆不奏效。因此，只要宮中有哪位嬪妃宮女懷孕，她一律設法讓其墮胎流產。孝宗的生母姓紀，是一個普通的宮女。憲宗與她僅有一次「親密接觸」，就導致懷孕。宮中太監怕憲宗無後，於是設法將紀宮女保護起來，讓她祕密生育。孝宗長到六歲，連胎毛都未曾剃過，每日躲避，屬於「黑戶口」。見到父皇後，他迅速被立為太子。就在那一天，他已被封為淑妃的生母突然病逝。有人猜測，還是萬貴妃對其下了毒手。

由於孝宗有了這種悽慘的童年經歷，所以他存在一種悲天憫人的精神。《明史》讚他：「孝宗之爲明賢君，有以哉！恭儉自飭，而明於任人。」史家評價他是繼仁宗、宣宗之後的一位中興君主，甚至將其與宋仁宗相比。宋仁宗時的國家氣象是：「國未嘗無嬖倖，而不足以累治世之體；朝未嘗無小人，而不足以勝善類之氣。」

君子用其德，小人用其能，這是聖君帝王用人策略之一。朝中有小人不怕，就怕小人成勢而殃及善類。孝宗信任宦官，這是他爲後世政治留下的隱患。但他保護君子，使得國家有中興之象。他去世前內閣的三名輔臣，都是既有道德底線又有治國能力的股肱。

多少年後，當李東陽當了武宗一朝的首輔，他仍對孝宗懷念不已。在孝宗的忌日，他先後寫過幾首詩。其中一首寫道：

> 祕殿森嚴聖語溫，十年前是一乾坤。
> 孤臣林壑餘生在，帝裡金湯舊業存。
> 舜殿南風難解慍，漢陵西望欲銷魂。
> 年年此日無窮恨，風雨瀟瀟獨閉門。
>
> （〈五月七日〉）

李東陽在詩中自稱「孤臣」，其意一是指三名顧命大臣只剩下他一個，二是指朝中「小人道長，君子道消」。

爭奪少年皇帝的控制權

孝宗駕崩後第十一天，即五月十八日，皇太子朱厚照即皇帝位，定次年為正德元年，是為武宗。他登基時只有十五歲，是明代第二個少年皇帝。第一個是英宗，登基時只有九歲。

兩個月後，武宗加封內閣首輔劉健為左柱國，次輔李東陽、謝遷均為少傅兼太子太傅。一個月後，兩人也都加封為柱國。但是，這種加封並沒有讓三名閣臣感激涕零。相反，皇權與相權的對立卻是在武宗時代開始。

武宗登基後，對原來東宮的宦官全部重用。他們是劉瑾、馬永成、谷大用、魏斌、張永、邱聚、高鳳、羅祥八人。他們沆瀣一氣，把持朝政，時人稱為「八黨」，也稱作「八虎」。武宗登基後，幾乎沒做過一件正事，每日裡與八虎一起駕鷹逐犬，尋花問柳。

首輔劉健堅持顧命大臣的職責，在數次勸導均不奏效的情況下，便寫了一封措詞嚴厲的勸諫疏：

陛下登基詔出，中外歡呼，想望太平。今兩月矣，未聞裁汰冗員幾何，節省冗費幾何。詔書所載，徒為空文。此陰陽所以失調，雨暘所以不若也。如監局、倉庫、城門及四方守備內臣，增置數倍，朝廷養軍匠，費鉅萬計，僅足供其驅使，寧可不汰！文武臣曠職僨事虛糜廩祿者，寧可不黜！畫史、工匠濫授官職者多至數百人，寧可不罷！內承運庫累歲支銀數百餘萬，初無文薄司鑰，庫貯錢數百萬未知有無，寧可不勾校！至如放遣先朝宮人，縱內苑珍禽奇獸，皆新政所當先，而陛下悉牽制不行，無以慰四海之望。

措詞雖然激烈，但重拳打在棉花上，無濟於事。武宗「溫語答之」，但一切照舊。身邊的宦官不是在減少，而是在增多；內廷的開支不是在節縮，而是在膨脹；八虎的氣焰不是在收斂，而是更加囂張！

劉健、李東陽、謝遷三人，都當過孝宗皇帝的老師，如今孝宗又把兒子託付給他們。知子莫若父，孝宗知道兒子的毛病，所以才說「東宮年幼，好逸樂，卿等當教之讀書，輔導成德」這樣的話。但是，這個重任三名大臣實難完成，老師是好老師，學生卻絕不是好學生。

劉健屢屢上疏，請武宗出席經筵聽講讀書。武宗一味推諉，登基半年後，勉強聽了一課，但第二天又傳旨暫停。到正德元年（一五〇六年）的三月，當了十個月皇帝的武宗，總共出了三次經筵，聽了三個半天課。他仍是每日遊戲人生，一應國事，聽憑八虎之首劉瑾擺布。此時，朝中正直大臣在劉健的帶領下，決定向八虎宣戰。

為爭奪少年皇帝的控制權，文官集團與宦官集團進行了一場殊死搏鬥。

他是怎樣當上首輔的

戶部尚書韓文是內閣首輔劉健的堅定盟友，劃除八虎的鬥爭由他牽頭。他選定擔任戶部侍郎的李夢陽起草檄文。草稿成後，韓文親自修改。他說：「這個奏疏不可求文雅，文雅了恐怕皇上不懂。也不能太長，太長了恐怕皇上沒耐心看完。」

最終，武宗看到的由韓文領銜九卿具名的奏疏是這樣的：

臣等伏睹近日朝政日非，號令失當。中外皆言太監馬永成、谷大用、張永、羅祥、魏斌、邱聚、劉瑾、高鳳等，造作巧偽，淫蕩上心，擊球走馬，放鷹逐犬，俳優雜劇，錯陳於前。至導萬人之尊與外人交易，狎昵媟褻，無復禮體，日遊不足，夜以繼之。勞耗精神，虧損志德。遂使天道失序，地氣靡寧，雷異星變，桃李秋華，考厥攸占，恐非吉兆。緣此輩細人，惟知蠱惑君上，自便其私。而不知昊天眷命，祖宗大業，皆在陛下一身。萬一遊宴損神，起居失節，雖齏粉若輩，何補於事！竊觀前古閹宦誤國，為禍尤烈，漢十常侍，唐甘露之變，其明驗也。今永成等罪惡彰彰，若縱不治，將來益無忌憚，必患在社稷。伏望陛下奮乾綱，割私愛，上告兩宮，下諭百僚，明正典刑，潛消禍亂之階，永保靈長之祚。

這篇奏疏只有短短的二五八字，但有著雷霆萬鈞之力。且用字簡明，稍通文墨者都能讀懂。武宗讀完這篇奏疏，當場就嚇得哭了起來。他平時只知貪玩，沒想到鬧出這麼大的動靜。倉促之中，他派司禮中官李榮、王榮等，到內閣商量解決的方法。武宗對八虎倚賴甚深，不想處死他們，提出將八人發配南京安置。謝遷不同意這種處理，執意要將八虎誅殺。劉健也是必欲除之而後快，只有李東陽口氣緩和。李榮一天三次，來往於內閣與乾清宮之間，終究也沒有統一意見。劉健等商議，第二天早晨朝中所有大臣伏在皇宮前諍諫，司禮監秉筆太監王岳做爲內應，要武宗當面表態。這本是一件很機密的事，怎奈吏部尚書焦芳覬覦首輔之位既久，此時便向劉瑾告密。

當夜，八虎邀齊匍匐在武宗周圍哭泣。劉瑾以頭叩地說：「坑害我們的人是王岳，他暗中結識內閣大臣，想限制皇上的出入，所以想將我等八人先行處死。司禮監不維護皇上，反倒與左班文臣勾結，這件事請皇上明斷。」武宗聽罷，也不問青紅皀白，立即下令逮捕王岳，提升劉瑾爲司禮監掌印太監，馬永成、谷大用分別掌東廠和西廠。

第二天早晨消息傳出，劉健、謝遷深感絕望，當天就上書乞求退休。李東陽聽說後，也立即跟進請求致仕。朝廷舊例，輔臣致仕，必須要等到三番五次乞求之後，方可允許。但是新掌司禮監大權的劉瑾深恐劉健、謝遷去之不速，立即假傳聖旨，同意二人歸鄉，只留李東陽一人。

就這樣，李東陽當了內閣首輔。但李東陽知道，首輔之位如今已成燙手山芋。第二天，他再次請求致仕，武宗下詔安慰並挽留。

不幾天，劉健與謝遷就辭京返回故鄉，許多臣僚趕去送行。李東陽也趕了過去，在餞行宴上潸然淚下。劉健冷眼看著李東陽，正色說道：「你幹嘛要哭呢？假使當日你多說一句話，態度堅決一點，今天不也同我倆一樣回老家了嗎？」

聽到這句話，李東陽默然無語。

憂患在胸的政治家

李東陽是湖南茶陵人，但他出生在北京。因他父親是軍人，駐守北京。在明代，這種情況叫「戍籍」，即我們通常說的軍人子弟。李東陽從小就有「神童」之稱，傳說他四歲時就能寫徑尺大字。景帝想見見這位神童，便讓太監將他領進皇宮。因門檻太高，他邁不過去，太監取笑說：「神童腳短」，他當即回答：「天子門高」。景帝聽說後非常驚訝，將他抱在懷裡，賜他果鈔。稍長後，又兩次召他進宮講《尚書大義》，皆稱旨。景帝親自批條子，讓他入京師學堂入讀。天順八年（一四六四年），十八歲的李東陽考中進士。他順利地選拔爲庶起士，接著當上翰林院編修。他當上進士的當年，英宗駕崩，憲宗繼位。憲宗也很賞識他的才華，親自選拔他爲侍講學士。在經筵上，憲宗對他的講課很滿意。當太子確立後，憲宗又任命他充任東宮講官，這位太子就是後來的孝宗。

李東陽少年得志，但中年並未顯達。在憲宗執政的二十三年裡，他的官階只到五品。且一直待在翰林院充當講官，從未外任。中國歷史中的多半朝代，凡任宰相者，一般都擔任過封疆大吏，擔任過實際的行政，對世俗民情了解深刻，掌管全域後，便不會發生「紙上談兵」的笑話。但明代則不然，擔任內閣首輔的人，很少從封疆大吏中選拔，倒是都有「帝王師」的身分。從某種意義上說，給太子當老師比給皇帝當老師更重要。因爲，太子一旦登基，立刻就會起用東宮舊臣。在明代，因爲充當東宮講官後而成爲首輔者，不在少數。前面寫到的楊士奇是一例，李東陽是一例，茲後的徐階、高拱、張居正都是範例。

弘治五年（一四九二年），時任內閣首輔的徐溥以詔敕繁重，擬專設閣臣一人統管。

憲宗同意，並拔擢李東陽爲禮部右侍郎兼侍讀學士，入內閣專管詔敕。李東陽的書法與文章，在當時已名滿朝野。應該說，徐溥的這一建議，是專爲李東陽度身定制。就這樣，四十六歲的李東陽在他的仕途上邁上了一個大臺階。如果說此前的二十六年，李東陽在官場上是「小步走，不曾停」，此後，他便是「快步走，超常規」了。四十九歲時，他得憲宗諭旨參與內閣機務。也就是說，他對朝廷機密大事有處置權了。五十二歲時，他被晉升爲太子少保兼禮部尙書、文淵閣大學士。僅僅六年時間，他從五品官升至一品，已是朝中舉足輕重的人物了。

但是，此一時間內，李東陽的政績與他的名望似不相符。相反，他還是文人心態，缺乏政治家的那種堅毅與大氣。四十九歲時，應該是他官場騰達之時，他卻寫過這樣一首詩：

醉鄉天地本來寬，萬事無悲亦不歡。
四十九年醒是醉，醉時翻作醒時看。
（〈一醉二首·錄之二〉）

徘徊於醒醉悲歡之間，看不出擔當，也看不出憂患。李東陽有點「大隱於官場」的味道了。不過，弘治十七年，因爲闕裡廟的重建，李東陽奉命往祭。回到京師後，將沿途所見寫了一封奏疏上報孝宗，倒是表現出他少有的清醒與責任：

臣奉使遄行，適遇亢旱，天津一路，夏麥已枯，秋禾未種。挽舟者無完衣，荷鋤者有菜色。盜賊縱橫，青州尤甚。南來人言，江南浙東流亡載道，戶口消耗，軍伍空虛。庫無旬日之儲，官缺累歲之俸。東南財賦所出，一歲之饑，已至於此。北地呰窳，素無積聚。今秋再歉，何以堪之？事變之生，恐不可測。臣自非經過其地，則雖久處官曹、日理章疏，猶不得其詳。況陛下高居九重之上耶！

臣訪之道路，皆言冗食太眾，國用無徑，差役頻繁，科派重疊。京城土木繁興，供役軍士財力交殫，每遇班操，寧死不赴。勢家鉅族，田連郡縣，猶請乞不已。親王之藩，供億至二三十萬。遊手之徒，託名皇親僕從，每於關津都會，大張市肆，網羅商稅。國家建都於此，仰給東南，商賈驚散，大非細故。更有織造內官，縱群小掊擊閘河，官吏莫不奔駭。鬻販窮民，所在騷然。此又臣所目擊者。

夫閭閻之情，郡縣不得而知也；郡縣之情，廟堂不得而知也；廟堂之情，九重亦不得而知也。始於容隱，成於蒙蔽。容隱之端甚小，蒙蔽之禍甚深。臣在山東，伏聞陛下以災異屢見，敕群臣盡言無諱。然詔旨頻降，章疏畢陳，而事關內廷貴戚者，動為掣肘，累歲經時，俱見遇罷。誠恐今日所言又為虛文，乞取從前內外條奏，詳加採擇，斷在必行。

李東陽在當朝被譽爲文章聖手，一生寫了許多章疏與美文。但我認爲，上面這篇奏疏是他寫出的最好的國情咨文。僅此一篇文章，我們就不能將李東陽視爲文人，他仍是憂患在胸的政治家。透過這篇文章，我們約略知道孝宗執政十七年後的社會現狀，各種矛盾的潛伏與暴露是多麼可怕。歷史上稱孝宗爲「中興之主」。中興之下，社會各種勢力猶如此尖銳對立，以致釀成武宗一朝的內憂外患，後來當政者豈可不深思之。

與狼共舞的首輔生涯

劉健、謝遷的退休，表明文官集團爭奪皇帝控制權的失敗。這不僅僅是兩個正直大臣的離職問題，它實際上是明代政治的一個分水嶺。此前，宦官雖屢有作惡，但還不至於影響國家的政治。司禮監掌印太監是宦官之首，俗有「內相」之稱。但是，這「內相」在政壇上的影響力，也不能和「外相」即首輔相比。做爲文官之首的內閣首輔，自楊士奇開始，就已經是國家權力中樞的實際操縱者。

現在，這一切都顛倒了過來。劉瑾成爲「內相」後，由於有武宗的信任和支持，他成了國家權力的實際控制者，而內閣卻淪爲權力的附庸。李東陽身爲首輔，卻無法行使首輔的權力。每天，他被迫「與狼共舞」，特別是心術不端且賣身投靠的吏部尙書焦芳入閣之後，李東陽更是如芒刺在背。但是，他仍在利用有限的權力，保全善類。

卻說劉瑾入主司禮監之後，一個月內，幾乎天天都有聖旨傳出。其中絕大部分是他擅自做主，矯詔發出。蓋因劉瑾想大權獨攬，便每天組織各種雜耍遊戲讓武宗參與，每每玩到興頭上，劉瑾便拿出各衙門上奏文書，請武宗閱讀處理。武宗往往不耐煩地說：「我用你是做什麼的，一件事一件事都來麻煩我。討厭！」劉瑾要的就是這句話，從此他獨斷專行，對國事妄自裁斷。眞正當皇帝的不是武宗，而是倒行逆施的劉瑾了。

正德二年（一五〇七年）的閏二月初六，也就是劉健、謝遷等去職三個多月後，劉瑾慫恿武宗在奉天殿外杖打給事中艾洪、呂翀以及南京給事中戴銑、御史薄彥徽等二十一名官員。這些官員都曾上章奏請挽留劉健、謝遷而遭到劉瑾忌恨，故全部逮捕治罪。廷杖後，二十一人全部被貶爲庶民。戴銑受杖刑創傷很重，抬出宮殿就死去。他的好友、時在南京任職的王陽明上疏爲其辯冤，也被劉瑾下令捉到北京來廷杖，爾後謫戍貴州都匀衛。王陽明戍邊三年，埋頭讀書，成爲有明一代最偉大的思想家，此是後話。

當第一批受廷杖的官員全部戍邊後，劉瑾於三月二十八日假借武宗名義，發布了一個〈奸黨錄〉，以劉健、謝廷、韓文三人爲首，共五十三人，張榜公之於朝堂。散朝之後，劉瑾又下令所有早朝官員都跪在金水橋南面，讓鴻臚寺再次宣讀〈奸黨錄〉，以此警戒群臣。

劉瑾特別忌恨給皇上進諫爲「奸黨」辯誣的官員，誰敢進諫，一律廷杖戍邊。一些官員都冤死在杖刑中。此情之下，李東陽是泥菩薩過河，自身難保。

就在這時候，一件更爲慘烈的事情發生了。

天下陰受其庇

正德三年（一五〇八年）的六月二十六日，午朝退朝時，不知是誰，在御道上留下一封匿名信，歷數劉瑾的罪狀，說他罪大惡極當誅。立刻，有人將這封信交給了劉瑾。此時，百官尚未散去，劉瑾矯詔，要上朝的數百名官員全部到奉天門外廣場上跪下。斯時正値酷暑，熱辣辣的太陽直射地面，暴曬下的官員如在火上烤。不一會兒，一些官員便昏厥倒地。趁劉瑾回屋歇息時，太監李榮搬來冰瓜給群臣消暑，並讓他們暫時起身緩緩勁兒。看到劉瑾從屋裡出來，李榮連忙吩咐：「他來了，你們快回原地跪下。」劉瑾已看到群臣吃瓜的場景，於是大發脾氣，揚言加大懲處。太監黃偉看不慣劉瑾的劣跡，這時站出來大聲對群臣說：「匿名信上寫的都是爲國爲民的事，誰寫的，自己挺身出來承認，雖然死了也算一個好男兒，何必枉自連累他人！」劉瑾惱羞成怒，吼道：「寫匿名信罪該當死，何況又放在御道上，算什麼男子漢。」到了傍晚，劉瑾下令將下跪的三百餘名官員全部送到錦衣衛監獄關押，準備第二天太陽出來後，再押回到奉天門外下跪。

當晚，同情群臣的太監李榮被劉瑾勒令回籍閒住，黃偉遣送回南京，謫爲淨軍。身爲首輔的李東陽雖然沒有下跪，但他內心的痛苦，可能比下跪的官員還要多。他厭惡甚至是仇恨劉瑾，但他不敢與之抗爭。如今同類受到摧殘，他不能不置一詞。當晚，他給武宗皇帝寫了一個簡單的條陳：

> 匿名文字出於一人之陰謀，諸臣在朝，倉促拜起，豈能知之！況今天時炎熱，獄氣薰蒸，數日之間，人將不自保矣。

劉瑾看到這個條陳，加之風聞匿名信可能出自內廷某太監之手，於是決定不再追究群臣，將他們從錦衣衛監獄中放出。可是，此時已有刑部主事何釴、順天府推官周臣、禮部進士陸伸三人中暑而死，至於因中暑而病倒的官員，更是多達數十名。

李東陽以他逶邐避禍的方式，換取劉瑾對他的容忍，然後小心翼翼地對受到迫害的官員進行保護。關於這一點，《明史・李東陽傳》是這樣評價的：

劉健、謝遷、劉大夏、楊一清及平江伯陳熊輩，幾得危禍，皆賴東陽而解。其潛移默奪，保全善類，天下陰受其庇，而氣節之士多非之。

兩年寫了十二份退休報告

李東陽的爲官之道，如果僅從道德觀念出發，他的確有可指責之處。如果以氣節爲尙，他就不能留在首輔位上與惡人爲伍。但是，正是因爲他與狼共舞，許多道德至上的君子才得到了保護。換句話說，正因爲他下了地獄，才讓一些君子上到了天堂。官場非常複雜，僅有操守氣節，在某種特定時期，是做不成事的。但是，一幫奉道德爲圭臬的清流卻藉此攻擊李東陽。有一天，李東陽的門前，也出現了一張白頭帖，帖上是四句詩：

清高名位鬥南齊，伴食中書日已西。
回首湘江春水綠，子規啼罷鷓鴣啼。

很明顯，這匿名詩譏刺李東陽貪戀祿位，不能像劉健、謝遷那樣拍案而起，掛冠而去。鷓鴣啼「行不得也，哥哥」，實際上的意思是「哥哥，你快走吧」。據說，李東陽看到這首詩後，臉色沮喪，卻照舊吩咐起轎，前往內閣上班。而這首詩也不脛而走，數日裡傳遍兩京。

不久，又發生了一件事，對李東陽刺激更大。

一個叫羅玘的侍郎，是李東陽的門生。所謂門生，即李東陽擔任會試主考官時錄取的進士。在明代，座主與門生的關係，是各種人際關係中最爲重要的一環。門生視座主爲再生父母，終身恭敬。可是，羅玘覺得李東陽骨頭太軟，要他辭官保持名節。李東陽不置可否。羅玘惱怒之下，竟寫了一封公開信給李東陽，聲明從此斷絕師生關係，自請削籍。李東陽看到這封信後，俯首長嘆不已。

試想一下，當上首輔的李東陽，處境何其艱難。一方面，他要與劉瑾、焦芳等一幫惡人爲伍，既不能同流合污，又要操勞國事，彌縫艱難；另一方面，他還要忍受來自同類的誤解和傷害，既不能辯解更不可報復。事實上，來自同類的傷害讓他更爲傷心。

正德五年（一五一〇年）八月，在三邊總督楊一清與太監張永的聯手下，劉瑾被武宗下令逮捕並最終誅除。據說劉瑾被凌遲處斬時，怨恨劉瑾的人家，都爭先恐後地上前購買劉瑾的肉，不等肉煮熟，便都吃了下去，以此發洩壓抑太久的憤怒。

劉瑾雖死，但朝政仍在宦官的掌握之中。八虎中的張永、馬永成等，依然深受武宗信任。內閣仍是影子內閣，輔臣縮手縮腳，不敢有所作爲。

李東陽備嘗心力交瘁的滋味，加之已六十四歲高齡，眞正地萌生了退意。從正德五年十一月十八日向武宗呈上〈奏爲陳請乞恩，懇求休致事〉這篇奏疏開始，到正德七年十二月二十四日呈上〈奏爲老病乞休事〉爲止，短短兩年間，一共給武宗皇帝寫了十二篇退休報告。平均兩個月寫一篇，可見求去心切。武宗開頭是一味地挽留，後來看到李東陽確實老病力不從心，遂於正德七年十二月二十六日下旨准予離職，並按照以往的慣例，賞賜敕書，給予廩食、僕隸，並恩准留居北京。這一年，李東陽六十六歲。

晚年的孤臣心境

乍一離開權力中樞，李東陽嘗到了無官一身輕的快樂。過了一個輕鬆的春節，接著是桃紅柳綠的春天。李東陽帶著書童到香山春遊，寫了一首〈樹色〉：

過煙披雨帶斜暉，畫入無聲似轉非。
幾樹經寒春淡薄，一簾空翠晚霏微。
行憐步遠猶隨杖，坐愛情多欲上衣。
吩咐兒童休報客，主人吟玩已玩歸。

多麼地閒適，多麼地愜意。由此可以看出，李東陽更適合當一個優雅的文人。但是，他同楊士奇一樣，都當過三代帝王師。《明史》中評價他：「自明興以來，宰臣以文章領袖縉紳者，楊士奇後，東陽而已。立朝五十年，清節不渝。」將李東陽與楊士奇相提並論，有一定可比性。兩人都以文學作爲入仕的晉身之道，士奇的文，樸拙中顯靈氣；東陽的文，清純中見飄逸。兩人當首輔後，士奇既與人爲善，又剛直不阿；東陽既秉持正義，又曲折圓融。這是不同處。相同之處在於，兩人政治上均未見大的建樹，士奇懂民情，辦實事；東陽懂規矩，辦正事。兩人都是識時務的俊傑，但士奇把握分寸的能力超過東陽。

讀李東陽的文集，可以看出，他對政治的見解略遜於文學，茲錄幾例：

論王政者必以食為首：《堯典》首授時；舜諮十二牧，首曰食；禹陳六府，必曰穀；文王治先九一；箕子衍八政，先食貨；孔子答問政，先足食；孟子每論政，必先養民。田畝而下，至雞豚、魚鱉、布帛、絲枲之細，雖詳不厭。謂有民斯有國，不如是，不足以為治。（〈政首贈何子元參政〉）

竊聞孔子曰：「臣事君以忠」；程子曰：「至誠事君，則成人臣；至誠事親，則成人子。」忠誠也，臣子之本也。古者世祿而不世官，必才德可用，乃任以

事。（〈忠誠堂記〉）

這兩則論政的話，雖多爲引言，但反映李東陽的觀點。事君以忠，牧民以食，都不是新觀點。但如何忠，如何食，則是制定朝政的理論基礎。首輔的職責，就是圍繞忠君與牧民兩大問題，制訂出易於操作的政策來。李東陽善於提出問題，但他解決問題的能力，比之楊士奇卻是稍遜一籌。

再看李東陽談文學：

夫所謂文者，必本諸經傳，參諸子史。而以其心之所得，口之能言者發之，然後隨其才質，有所成就。苟徒掇拾剽襲於片語隻字間，雖有組織繪畫之巧，卒無所用於世者。（〈瓜涇集序〉）

有紀載之文，有講讀之文，有敷奏之文，有著述賦詠之文。紀載尚嚴，講讀尚切，敷奏尚直，著述賦詠尚富。（〈倪文毅公集序〉）

前者談文章之道，後者談文體之別，皆言簡意賅，明明白白。李東陽是儒家血統，觀點不求新，但求渾厚一氣貫之。

大凡文人出身的政治家，有大學問而無大氣魄，有大視野而無大胸襟，有大思路而無大辦法。這就是爲學問所囿的緣故，設若能打破經籍藩籬，便能入無人之境了。

李東陽不打破藩籬，所以碰到劉瑾這樣的奸兇，武宗這樣的昏君，他便表現出束手無策。退休之後，他用心編了一本《燕對錄》，記錄他與孝宗在一起論政時的情景。孝宗每次召見他討論何事，發表何種觀點，他都記載詳細。言語之間，對孝宗充滿了崇敬之情。我想，這本書的編輯初衷，是因爲他對武宗太失望了。依他的性格，斷然不敢對武宗有所指斥。於是，就對前朝皇帝表示敬慕，這種曲折的做法，便是典型的文人。

正德十年（一五一五年），在孝宗去世十週年忌日，六十九歲的李東陽又寫了一首〈五月七日〉：

解組歸來已白頭，幾從天路想神遊。
端陽過眼仍三日，舊事傷心更百憂。
寢廟衣裳雲氣冷，泰陵松柏雨聲秋。
乾坤俯仰餘生在，隱幾無言只淚流。

對明君的懷念隱藏著對昏君的失望。第二年，七十歲的李東陽在北京寓所中去世。

贈太師、謚文正。雖然倍極哀榮，但此時的朝政，在武宗的胡鬧下，正一步步滑向深淵。

第八章 明朝中期改革家・楊廷和

明朝的首輔不好當。碰到兩個皇帝，一個淫奢至極，一個專橫至極，楊廷和這位兩朝首輔更加難當了。

武宗是娛樂界的超級明星

正德十三年（一五一八年）的九月初一，明武宗朱厚照從宣府出發，經過懷安、天城、陽和等地，抵達大同。

從正德十二年八月初一，朱厚照在佞臣江彬等的慫恿下，以巡邊剿匪的名義離京前往邊關宣府。短短一年時間內，他四次離京前往山西宣府尋歡作樂，在京城待的時間不足三個月。他下令在宣府建造行宮，在那裡樂不思蜀。

做為一國之君，長期不在京城，對於大明帝國來說，這是沒有先例的。永樂皇帝朱棣曾數次深入西北對蒙古人作戰。但他每次出征，都會委任太子朱高熾監國。不到三十歲的武宗，膝下無子，他無可挑選監國的人選。他壓根也沒有想到要這麼做，只是一味地遊戲人生，國家大事他才不想去管呢。爲此，他與內閣以及部院大臣的關係弄得十分緊張。內閣輔臣屢屢勸諫，要他留在京城處理軍政，他一概不理會。爲此，大臣們很是傷心，也很無奈。當他第四次離開北京時，內閣首輔楊廷和以及另外兩名輔臣，都沒有前往東安門送行。

八月中旬，當武宗剛剛到達宣府，就收到了給事中徐之鸞、監察御史李潤兩人的聯合上疏：

> 大學士楊廷和、蔣冕、毛紀，並居師保重地，主憂應與憂，主樂應與樂。邇者敕諭中外，將有疆場之行，廷和等先後稱疾家居，比至駕行，竟不一出。今六飛臨邊已愈旬矣，宗廟社稷，百官萬姓，寄於空城之中，正大臣身繫安危之日也。猶復杜門堅臥以求決去，其自為計得之矣。居守之事，將誰是託？中外之心，將誰是恃？三臣者，正宜納約自牖，憂形於色，乃徒以疾求去，冀以感悟聖心，亦已迂矣。萬一意外之虞起於倉促，大疑無所取決，而或至於僨事。三臣將以何言告白於天下哉！伏望陛下以天下為念，君臣同心，共圖化理，則人心固，社稷安矣。

從這封奏疏中得知，以楊廷和爲首的內閣三輔臣，因不滿武宗的胡鬧，已經宣布辭職。在當今社會，內閣的總辭一定是一場異常重大的政治風波。即便在明朝，也是充分引起朝野關注的政治事件。但是，武宗皇帝對這一類的事件早已司空見慣。見到這道奏疏，他只當什麼事情都沒有發生，既不回覆，也不擔心，照舊在西北邊域玩他的「嘉年華」。

事實上，明眼人一看便知，徐之鸞與李潤的奏疏，玩的是「政治障眼術」。表面上是彈劾內閣輔臣，實際上是規諷皇帝。但對於二十八歲的武宗來說，任何政治技巧都無濟於事。他根本不研究政治，大臣們的匠心，他又如何能夠理解呢？每天尋花問柳、呼鷹逐兔的生活，讓他患上了娛樂亢奮症。如果在今天，他一定會成爲娛樂界的超級明星，而不會去當那個令國家痛苦也讓他本人難受的皇帝。

內閣總辭不能讓皇帝回心轉意

三名內閣大臣終究沒有鬥過武宗。當武宗決定由宣府前往大同時，首輔楊廷和打破沉默，給路上的武宗寫了一封奏章：

聖駕出行，今已一月，內外人心，歷歷危懼。又有訛言傳播威武大將軍名號，及巡幸山陝、河南、山東、南北直隸之說。愚民無知，轉相告語，甚至扶老攜幼，逃避山谷。此風一傳，關係甚大。自古人君乘輿遠幸，皆因不容已之勢，乃有不得已之行。今陛下當無事之時，為有事之舉，雖有內外左右忠良之臣，諫亦不聞，言亦不入。不知聖明之見，何以出此？方今邦畿遠近，盜賊公行，各處災異，奏報不絕，天變於上，人怨於下，竊恐朝廷之憂，不在邊防而在腹裡也。

這篇奏疏指斥武宗不理朝政、外出巡幸的種種不端，無異於摑了武宗幾個耳光。但武宗依然不予答覆。相反，他還在大同發出敕書，自封爲鎮國公，每年支取祿米五千石，命吏部按照敕書執行。

敕書到京，楊廷和在休假，他授意當值的閣臣梁儲與毛紀以特快專遞方式，向遠在大同的武宗呈上抗疏：

陛下謬自貶損，即封國公，則將授以誥券，追封三代，祖宗在天之靈，亦肯如陛下貶損否？況鐵券必有免死之文，陛下壽福無疆，何甘自菲薄，蒙此不祥之詞？臣等絕不敢阿意苟從，取他日戮身亡家之禍也。

當時，朝廷官員中附和梁儲、毛紀的觀點極力勸諫的不在少數。但武宗抱定不予理睬的主張，概不搭理。

就在大臣眼巴巴盼望武宗返回京城時，這個荒淫的皇帝已經到達大同口外的偏頭關。他的那幫近侍到處搶奪良家女子供其淫樂，有時多達數十車，每天都有被搶來的女子死在運送的途中。

當這些消息傳到京城，楊廷和等一幫大臣憂心如焚。楊廷和決定親赴大同，向皇上面呈厲害，勸他回京。但是，當他走到居庸關前，卻見關門緊閉。楊廷和命令守關將校打開城門讓他過去，誰知把守關口的竟換成了武宗皇帝的親信太監谷大用。武宗早已料到大臣會闖關前往大同找他，預先做了安排。任楊廷和如何怒罵，谷大用就是不開門，甚至還威脅道：「我有皇上親賜的尙方寶劍在手，誰想闖關，不管是誰，格殺勿論。」楊廷和見狀，只好打馬回京。

如果說明代有什麼最難堪的差事，則莫過於在武宗手下當首輔。很不幸的楊廷和，卻是無法逃脫。

從明升暗降到躋身內閣

客觀地說，明朝的帝王師中，楊廷和還是比較有主見的一位。他出生於天順三年（一四五九年）。這一年，明王朝相對風平浪靜。因土木堡之變當了蒙古王也先俘虜的英宗朱祁鎮，已經復辟三年。他在這一年冬天，抓捕了奸臣石享。在他復辟重登帝位這件事上，石享功不可沒。但此人結黨營私，貪墨成性。在時任首輔李賢的贊畫下，英宗終於下定決心除掉這隻蠹蟲。

楊廷和出生於四川省新都縣一個書香世家，從小聰敏過人。他十二歲就考中秀才，是名副其實的神童。十九歲時，他與父親楊成一起赴京參加全國的會試，這一年是成化十四年。結果是父親落榜，他卻高中，並被選拔爲庶起士。翌年回鄉結婚，度完蜜月，又回到京城，被授職爲翰林院檢討。《明史》中評價他：「爲人美風姿，性沉靜詳審，爲文簡暢有法。好考究掌故、民瘼、邊事及一切法家言。」這幾點，恰恰是一個政治家應該具備的素質。

楊廷和在明憲宗一朝當了九年的官。成化二十三年，憲宗駕崩，皇太子朱佑樘繼位，是爲孝宗，改年號爲弘治。楊廷和被憲宗安排爲太子的講師，太子登基後，依例重用身邊的舊臣。所以，在弘治二年，因參與修撰《憲宗實錄》而提拔爲侍讀，依舊是皇上的講師，接著又升任爲左春坊左中允。這是管理太子學習的機構，左中允是一把手。其時，太子朱厚照尚未出生，給這麼一個官職，表示孝宗對楊廷和的信任。第二年，孝宗又拜楊廷和爲左春坊大學士，充當日講官。這一年，楊廷和三十一歲。風度翩翩的他，跟著劉健、徐溥、邱浚、李東陽等一幫老資格的帝師，成爲孝宗的股肱。

在孝宗當政的十八年中，楊廷和一直充任皇帝與太子的講師，其時間之長，非一般帝師可比。我想，他在這個位置上久任，一來是因爲朝中老臣較多，論資排輩還輪不到他入閣。二來也是因爲他學問充實，口才又好，孝宗與太子都捨不得他。

弘治十八年（一五〇五年），十五歲的朱厚照繼位成爲武宗皇帝後，楊廷和開始了他嶄新的政治生涯。

武宗登基後，內閣首輔是劉健，謝遷、李東陽爲次輔。楊廷和仍舊是詹事府詹事兼翰林學士，充當武宗經筵的講官。

每逢武宗出經筵聽講，楊廷和便利用這個機會，在講孔孟之學的同時，夾雜著講一些治亂興亡的道理，規勸年少的武宗多親近君子，疏遠小人。應該說，講這些話，是一個帝師的責任。但武宗覺得楊廷和的話不中聽。一次聽完講後，他對劉瑾說：「講課就講課，怎麼夾槍夾棒講那麼多閒話？」劉瑾認爲楊廷和不與他配合，於是乘機說：「乾脆把楊廷和調到南京去。」武宗聽了沒有作聲。

不幾天，劉瑾假傳聖旨，調楊廷和爲南京吏部左侍郎，比之四品的詹事府詹事，吏部左侍郎不但官階升了一級，而且由講官改任部院大臣，表面上是升遷，實際上是明升暗降。劉瑾的目的是將楊廷和逐出京城。

楊廷和離京的日期是正德二年（一五〇七年）的三月十六日。七月份，武宗又升任他爲南京戶部尙書。到了十月十六日，就在楊廷和離京整整七個月之際，他又收到了第三道聖旨，武宗調他回北京擔任戶部尙書兼文淵閣大學士，參與軍機要務。

這突如其來的變化，不要說別人，就是楊廷和自己也被弄得一頭霧水。原來，將他外調南京，武宗並不知道。劉瑾一手遮天，他之所以還給楊廷和升官，大概是看出武宗對楊廷和還有眷念之情。果然，有一次出經筵，武宗沒有看到楊廷和，便問劉瑾：「楊學士在哪裡？」劉瑾回答說：「楊廷和現任南京戶部尙書。」武宗說：「誰將他調到南京的？當戶部尙書，也應該在北京當啊。讓他回來，除了當戶部尙書，還讓他入閣參與機務。」

就這樣，楊廷和回到了北京，南京的七個月，是楊廷和從政生涯中，唯獨的一次外任。

武宗下旨南巡的風波

楊廷和進入內閣時，首輔是李東陽。對於楊廷和的到來，李東陽深表歡迎。因爲自劉健、謝遷等閣臣致仕後，他在內閣苦撐危局，備嘗艱難。另一名新補的閣臣焦芳與劉瑾沆瀣一氣，擾亂朝綱，無所不用其極。楊廷和入閣可以與他聯手，對焦芳進行牽制。

關於楊廷和初入閣的情況，《明史·楊廷和傳》如此表述：「瑾橫益甚，而焦芳、張綵為中外媾，廷和與東陽委曲其間，小有濟救而已。」說他們小有濟救，乃是因為朝廷中邪惡勢力過於強大，他們取得武宗皇帝的信任，故有恃無恐。李、楊二人，只能在夾縫中求生存。

楊廷和離京三年，武宗身邊的小人愈聚愈多。正德十四年二月初八，一直在西北邊關巡遊嬉鬧的武宗回到北京。五天後，應楊廷和的請求，武宗按禮儀在南郊舉行大規模的祭祀天地的典禮。禮畢，楊廷和將〈居守敕〉呈還給皇上。朝廷規矩，皇上出巡，內閣首輔留守處理政務，必須得到皇上頒賜的〈居守敕〉，方為名正言順。皇上返京，〈居守敕〉必須交還。

當楊廷和將〈居守敕〉交還時，武宗並不接受。他說：「朕還會經常巡行，你不要把〈居守敕〉歸還。」楊廷和一聽這話不對勁，立即面奏：「請求皇上立即下達詔書，向天下的官吏百姓明確表述，從今以後，再不離京出遊。」武宗報以曖昧的一笑，竟帶著一百餘騎弁卒，到南海子打獵去了。

七天以後，武宗將告諭送到禮部：「威武大將軍、太師、鎮國公朱壽，今往兩畿、山東祀神祈福。」

楊廷和得知消息，極力勸阻，武宗不聽。於是，朝廷各大衙門官員紛紛進諫請求皇上不要南巡，終於釀成了一場很大的政治風波。

首先上疏勸止的是兵部郎中黃鞏，署名的共有六人。接著是翰林院修撰舒芬、吏部員外郎夏良勝、禮部主事萬潮、太醫院醫士徐鼇，共一〇七人上書諫止。

這些官員的勸諫，應該都是在楊廷和的默許下進行的。明代官場的潛規則，大凡首輔想要採取什麼行動，諸如勸諫、誅除皇上身邊佞臣，一般先讓級別較低的官員先行上書，以此試探皇上的態度。若皇上因此動怒，此事就告停止；若皇上猶豫，第二批級別更高的官員就跟著上書。

武宗像過去一樣，對官員的勸諫一概不理，但看到諫章愈來愈多，不滿的調門愈來愈高時，武宗這才沉不住氣了。他又拿起黃鞏的奏章，讀到其中這一段：

言戒遊幸曰：「昔舜之戒禹曰：『罔遊於佚，罔淫於樂。』周公告成王曰：『毋淫於觀、於逸、於遊、於獵。』陛下始遊戲不出大廷，論者猶謂不可。既而幸宣府、幸大同、幸太原、幸陝西、榆林、延綏諸處，每到一處勞民傷財，州縣騷然，至使民間一夫一婦不能相保。陛下為民父母，何忍使民至此！虧損聖德、貽譏萬世，陛下自以為何如？近者復有南巡之旨，南方之民聞訊，爭先挈妻子以避去者，流離奔命，敢怒而不敢言，無異於驅之於死亡，流而為盜賊也！一旦變生，陛下悔之晚矣。彼居位之大臣，用事之中官，昵昵之近侍，皆欲陛下遠出以擅權自私，乘機謀利；否則亦袖手旁觀，如秦人視越人休戚之不相涉也，夫豈有一毫愛陛下之心哉！

這封奏章長達千言，可謂直搗黃龍、風雷滿紙。特別是讀到上面這一節，武宗以及他身邊的那幾個佞臣都勃然大怒。武宗下旨將上書言詞最激烈的黃鞏、萬潮、徐鼇、陸震、夏良勝、陳九川等六名官員抓起來，投入錦衣衛大獄，將舒芬等一〇一人押到午門外罰跪五天。第二天，又逮捕大理寺正周敘等十人，第三天逮捕二十人，第四天又逮捕三人。

常言道，政治清明的表現是武官不怕死，文官不愛錢。武宗時代，卻成了武官沒有錢，文官不怕死。考諸明朝歷史，文官中雖不乏小人，但主體上仍是君子占上風，愈是朝廷中小人當道，君子愈顯氣節。按一般的常識：「君子道長，小人道消。」武宗當政時，這種情形一直成綿延之勢。

被逮下獄和下跪的官員，並不因爲受到嚴懲而畏懼，君臣的對立到了白熱化的程度。武宗下令將不肯認錯的官員處以杖刑，先後死於杖刑的多達十七人。刑部勸諫的奏疏，由郎中劉校執筆，杖刑之前，他大聲喊道：「我死而無畏，只恨我死前不能見到老母。」他的兒子劉元婁，年僅十一歲，站在一邊痛哭。劉校對兒子說：「你要懂得事君死於義的道理。你回去好好伺候祖母和母親，不要愧對你的父親。」說完後就被杖打至死。

武宗聽到這個故事，竟然也受到了感動，終於取消了南巡的打算，但對勸諫的官員，仍然都給予了削職、降級或貶謫的處分。

內閣與司禮監的緊急聯席會議

歷史往往會出現一個有趣的現象，一個昏庸的皇帝身邊總會有一位精明強幹的宰相，爲其匡時補過、彌縫國事。武宗朱厚照與首輔楊廷和，應該是這樣一對關係。

武宗信任楊廷和，卻又不肯聽他的話。他放心地把內閣交給師相，卻又不希望內閣干涉他的行動。武宗永遠是一個玩不醒的孩子，他甚至有幻想症。因爲他的權力不可制約，所以他的幻想常常付諸行動。爲此，朝廷常常爆發政治地震。楊廷和每每爲此痛苦，他多次請求告老還鄉，武宗始終不答應。當那麼多人被杖死，楊廷和請求皇上接見，欲當面勸說，武宗避而不見。此一時刻，楊廷和眞是欲哭無淚。

這一情形，到了正德十三年（一五一八年），才有了改變。

這一年的三月十三日下午，一封緊急文書從司禮監送到內閣。楊廷和打開一看，是武宗的口諭：

朕疾不可為矣。其以朕意達皇太后，天下事重，與閣臣審處之。前事皆由朕誤，非汝曹所能預也。

看到這寥寥數語的聖諭，楊廷和並不吃驚。已經六十二歲的他，可以說是看著武宗長大，又看著他走向生命的末路。這個胡鬧了一生的皇帝，既是他的學生，又是他的主人。眼看主人要離開人世，除了惋惜，就是痛心。

第二天，武宗死在豹房，年僅三十一歲。

當天，太監張永、谷大用等，遵皇太后之命，將武宗的遺體搬回皇宮。武宗雖然在生時一天也離不開女人，但卻沒有任何一個女人爲他生下兒女。膝下無後，皇祚無人承繼，帝國陷入了混亂。

就在張永、谷大用搬運武宗遺體的時候，司禮監掌印太監魏彬來到內閣，他很隱晦地對楊廷和說：「太醫的能力已經枯竭，請捐萬金到民間去購買。」局外人聽這句話，肯定是丈二和尙摸不著頭腦。但楊廷和明白魏彬的意思。卻說武宗沒有子嗣，無論是皇太后還是他本人都很著急。太醫一直用藥調治，終不見效。如今武宗大行，無人繼位，魏彬便出餿主意，要出大價錢到民間祕密購買一個品相好的小男童，做爲武宗的兒子承祧大位。

楊廷和覺得魏彬的主意很荒唐，認爲這是違反倫理之舉，於是也在大而化之地講了一番歷朝承祧與繼位的例子。兩人都不說明，但卻明白是怎麼一回事。

不一會兒，張永與谷大用也都來到內閣。內監三大璫全都到來，等於是司禮監與內閣兩大權力機構召開聯席會議，討論由誰繼承皇位的問題。早在武宗病重時，楊廷和就在思考這件事，他早就想好了方案。這時，他從袖中取出洪武皇帝的祖訓：「我朝早已立下規矩，皇帝若無子嗣承祧大位，就讓長弟接任。兄終弟及，誰能更改？」

張永便問：「按這規矩，皇位應由誰來繼承？」

楊廷和回答：「當今興獻王的長子，是憲宗的孫子，孝宗的姪子，大行皇帝的從弟。按皇族倫序，應該由他繼承皇位。」

梁儲、蔣冕、毛紀三名輔臣都同意楊廷和的觀點，內監三大璫心中雖有些盤算，但楊廷和搬出祖訓，他們也無話可說，於是形成決議，上報皇太后，得到懿旨：宣諭廷臣，宜如內閣所請。

在楊廷和的建議下，明朝的第十一個皇帝誕生，他就是居住在湖廣安陸縣的興獻王的世子朱厚熜。

新皇帝以辭位要脅大臣

在武宗去世，朱厚熜來京之前的這三十七天裡，國家的最高權力實際操控在楊廷和手中。也就是說，他當了三十七天的攝政王。這在明朝首輔中，是僅有的一例。

在這三十七天裡，楊廷和主持做了幾件令朝野歡呼的大事：一是設計逮捕了以江彬為首的佞臣集團，僅抄沒江彬一家的財產，就得到黃金七十櫃、白銀二千二百櫃，其他珍寶財物不計其數；二是將貶謫的官員大部分召回，有的還給與重任，含冤而死的官員全部都給予優恤；三是將武宗召到京師的邊兵盡數發還；四是蠲免武宗額外徵收的賦稅。

一向隱忍的楊廷和，終於得以機會展現他運籌帷幄、雷厲風行的一面。此時，他的威望在朝廷達到一個高峰。但是，好景不長，隨著朱厚熜的進京，一種全新的折磨又在等待著他。

楊廷和主持國事撥亂反正，不可能把好事都做盡。待朱厚熜登基成為世宗皇帝後，他又替新君擬就〈登基詔書〉，凡正德年間害民的政令和弊端，可謂釐剔殆盡。同時革除了錦衣衛內監、旗校工役十幾萬人，減輕由南方歲供京師的漕運糧食二百五十三萬二千餘石。對於權勢灼人的大太監，其義子傳升、乞升等一切凡非正常管道得官，而僅憑武宗恩典獲得的，罷斥了一大半。這幾樣匡時救弊的事情一做，天下官員百姓莫不稱頌新皇帝英明，同樣也誇讚楊廷和的功勞。但是，那些失去官職的人對楊廷和恨之入骨，他們收買刺客欲取楊廷和性命。世宗聞訊，調營卒一百人充當楊廷和的護衛。

但是，君臣之間這樣融洽的政治蜜月太短。

正德十六年四月二十七日，世宗登基才六天，就下達詔書，命朝廷大臣商量議定他的親生父親興獻王的尊稱和主祀規格。

禮部主持這項工作。禮部尚書毛澄拿不定主意，便去請求楊廷和。楊廷和講了漢朝的定陶王和宋朝的濮王兩個事例。

漢成帝無後，便立定陶王為皇太子，立定孝王的孫子為定陶王，奉共王祀。共王是定陶王的本生父親，因定陶王接任皇帝，改為成帝之後，便不能再為生父祀奉香火了，因此才從定孝王的兒子中挑選一個封為定陶王，做為共王的兒子主祀。當漢成帝宣布這個決定後，大司空師丹說：「這種辦法可以說是恩義備至。」

宋英宗決定以濮安懿王的兒子入繼給仁宗。過繼完成後，就主祀問題徵詢司馬光等大臣的意見。司馬光說：「濮王應當尊奉以高官大爵，稱皇伯而不名。」范鎮說：「陛下既以仁宗為皇考，再稱濮王為父親，道理上講不過去。」程頤說：「既然入繼為人之子，就應該以入繼的父母為父母，而以本生父母為伯叔父母，這是人生的大倫。至於本生父母的情義再深再大，也不能顛倒這種次序，可以給自己的本生父母設立別的稱號。」

毛澄研究了上述兩則先朝範例後，覺得楊廷和的話大有道理。於是他領銜率六十名大臣，向世宗皇帝上了一篇關於興獻王主祀及尊號的奏章，文章前面引用了定陶王與濮王兩則典故，最後一段說：

今興獻王於孝宗為弟，於陛下為本生父，與濮安懿王事正相等。陛下宣稱孝宗為「皇考」，改稱興獻王為「皇叔父」，興獻大王妃為「皇叔母興獻王妃」，凡祭告興獻王及上箋於妃，俱自稱「姪皇帝某」，則正統私親，恩義兼盡，可以為萬世法。

奏疏呈進宮中，十九歲的世宗看過，氣憤地扔到一邊，惱怒地說：「父兄可以這樣改來改去嗎？」發還奏疏，令禮部再議。

這時，世宗皇帝派人去湖北安陸迎接他的生母、興獻王妃蔣氏。船已到達通州，世宗又讓禮部議定迎接蔣氏的規格。毛澄堅持不能用皇太后的規格迎請，他說興獻王妃只能由崇文門進入東華門。世宗不同意，又改議爲由正陽左門進入大明東門，這是皇太妃的規格了。世宗仍不同意，而內閣與禮部也不肯再讓步，雙方就僵持在那兒了。

住在通州的蔣氏，聽說關於她的尊稱還未議定，就不打算進京而準備返回湖北。當然，她並不是眞心要回，而是母子串通好了的，以此要脅大臣。蔣氏故意散布她要打道回府的消息，世宗聽說後，當著衆位大臣的面，傷心地哭了起來，他說：「如此委屈母親，我這個皇帝還有什麼當頭。我現在就辭去皇帝，侍奉老母回到藩地安陸。」

儘管世宗聲淚俱下，毛澄等仍堅持己見不肯更改迎接禮儀。於是，世宗自己決定以皇太后的規格迎接生母，讓其從正陽中門入。

給世宗踹了一腳

關於世宗生父興獻王的尊號和主祀問題，成爲世宗登基初年朝廷的最大事件，後世稱這件事爲「大禮案」。大禮案雙方的主角，便是皇帝朱厚熜與首輔楊廷和。

以今天的觀點看，給什麼人上什麼尊號只是一種文字遊戲，於國計民生並無實際的影響。但在明朝就不一樣，在忠孝立國的大政方針之下，一個尊號，一個祭祀的規格，一個封贈，往往讓人從中看到僭越、甚至悖逆的跡象，輕者混淆視聽，重者動搖國本。在明代，不要說祭祀皇帝，就是祭祀孔子，也有非常嚴格的規定。連從祀孔子的人，諸如孟子、朱熹、二程等人，都由皇帝親自圈定。

明代的首輔，很少從封疆大吏中選拔，幾乎所有的首輔，都有主政禮部、吏部的經歷。這乃是因爲，首輔之職既要知人、識人、用人，更要懂得典章制度、歷朝禮儀。所以說，沒有主政過吏、禮二部，便不具備擔當首輔的知識結構。

楊廷和做爲明朝制度的維護者，當然不能容忍世宗皇帝有悖於朝廷大禮的私情。所以，他堅決抵制給興獻王上「皇考」的尊號。而且，讓朱厚熜入京繼位之前，楊廷和與他談話，讓他入繼給孝宗，他也是同意了的。但是登位之後，世宗迅速變卦。這一點，楊廷和不能接受，甚至非常氣憤。經過二十餘年的積累與三十七天的攝政，楊廷和眞正地成爲天下文官之首，朝廷部院大臣，幾乎清一色都是他的擁躉。這一點，世宗皇帝看得很清楚。但是，由於自己新來乍到，還沒有培植起自己的力量，他只能就大禮的問題，耐下心來與楊廷和溝通。

毛澄的奏章，一次次被世宗發還重議，雙方陷入僵局。就在世宗執意將生母蔣氏從正陽中門迎進皇宮之中，一直沒有公開表態的楊廷和，終於按捺不住，率領內閣蔣冕、毛紀兩位大臣，給世宗皇帝上奏疏：

> 三代以前，聖莫於舜，未聞追崇生父瞽瞍；三代之後，賢莫於漢光武，亦未聞追崇生父南頓君。惟陛下取法二君。

當過兩朝帝師的楊廷和，博聞強記，學富五車。如今又檢出舜與漢光武帝兩個例子要世宗效法，奏疏雖短，但字字都是驚雷！

看到這道奏疏，世宗像被踹了一腳。但他也不是逆來順受的善主。那一天，他端坐文華殿，召來楊廷和、梁儲、毛紀三名閣臣，殺氣騰騰地說：「凡是對大義禮持不同意見的，就是奸邪之徒，其罪當斬！」三人無語。

過幾天，世宗傳諭內閣：「興獻帝、興獻後都加『皇』字。」楊廷和拒不執行，他封還世宗的手敕，並上書懇請辭職。

世宗接見楊廷和並挽留，他不停地給楊廷和加秩晉爵以示羈縻，企圖讓楊廷和改變主意。楊廷和概不接受，而興獻王尊稱爲「皇考」之事，亦毫無進展。

嘉靖三年（一五二四年）正月，世宗同意了楊廷和的退休請求。身心俱疲的楊廷和，回到了故鄉新都。

他離開北京之時，也就是他的悲劇開始之日。

悲劇是政治惡化的結果

楊廷和去後，大禮案的爭執還在繼續。不過，現在領導群臣與世宗抗爭的，不再是楊廷和，而是他的兒子楊愼。

楊廷和剛剛離開京城，世宗皇帝召來禮部官員說：「請你們選擇日期，爲朕的本生父母加封尊號，舉行祭祀，並告知上天，頒發詔書，布告天下。」見禮官驚愕，又特別補充一句：「在奉先殿旁另建一室，恭敬地祭祀朕的生父獻皇帝。」

內閣與禮部仍然抵制，但文官集團的分裂已經出現。一些官員眼看世宗的堅決態度，便見風使舵附和。這樣的官員並不多，以剛剛考中的進士桂萼與張璁爲代表，他們連上數疏，陳說皇上應稱孝宗爲皇伯，而尊敬自己的生父爲皇考。世宗頗爲高興，立即提拔二人爲翰林學士，同時提拔的還有另外六位，擺在第一名的，是楊廷和的兒子楊慎。世宗這樣做，既爲了安撫百官，又爲了桂萼、張璁能夠順利過關，可謂一箭雙鵰。

楊慎是楊廷和的大兒子，正德六年考中狀元。爲官做人，大有乃父之風。父親離朝，尚在翰林院編修位上的他堅持父親在大禮案中的觀點，拒不妥協。這時，見世宗將他與桂萼、張璁同列升官，他並不感到榮耀，而是感到羞辱。他立即聯絡翰林院同列三十人給世宗上書一封：

臣等與萼輩學術不同，議論亦異。臣等所執者，程頤、朱熹之說也；萼等所執者，冷褒、段猶之餘也。今陛下既超擢萼輩，不以臣等言為是，臣等不能與同列，願賜罷歸。

看到這封奏疏，世宗的震怒可想而知。

關於楊愼的悲劇，我在〈皇帝與狀元〉一文中已做了詳細的闡述，這裡不再贅言。在楊廷和離開京城半年之後，他的愛子楊愼也被削職爲民，被發配到雲南保山蠻瘴之地永久地戍邊。

因爲楊廷和的力薦，世宗朱厚熜順利當上皇帝；但因爲大禮案，世宗又對楊廷和父子恨之入骨。有一名叫王邦奇的御史看到這一點，便上疏誣告楊廷和及其擔任兵部主事的次子楊惇、任翰林院修撰的女婿金承勳、同鄉侍讀葉桂章等，曾經收受兵部尙書彭澤之弟彭沖的賄賂，使之爲彭澤說話。世宗收到誣告信後，也不做任何調查，就下旨將楊惇、金承勳、葉桂章等逮捕下獄，三番五次嚴刑拷打，最終查無實據，將三人全都削職爲民。到嘉靖七年（一五二八年），世宗惦記著楊廷和利用濮王的典故，阻撓他爲生父上皇帝尊號。於是，趁《明倫大典》修成時懲罰楊廷和用典的過實，下旨將其削職爲民，撤銷一切待遇。這一年的六月，七十一歲的楊廷和在故鄉含恨病死。

明朝的首輔不好當。碰到兩個皇帝，一個淫奢至極，一個專橫至極，楊廷和這位兩朝首輔更加難當了。縱覽楊廷和的一生，他的悲劇不是他個人的品質，或者是謀慮的失誤而造成的。他的悲劇，是明朝中期政治迅速惡化的結果。寫到這裡，禁不住謅出四句：

曲亦悲來直亦悲，艱難從不上丹墀。
屢經憂患身心老，一觸龍顏宰相危。

第九章　三起三落的首輔・張璁

從嘉靖八年到十四年這六年時間內，張璁三次被免職，最短的一個月，最長的達到一年。在三起三落中，張璁我行我素。滿朝文武在看慣了張璁可恨的一面後，也看到了他可愛的一面。

來自星相師的鼓勵

先看〈二十七日揭曉呈同年知己〉這首詩：

南宮曉日開春榜，北闕祥雲復禮纙。
聖主示賢吾獨愧，有司得士意如何？
愁時敢謂滔滔是，翊運真看濟濟多。
此日老成還太半，卻教人訝早登科。

詩作者叫張璁。這是他考中進士放榜當天寫的，其心情是且悲且喜。喜的是如願以償，悲的是他已四十七歲。在五百多年前，這年齡絕對是「祖父級」的考生了。

詩作注明是庚辰年，即一五二〇年。但明史上說張璁考中正德十六年進士，是年爲辛巳年，即一五二一年，兩者相差一年。考查史籍，武宗死於正德十六年的三月十四。自正月起就一直患病，不大可能舉行會試。張璁本人記述的是正德十五年二月十五日入場考試，十二天後放榜，公布錄取名單。兩相比較，還是以張璁自己記載的爲準。

張璁是浙江永嘉人，今屬溫州市管轄。浙東地區自古至今盛產商人，也盛產文人。劉伯溫、宋濂都屬浙東人，做爲他們的後輩，張璁無論在學術還是在政績上，都不能望其項背。但是，他同他們一樣，不但都擁有一個帝王師的身分，而且其命運卻比他們好得多。

明朝浙東的政治家，大都發跡較晚。劉伯溫與宋濂都是五十多歲後才碰上朱元璋，張璁遇上嘉靖皇帝朱厚熜，也是四十八歲。

張璁二十三歲參加鄉試考中舉人，茲後七次參加全國會試均不中，第八次進京再入春幃，已是書生遲暮了。據說，七次不中後，他自己也就徹底灰心。按規定，舉人就有了入仕的資格，他便到南京吏部申請補缺。在那裡，他碰到了一個名叫肖鳴鳳的御史。此人善星相學，他看了張璁的面相後，以不容置疑的口氣說：「從現在起，三年後你就一定能考中進士，再過三年，你必將大貴。」

張璁申請補缺，屬無奈之舉。舉人出身的人進入官場，只能當中下層官吏，知府以上的高官根本沒有可能。聽肖鳴鳳這麼一說，張璁立刻就取消了補缺的打算，又回到永嘉苦讀。沒想到三年以後，張璁果然高中，搭上了步入仕途的末班車。

肖鳴鳳的兩項預言實現了一個。那麼，他的「再過三年必大貴」的預言能否靈驗呢？

與楊廷和大唱反調

張璁考中進士後，分配到刑部觀政。這不是一個實際的職務，有點類似於今天的畢業生實習。張璁在刑部百無聊賴，有他的〈閒賦〉爲證：

目斷家何在，心孤地且偏。
豈惟吾是客，獨覺日如年。
對鏡傷華髮，攤書忘舊筌。
大羅山下宅，荒盡種瓜田。

此時的武宗皇帝，尚在南京、揚州一帶尋歡作樂，以各種理由，拒絕首輔楊廷和要他班師回朝的請求。而北京城內的各大衙門，雖然運轉正常，但補官、晉升這樣一些人事任免則被擱置。此情之下，尚未獲得正式官職的張璁，自然也就感到度日如年了。他不知肖鳴鳳所說的「大貴」從何而來，沒有任何跡象表明天上可以掉餡餅。

但是，一年後，機會來到了。

武宗皇帝死後三十六天，即四月二十二日，世宗皇帝朱厚熜在奉天殿即皇帝位。張璁雖然官位卑微，但還是有幸參加了世宗皇帝的登基儀式。他爲此寫下了〈四月二十二日〉這首詩：

少年天子今登極，文武衣冠拜聖明。
掃地妖氛朝雨淨，當天麗日午風輕。
黃封供奉千官出，丹詔傳宣萬里聲。
旋轉如今真有賴，草茅何以答升平。

詩中，張璁朦朦朧朧看到了自己的希望，但並不確切。事實上，正是因爲朱厚熜這位少年天子的登基，張璁的命運才發生了翻天覆地的劇變。

世宗皇帝登基後，堅持立自己的生父興獻王爲皇考。由此遭到以楊廷和爲首的部院大臣的強烈反對，因而引發了一場巨大的政治危機，這就是嘉靖初年有名的「大禮案」。我在前文中已對「大禮案」做了較爲詳細的闡述，在此需要補充的是：圍繞「大禮案」的紛爭所形成的兩派，一派是以楊廷和爲首，另一派的第一號幹將則是張璁。

其時，楊廷和與張璁兩人根本就不在一個數量級上。楊廷和是一呼百應的當朝首輔，特別是武宗晏駕、世宗尚未登基的三十七天裡，他總攝朝局，做了許多善政，可謂天下歸心。而張璁只是一個候補官員，不要說政績，連身上那股窮秀才的酸氣還未脫掉。但最終勝利的不是楊廷和，而是張璁。

卻說「大禮案」初起時，局勢牢牢地控制在楊廷和手中。世宗皇帝有心立生父興獻王爲皇考，但孤掌難鳴。設若此時沒有雜音，楊廷和最終能說服世宗，從而達到大明王朝承祧制度的沿襲。但想不到的是，張璁這時跳出來，給世宗上了一封〈正典禮疏〉：

> 臣竊謂孝子之至，莫大乎尊親；尊親之至，莫大乎以天下養。陛下嗣登大寶，即議追尊聖考以正其號，奉迎聖母以正其養，誠大孝也。廷議執漢定陶、宋濮王故事，謂為人後者為之子，不得顧私親。夫天下豈有無父母之國哉！《記》曰：「禮非天降，非地出，人情而已」……

今武宗無嗣，大臣尊祖訓，以陛下倫序當立而迎之。遺詔直曰「興獻王之子」，未嘗著為人後之義。則陛下之興，實所以承祖宗之統，與預立為嗣養之宮中者，較然不同。且迎養聖母，以母之親也。稱「皇叔母」，則當以君臣禮見，恐子無臣母之義。《禮》載：「長子不得為人後」，聖考只生陛下一人，利天下而為人後，恐子無自絕父母之義。故在陛下，謂入繼祖後而得不廢其親則可，謂為人後以自絕其親則不可……

這篇文章針對楊廷和的觀點提出尖銳的反駁。世宗皇帝正苦於朝議一邊倒，看到這篇奏疏如獲至寶，高興地說：「此論一出，我的父子親情就可保全了。」他迅速下旨將〈正典禮疏〉交給大臣討論。

楊廷和拿到奏疏後，第一個問題是：「張璁是誰？」

南京釋放出的政治訊號

張璁是誰？

不但楊廷和不知道，所有的部院大臣都不知道這個無名之輩。當他們打聽到張璁只是一個尚未授職的刑部觀政時，頓時都憤怒不已。但是，因爲有了張璁這篇疏文，本來鐵板一塊的文官系統出現了裂痕，世宗在大禮爭執中取得了小小的勝利。大臣們雖然仍堅持要世宗尊孝宗為皇考，但同時也做了讓步，同意他尊父親興獻王為本生興獻帝。由王變帝，一字之差，張璁功不可沒。

但張璁由此得罪了士林，幾乎所有的京官都排斥這個「狂悖之徒」。此時，吏部給他授官。按說有皇上的關注，他應留在北京謀到一個不錯的職位。但誰也不肯讓他留在北京攪局，於是給他安了一個南京刑部主事的職位，將他逐出京城。

嘉靖元年（一五二二年）春節剛過，張璁離開北京前往南京赴任。臨行前，寫了一首〈赴南都留別諸友〉一詩：

今朝辭北闕，明日赴南官。
時論苦難定，聖心當自安。
獨憐知己少，只見直躬難。
若問唐虞治，終期白首看。

張璁並沒有勝利的喜悅，有的只是「獨憐知己少」的悲哀。他開始相信肖鳴鳳「大貴」的預測，所以又表露出「終期白首看」的信心。

拋開是非恩怨不講，單從政治投機的角度來看，張璁絕非愚鈍之輩。他之所以站出來表達對皇上大禮議案的支持，乃是經過了認眞的思考。世宗登基時，他已是四十八歲，就算授官能獲得一個七品的位置，從七品到五品，也就是知府以及六部員外郎這種位置，還有四個臺階，即從六品、六品、從五品、五品。明代官員晉升，三年一次考察，各項指標及格後方可晉升。如果按正常的途徑，不出任何紕漏，十二年後，他才能獲得一個中層官員的位置，而他的年紀卻到了六十歲。以這把年紀，再往上走就難上加難了。

適逢此時大禮案起，張璁看到滿朝官員眾口一詞與世宗作對，便感到機會到了。剛剛登基不到三個月的世宗成了眞正的孤君。張璁覺得此時若挺身而出支持皇上，得到的後果不外兩種：一是讓滿朝大臣把他迫害；二是得到皇上青睞，打通晉升之途。思來想去，後者的可能性更大，於是下定決心冒死一搏。

對於張璁的外任，世宗皇帝心裡頭不樂意，但並未干涉。箇中原因，一來是張璁級別太低，吏部可直接安排而無須得到他的同意，二來世宗剛登基不久，還未完全掌控局勢。張璁也知道這一點，所以才會說「若問唐虞治，終期白首看」這樣的話。他內心認爲，世宗若開創唐虞之治，他應該是首屈一指的輔佐人選。

到了南京刑部就職以後，他認識了另一個投機分子桂萼，這爲他日後的「驟貴」增加了籌碼。

這個桂萼是正德六年進士，科名比張璁早了十年，初授丹徒知縣，恃才自負，屢忤上官，改授青田知縣，嫌遠不肯赴任。在官場蹭蹬十一年，也才混到南京刑部主事一職，與張璁同事。兩人都是官場不得志之人，乍一見面即引為知己。桂萼沒當過京官，不知道北京的局勢，聽張璁講述大禮案前因後果，心情不覺怦然而動。斯時，大禮案紛爭似乎已經結束，但興獻王為本生興獻帝顯然不是世宗的本意。兩人在辦公室反覆琢磨，決定各寫一疏再論大禮。其中心意思仍是不應尊武宗之父孝宗為皇考，而應直接尊自己的父親興獻王為皇考。

兩封奏疏到京，可能是有關部門故意拖延，拖至嘉靖三年正月，世宗才看到奏疏，他對張璁、桂萼的觀點非常感興趣。此時，張璁不再是孤身一人支持皇上，除了桂萼，尚有方獻夫、席書、黃倌等，這五個人可稱為支持世宗的「五虎上將」。除方獻夫外，四個在南京。鑑於兩地相隔遙遠，音訊不能及時傳達，張璁與桂萼倡議，請皇上下旨讓他們進京，與反對大禮案的官員在朝廷舉行公開辯論。

眼看將要平息的紛爭又起狼煙，北京的部院大臣們再一次緊張起來。

大禮案造就兩個政治暴發戶

此時楊廷和已卸職回到老家，但負責禮儀的禮部，仍清一色都是反對世宗崇本生父母的。這一點讓世宗至爲惱火。拿到桂萼疏後，他讓禮部重新考慮大禮問題。禮部尚書汪俊說已有定論，堅持不改。張璁早已估計到這種情況的發生，於是在〈論大禮第二疏〉中，特別指出：

陛下遵兄終弟及之訓，倫序當立，禮官不思陛下實入繼大統之君，而強比於為人後之例，絕獻帝天性之恩，蔑武宗相傳之統，至陛下父子、伯姪、兄弟之後名實俱紊。寧負天子不敢忤權臣，此何心也！

上述五虎上將所有討論大禮的表疏中，只有張璁的這一段話最爲陰險毒辣。他所指的權臣即楊廷和。他說所有反對世宗立自己生父爲皇考的人，都是阿附權臣而蔑視皇帝。這實際上是提醒皇帝：表面上看是大禮之爭，實際上是皇帝與權臣之爭，皇權與相權之爭。

明代的皇帝，勤勉也罷，懶散也罷，精明也罷，昏庸也罷，有一點是共同的，即害怕大權旁落。朱元璋廢除中書省不設宰相，就是想從制度上剷除權臣。如今，張璁直截了當地將楊廷和比作權臣，這無異於讓不滿二十歲的世宗皇帝看到了巨大的威脅。茲後，楊廷和與其子楊慎的悲劇，雖非張璁造成，但他的確發揮了推波助瀾、落井下石的作用。

對結成聯盟的五虎上將，世宗皇帝青眼相看。這幾個人官位都不高，但卻是第一批效忠於他的官員，因此都得到破格提拔，日後相繼成爲朝廷重臣。

卻說嘉靖三年春天，世宗不顧部院大臣的反對，召張璁、桂萼、席書等進京。一到北京，張璁與桂萼又聯名向世宗上疏條陳七事，揚言要面折廷臣。北京各大衙門官員，特別是禮部與翰林院的文臣們，對這個人恨之入骨。有一些激憤的官員，甚至手持利刃，要將兩人撲殺。桂萼聞訊好多天都不敢出門。張璁龜伏數日後，才敢在錦衣衛的保護下覲見世宗。

自兩人到京後，言官們彈劾他們的奏章，每天都有好多份送到御前。世宗很不高興，益發相信百官阿附權臣，因此不顧輿情，下旨特授張璁、桂萼兩人爲翰林學士。多位言官聯名上奏抗旨，說「璁、萼曲學阿世，聖世所必誅，以傳奉爲學士，累聖德不少」。刑部尚書趙鑑更是上疏要求逮捕張璁、桂萼，並對人說：「待我請得詔旨，必將這兩人捶殺。」

中國的讀書人，歷來把操守氣節看得非常重要。張璁與桂萼曲意媚上，整個士林爲之切齒，所以必欲誅之而後快。但是，在粗暴的君權面前，道德與人格的力量畢竟比雞蛋殼還要脆弱。世宗皇帝好不容易找到兩個鷹犬型的支持者，安能捨棄？他一意孤行要給兩人升官，群臣一片激憤，最後導致兩百餘官員在會極門外伏闕痛哭，不惜以死諫方式希望世宗收回成命。世宗一不做二不休，將這些官員全部打入詔獄，並於翌日舉行杖刑，當場被打死的有十幾個人。這批官員全部受到嚴懲，流放充軍、貶謫、罷官樣樣都有。

在大禮案中，勝利的是世宗皇帝，但最大的贏家是五虎上將。這五人中，又以張璁、桂萼爲最。嘉靖四年（一五二五年），張璁入閣成爲輔臣，而桂萼亦當上了吏部尚書。這兩個政治暴發戶由此而進入人生的頂峰。張璁考中進士才四年就進入權力中樞，這正好印證了肖鳴鳳「三年後必大貴」的預測。

值得懷疑的帝師身分

張璁入閣時，擺在他前面的還有兩個人，一是首輔楊一清，二是次輔翟鑾。但是，世宗對他的信任超過這兩位。入閣不久，世宗便在文華殿後的恭默室單獨召見張璁，對他說：「朕會經常有密諭給你，你不要洩露。朕給你的帖子，都是朕親手寫的。」世宗這是暗示，他與張璁之間的聯繫，將繞過首輔和次輔，屬於機密專線，即便是身邊的心腹太監和祕書，也不得參與。這已經有點特務政治的味道了。張璁對皇上的專寵非常得意，於是得寸進尺地說：「當年仁宗信任楊士奇，特賜銀印，許以單獨奏事。臣既蒙皇上信任，也希望能單獨奏事。」世宗答應，不幾天果然給張璁賜了兩顆銀印，印文其一為「忠良貞一」，其二為「繩行弼違」。大概是顧及到廷臣的反應，世宗同時也捎帶著給楊一清與翟鑾一人贈了一顆。

張璁起於寒微，得勢較晚，再加上高位並非來自正途，因此對周圍人們的言行態度非常敏感。對凡是攻擊過他的人，譏刺過他的人，不尊重他的人，甚至是不合作的人，一律都會施以報復。他最痛恨的人，莫過於翰林院裡的那些詞臣講官。因為，當年世宗任命他為翰林學士時，遭到了翰林院同仁的集體抵制，讓他非常難堪。他一直伺機報復。有一天，翰林院侍讀汪佃御前進講《洪範》一書時，其觀點讓世宗不滿，下令將他調任外地。張璁一看機會來了，立即進言：「翰林院需要整頓，自講讀官以下，應全部量才調往外地。」世宗採納這一建議。於是，張璁與時任吏部尚書的桂萼聯手，將他們看不慣的二十二個人調往外地。這些人都是翰林院中學有建樹的才俊。自明朝成立翰林院以來，這是最大的一次清除。這些庶起士出身的專家學者，安排得最好的，也不過是偏遠地區的縣令。

明代的學士，必須是庶起士出身，張璁與桂萼並非庶起士而被世宗任命爲學士，被庶起士們認爲是恥辱，這就是彈劾章中所說的「以傳奉爲學士」。張璁與桂萼，因此對這些所謂出身高貴的庶起士們恨之入骨，將所有庶起士出身的人逐出翰林院。這如同今天將所有博士出身的人逐出社會科學院，而只保留本科生一樣，是一場名副其實的鬧劇。

但是，世宗支持這場鬧劇的上演，他聽憑張璁、桂萼重拳出擊「革文化的命」。當庶起士們遭到清洗之後，世宗又任命張璁與桂萼同時充任日講官。這樣，兩人又獲得了帝師的身分。

明代的帝師與輔臣中，不乏著作等身的人物，亦不乏有眞知灼見者。而且，在他們留下的文集中，十之八九都有爲帝師講授學問的講稿。但是，翻閱張璁存世的文集，從中找不到一篇講稿，只是看到一首參加經筵的詩，名曰〈八月二日〉：

文華爽氣入秋天，聖主精勤赴講筵。
志在國家非敢後，道聞堯舜得陳前。
治平准擬符三代，綱紀惟應祝萬年。
禦志於今同宴罷，忠良感激欲相先。

從詩中透露的資訊，張璁似乎講過唐虞三代的治平之策，但講得如何不得而知。

由於世宗甫一登基，就碰到如何尊崇生父興獻王的問題，所以在他執政的頭十五年，他一直樂意制定各種禮節。《明史》說他以制定各種禮樂為己任，十幾年間，他先後制定的有親蠶禮、祭天禮、郊壇禮、祖廟禮、祭孔禮、祈穀禮、大禘禮、帝社帝稷禮。每一種禮的制定，張璁都積極參與，並迎合世宗的意思，千方百計從古書中找出有利的根據來。因此，他成了世宗的文化枴杖，世宗拄著他，才不至於在意識形態的坎坷中摔跤。

不過，嘉靖十年之後，張璁遇到了一個強勁的對手，即時任禮科給事中的夏言。這名年輕人學問博洽，關於各種大禮的制定，其觀點更能符合世宗的心意。此前，張璁總是挑戰別人，現在又出了一個夏言專門挑戰他。最終，夏言取代張璁當上了首輔。當然，這是後話。

與桂萼一塊捲鋪蓋滾蛋

嘉靖七年的正月，元宵節後第一次上朝，百官序班覲見皇上。世宗升座之後，突然發現他所倚重的張璁與桂萼，站的位置竟在兵部尚書李承勳之下，心裡頭很不高興。

明代百官朝覲，站位很有講究。六部尚書與左都御史、大理寺與通政司一把手，稱爲「大九卿」，都是正二品。這九人中，擺在第一的是吏部尚書。二品正職九年考滿，可加榮銜以示尊崇，這榮銜即三公、三孤。三公爲太師、少師、太子太師，三孤爲太保、少保、太子太保。凡加此榮銜者，即可加官至一品。斯時，郭承勳與楊一清、翟鑾等，都有一品榮銜在身，故都站在前列。張璁、桂萼雖然都是二品顯官，但無榮銜，站位就只能靠後了。

退朝之後，世宗覺得張璁與桂萼受了委屈，遂提筆親寫了一道詔旨，加封兩人爲太子太保。任命書到達之後，桂萼連忙上表謝恩。張璁卻拒不領情，他給世宗寫了條陳說明理由：「太子尚未確立，就不應設立太子太保這樣的職位。」世宗一想有道理，就又給張璁加了一個少保的榮銜，但太子太保也沒有免去。就這樣，張璁比桂萼多賺了一個頭銜。

張璁自入內閣，可謂「在罵聲中成長」。儘管他利用權力培植了不少黨羽，但彈劾他的人仍然很多。

嘉靖七年的七月，翟鑾已去職，張璁成爲次輔。儘管首輔還是楊一清，但實際的權力卻在張璁手中。此時，桂萼亦以禮部尚書兼英武殿大學士的身分入閣。六年前，兩人還都是南京刑部主事，七品小官而已。如今雙雙進入權力中樞，成爲世宗的股肱，天下士林無不爲之側目。這兩人都是權力場中一流的角鬥士。大敵當前，他們共同對外；警報解除，他們又開始窩裡鬥。文武百官樂意看他們的笑話，並一直捕捉機會，想將他們趕下權力的高位。

嘉靖八年的八月十三，突然一紙詔書傳到內閣，罷免張璁、桂萼的官職，令其回籍。頓時，朝廷上下爲之歡欣。

這道詔令緣於工科給事中陸粲的〈劾張璁、桂萼疏〉：

璁、萼凶險之資，乖僻之學，曩自小臣因贊大禮，拔置近侍，不三四年，位至宰弼，恩隆寵異，振古未聞。乃敢罔上逞私，專權招賄，擅作威福，報復恩仇。璁剛愎自用，執拗多私。萼外若寬迂，中實深刻。忮忍之毒，一發於心，如蝮蛇猛獸，犯者必死。臣姑舉數例言之：

萼受尚書王瓊賄賂鉅萬，連章力薦，璁從中主之，遂得起用……銓司重地，盡布私人，掌吏僅年餘，引用鄉故不可勝數，如：致仕尚書劉麟，是其表親也；侍郎嚴嵩，是其兒子之師也……

璁等威權既盛，黨羽眾多，天下畏惡，莫敢直言。若不去之，凶人之性不移，將來必為社稷患。

陸粲寫這封彈劾奏章的起因，是因爲一個月前兵科給事中孫應奎彈劾閣臣：「私其親故，政以賄成，天下敢怒而不敢言。」張璁、桂萼看到奏疏後，向世宗提出辭職，世宗不允。接著，禮科給事中王准再次上疏揭露張璁、桂萼「引用私人」，雖然列舉了不少事實，世宗仍不爲所動。於是，陸粲再次上奏。

言官們的連珠砲終於引起了世宗的警惕。這位「講禮」的皇帝，忌諱大臣背著他培植私黨，擅作威福。於是頭腦一熱，讓兩名內閣大臣一起捲鋪蓋滾蛋。

三起三落的首輔生涯

一直扯順風旗弄得山呼海嘯的張璁，終於嘗到了罷官的滋味。當他來到通州張家灣，在此上運河船返回故鄉時，寫了〈舟發張家灣〉一詩：

離家十三載，入閣四五年。
冠裳叨一品，禮樂際三千。
遇主真明聖，為臣愧不賢。
明農何敢望，尚有舊耕田。

想到自己將要回家當田舍翁了，張璁心裡有不甘，卻又無可奈何。一路行來，不覺到了天津。忽然，有快馬來到碼頭，一人跳下馬來登上張璁的歸船，傳達世宗的旨意，要他即刻返棹回京。

九月一日，張璁回到京城。卻說張、桂兩人免職後，世宗又後悔起來。他內心中對桂萼的以權謀私已產生了厭惡，但對張璁仍有好感。兩人離京後，他下旨將告狀的三名給事中下法司審問，然後派人去把張璁追回來，而桂萼則聽憑其去。這兩人雖然是一條繩上的螞蚱，但人品確有不同。桂萼性貪，張璁卻保持清廉。桂萼陰謀多，張璁所作所爲雖有小人行跡，但出的招數都是陽謀，這也是他最終獲得世宗獨寵的緣由。

張璁八月十四日離開內閣，九月一日回來，前後相差半個月。世宗不但親切地接見了他，還給他送了一個特大的禮包：首輔的烏紗帽。

在張璁回來之前，楊一清因屢遭張、桂同黨攻擊而申請退休，世宗准了他，這也是招回張璁的原因之一。

研究世宗朱厚熜與閣臣張璁的性格，有很多相似之處：世宗執拗，撞到南牆不回頭；張璁倔強，睚眥必報。世宗當皇帝，如同一場白日夢；張璁當首輔，如同天上掉餡餅。這兩個人弄到一處，是另一類的風雲際會，猶如大戰風車的堂吉訶德，有了一個忠心耿耿的僕人桑丘。但是，兩人除了惺惺相惜，有時也爭得面紅耳赤。世宗一急了，就以罷官來威脅；張璁不高興了，就以辭職來要脅。從嘉靖八年到十四年這六年時間內，張璁三次被免職，最短的一個月，最長的達到一年。在三起三落中，張璁我行我素。滿朝文武在看慣了張璁可恨的一面後，也看到了他可愛的一面。

嘉靖十二年（一五三三年）發生的張延齡案件，讓人們看到了另一個張璁。

張延齡是死去的孝宗皇帝的大舅子。他的妹妹是孝宗的皇后，她的兒子武宗死後，被封爲昭聖皇太后。世宗登基後，透過大禮案讓自己的生母成爲興獻皇太后。但是，昭聖皇太后對這位王妃出身的皇太后並未表示尊重，世宗因此懷恨在心。後來，有人告發被封爲建昌侯的張延齡敲詐錢財，並逼死人命。世宗想藉此報復，決定以謀逆罪名將張延齡處死，並藉此機會誅滅張氏家族。昭聖皇太后聽說後，便去找世宗求情，世宗拒不見她。

張璁看過所有審判的案宗後，求見世宗說：「張延齡是個守財奴而已，怎麼可能謀反呢？如果以謀逆治他的罪，豈不傷了昭聖皇太后的心？」明世宗回答說：「天下是太祖高皇帝的天下，孝宗皇帝也要遵守高皇帝制定的法規。愛卿擔心傷伯母的心，就不怕傷高皇帝的心嗎？」張璁回奏說：「陛下繼承皇位後，採用臣的建議稱昭聖皇太后爲伯母皇太后，您今天這樣做，豈不是讓你的伯母皇太后得不到善終嗎？如果張延齡叛逆罪成立，必須誅滅全族，那麼，昭聖皇太后也在被殺之列，陛下將如何處理呢？」

由於張璁的堅持，張延齡終究沒有被定成叛逆罪，一場皇室內的巨禍由於他的斡旋而消釋。

前面已經講過，張璁最大的一個優點就是清廉。用現在的話說，路線上的錯誤，他天天都犯，而品行上的錯誤，卻終生不犯。他入閣之初，便針對吏治腐敗問題給世宗上了一道疏，名爲〈禁革貪風〉：

臣聞為治之道，莫先於愛民，願治之君，必嚴於贓禁。昔唐陸贄之告德宗曰：「民者，邦之本也；財者，民之心也。其心傷則其本傷，其本傷則枝幹顛瘁矣。」近來中外交結，貪墨成風。夫貪以藏奸，奸以兆禍……

在這篇奏疏中，張璁列舉了許多官員貪墨的例子與手段，希望世宗痛下決心加以肅清。

由於痛恨貪官魚肉百姓，張璁任首輔期間促成兩件大事：一是清理皇室勳戚的莊田，二是將派往各地當鎭守大臣的太監盡數召回。這兩樣都是善政。

得以善終的老倔頭

嘉靖十年，在張璁的一再要求下，世宗皇帝親自爲其更名爲張孚敬。張璁認爲自己的名字與世宗朱厚熜的名字過於相近，大不敬，故請求改名。從此，朝廷的各種檔中，張璁的名字都改成了張孚敬。

嘉靖十四年（一五三五年）春節一過，已經六十二歲的張璁便感身體不適，於是上疏世宗皇帝申請乞休。世宗立即派太醫到張璁家中爲其調治。過了一段時間不見好轉，張璁又幾次乞休。世宗捨不得張璁離開，於是派遣貼身太監給張璁送去自己常吃的食品與藥物，並附手敕，大意是：「古時候，有剪鬍鬚爲大臣治病的君主，朕今天將自己最喜歡服用的食品與藥物賜給愛卿，望善自珍攝。」

據太醫秉報，張璁的病屬肺熱多痰之症。世宗於是自揀幾味中藥調製成藥丸，囑張璁每日三次用一大茶匙蜂蜜送服。

張璁得到藥丸與蜂蜜後，非常感激，於是寫了《謝手調藥餌》的揭帖呈上。但病情仍不減輕，只好硬著頭皮再次乞休。世宗無奈，遂於當年的四月初四准予張璁卸任，並命行人司官員與御醫陪同送其還鄉。第二天，張璁寫了一首〈四月五日賜歸〉的詩表達心情：

朝例初頒麥餅香，病夫今日賜還鄉。
敢論天上風雲會，得見山中日月長。
白首莫能勝委託，丹心原不負綱常。
出門正見東升日，萬壽無疆祝聖皇。

張璁離京後，世宗少了一根「政治枴杖」，經常感到無所適從。多年來建立的君臣之誼，讓他對張璁割捨不下。第二年春天，他派錦衣衛千戶劉昂到永嘉探視，並讓張璁於七月七日之前再次到北京赴任。

回家一年的張璁，已經頭髮全白並掉了幾顆牙齒，真正地成了一個病叟。但他知道君命難違，便跟著劉昂踏上返京之路。剛剛走到金華，疾病再次發作，只得折返永嘉，劉昂只給世宗帶回一份張璁的〈乞恩調理疏〉。聽了劉昂的彙報後，世宗才徹底打消了召回張璁的念頭。

嘉靖十八年二月，張璁病逝於永嘉老家。正在湖北鐘祥祭掃生父興獻皇考的世宗聽到噩耗後，非常悲痛，指示有關部門給予厚葬和優恤。五十歲才行大運的張璁得以善終。在這一點上，他遠遠勝過了鄉賢劉伯溫與宋濂。

第十章 由諍臣轉為諛臣・嚴嵩

嚴嵩的選擇，反映了自武宗開始、到當時已有二十二年的政治混亂。在正氣萎縮、邪氣囂張的局面下，在許多正人君子以悲劇收場的情勢下，一些人為獲取官場利益，只能選擇當小人

早期還想當個諍臣

偌大一部《明史》，記載二六九年間明朝人物。有資格進入《奸臣傳》的，只有六人。他們是胡惟庸、陳瑛、嚴嵩、周延儒、溫體仁、馬士英。這六人中，胡惟庸當過宰相，陳瑛當過御史，餘下四人均是首輔。明代官場中，利用手中權力貪贓枉法、結黨營私者不在少數，爲何只有這六人有資格當奸臣呢？史官遴選時，定了一個標準：

宋史論君子、小人，取象於陰陽，其說當矣。然小人世所恆有，不容概被。以奸名，必其竊弄權柄，構結禍亂，動搖宗佑，屠害忠良，心跡俱惡，終身陰賊者，

始加以惡名而不敢辭。

可見，被選爲奸臣的條件也很苛嚴，甚至比選忠臣更難。很遺憾，本文的主人公嚴嵩，竟然在衆多列選名單中高高地勝出。

嚴嵩是江西分宜人，長相有三大：大個子、大眼睛、大嗓門。弘治十八年（一五〇五年）春考中進士。斯時他只有二十二歲，可謂少年才俊。金榜題名後四十天，孝宗皇帝駕崩，爾後武宗皇帝即位。嚴嵩是在老皇帝手上獲取功名，新皇帝手上參加工作。由於他長相奇特，加之策論深得主考官賞識，於是得選庶起士，二年後授翰林院編修。二十四歲就當上了皇帝跟前的詞臣，可謂少年得志。但是，一年後他就以養病爲由向吏部告假還鄉。在老家築了一座鈐山樓，又埋頭讀了八年書。這八年京城的政治，我已在前文裡作過介紹。我想，嚴嵩不肯待在京城，應該與太監劉瑾的專權有關。人變壞會有一個過程。年輕時的嚴嵩，對腐敗的官場以及驕橫的奸佞還是抱有警惕，不肯同流合污。這八年，他的學問大有長進，而且迴避了官場的險惡。

嚴嵩於正德三年（一五〇八年）回鄉，正德十一年返回京城。離開家鄉之前，親友送別，他寫了一首七律〈將赴京作〉贈答：

七看梅發楚江濱，多難空餘一病身。
關下簡書催物役，鏡中臒貌愧冠坤。
非才豈合仍求仕，薄祿深悲不事親。
此日滄波理征棹，回瞻松柏淚沾巾。

這首詩透露了兩個訊息：一是吏部催他返京復職；二是他深感「薄祿深悲不事親」，他渴望財富，對薄祿不感興趣。可見他不肯贊同「安貧樂道」這一傳統知識分子讚頌的美德。由於對財富的渴求，爲他日後大肆受賄埋下思想的種子。

嚴嵩回京時，京城高層人事正發生變動，首輔李東陽退休四年後去世，接任的楊一清緊接致仕，而接替楊一清的是禮部尙書蔣冕。這位長期執掌禮部的蔣冕很有聲望，對有才華的年輕人樂意提攜。大概是他的薦拔，嚴嵩回到翰林院，擔任侍講的職務。

翰林院的官員分詞臣與講臣兩類。嚴嵩先前擔任的編修，是詞臣，而侍講則是講臣。比之編修，侍講更加清榮，給皇帝講書，就是「帝師」了。跨進「帝師」的門檻，嚴嵩的仕途便步入了快車道。因此，嚴嵩第一次向武宗皇帝進講孟子的〈國君〉與〈進賢〉兩篇時，便覺得這是無上的殊榮。講畢回家，又寫了一首詩：

芻蕘何語可聞天，敬展瑤篇洞案前。
從諫願逢明後聖，審官期用國人賢。
壺添玉漏移晴旭，香近金爐引瑞煙。
幸逢太陽依末照，愧從滄海托微涓。

詩中表現出來的情緒，除了卑微，還是卑微；除了感激，還是感激。不過，從留下的講稿來看，嚴嵩還是一位不錯的講師，茲錄一段：

國君進賢如不得已，將使卑逾尊、疏逾戚，可不慎歟！左右皆曰賢，未可也；諸大夫皆曰賢，未可也；國人皆曰賢，然後察之見賢焉，然後用之。（以上是孟子〈進賢〉的原話，以下是嚴嵩的講義）

這是孟子告齊宣王以用人不可不謹的言語。如不得已，是謹之至的意思。卑是卑小，逾是過，尊是尊大，疏是疏遠，戚是親近。孟子說，賢才是人君致治之具，而尊卑疏戚，尤為國家名分所關。但人之賢否不同，故於進用之際不可輕忽，須是再三詳審。如不得已，一般須得謹而又謹，方可進用……

這是五百年前的講義，簡直就是白話文，不但文字淺近，而且用詞準確，具有小學文化程度的人就能聽懂。聽課的武宗皇帝，充其量也就是一個小學文化。嚴嵩的講義，是爲他量身定做，不但是用語淺白，而且內容具有很強的針對性。斯時劉瑾已倒臺並且伏誅，武宗不思悔改，又寵愛與劉瑾同一個「數量級」的佞幸江彬和錢寧。嚴嵩對武宗皇帝講〈進賢〉，就是要他敬君子，遠小人。由此可見，此時的嚴嵩，還是心存正氣的清臣。

很顯然，武宗皇帝不喜歡嚴嵩玩這種「借古諷今」的把戲。他從來就厭煩出席經筵聽講，這與講臣們的教育有直接關係。嚴嵩大概只當了一年多的「帝師」，就被安排到南京翰林院擔任掌院。明升暗降調離京城，這在明代是對那種既有才幹又不討人喜歡的官員的安排。

武宗是明代最昏庸的皇帝，嚴嵩是明代屈指可數的奸臣。但是，這兩人卻沒有緣分湊在一起。其原因是武宗那時已是荒唐劇的一號主演，嚴嵩卻還想當一個諍臣。這樣，兩人就尿不到一個壺裡。

為何選擇當小人

嚴嵩的發跡，是在嘉靖皇帝手上。

正德十六年（一五二一年），武宗皇帝去世。同是講臣出身的內閣首輔楊廷和，將在南京坐了三年冷板凳的嚴嵩調回北京，安排到國子監當祭酒。國子監爲明代朝廷最高、也是唯一的學府，祭酒相當於今天的大學校長。南北兩京的翰林院掌院與祭酒都是五品，但是大有分別。如果將北京的翰林院掌院調去當祭酒，則是降格使用。拿到今天打比方，猶如將中央政策研究室主任調去當大學校長，怎麼說也是一件不爽的事。但是，如果將南京翰林院掌院調到北京來當祭酒，則是一個重用的訊號。

明代官員的重用路線有兩條：一條是由翰林院或國子監進入禮部，先當右侍郎，爾後左侍郎、尙書，等待進入內閣，或者由禮部侍郎調任吏部侍郎，拜大學士進入內閣；另一條是進入六科當給事中，六科是對應六部設立的監察機構，任職者叫給事中，稱爲言官。在言官任上辦出成績來，轉任地方知府、省巡撫或巡按，調回朝廷擔任六部侍郎、尙書。所以說，新科進士若能分配到六科當言官，或者到翰林院當詞臣、講臣，就等於進入了官場的快車道。

嚴嵩回到北京履任新職，既高興又不高興。高興的是終於看到了曙光，不高興的是因爲大禮案的事楊廷和與世宗皇帝頂上了牛。他是楊廷和線上的人，而且當時京城各大衙門的官員，莫不唯楊廷和馬首是瞻。世宗皇帝想將自己的父親弄個皇帝尊號，楊廷和認爲有違祖制，堅決不辦，世宗皇帝一籌莫展。憑直覺，嚴嵩覺得這是一次取悅皇帝的機會，但是他不敢，因爲一是官場的風向不對，二是他雖然已學會了見風使舵，但還沒有勇氣賣主求榮。不過，他在大禮案中，開頭一直保持中立，兩邊都不得罪。當楊廷和憤而辭職還鄉，隱忍了幾年的嚴嵩才開始實施他渴望已久的政治投機。

轉變的契機，始於嘉靖七年（一五二八年）。

楊廷和離職後，接替首輔職位的是堅決支持世宗皇帝的張璁。在張璁手上，嚴嵩當上了禮部右侍郎。六部的領導，尙書是一把手，左侍郎是二把手，右侍郎是三把手。嚴嵩在四十五歲時才當上「副部級」的領導，這進步不算太快。但一俟踏上這個臺階，接觸的層面不一樣，嚴嵩的能力很快引起了世宗皇帝的注意。

嘉靖七年，位於湖北鐘祥的獻陵營造完畢，世宗決定派一名禮部官員前往致祭。這差事落到嚴嵩頭上。他到湖北致祭完畢回到京城，顧不得旅途勞頓，立即向世宗匯報並撰寫一篇極短的述職報告：

臣恭上寶冊及奉安神床，皆應時雨霽。又石產棗陽，群鷗集繞，碑入漢江，河流驟漲。請命輔臣撰文刻石，以紀天眷。

替人撓癢癢是件難事，撓不到實處，不但癢癢沒止住，皮還疼。但嚴嵩第一次爲世宗皇帝撓政治癢，卻一撓一個準。看到這個簡短的奏疏，世宗笑得合不攏嘴。他雖然強著給自己只有親王爵位的父親上了一個皇帝尊號，並修了帝陵，但老擔心不符天意。如今，嚴嵩所說的一切祥瑞，讓他的擔心解除。他特別看重「天眷」這兩個字。如果這兩個字是一顆蜜糖，世宗恨不能囫圇吞下去。因爲這兩個字可以讓那些反對大禮的官員閉嘴。

立刻，世宗簽署詔旨，超升嚴嵩爲吏部左侍郎，旋即又升任南京禮部尚書，接著又改南京吏部。

自古至今，隨著科技的發達，人的壽命愈來愈長。但當官人的政治壽命似乎變化不大。從二十多歲到六十多歲，發跡早的，當得順溜的，也不過四十年左右。因此，依據官齡，四十五歲是官員的心理調適期，或者稱爲轉捩點。大部分官員，在官場入仕二十年左右，都會尋找一個新的方向。要麼沉淪，得過且過；要麼奮起，重新布局。在這年齡的關口上，有的由清正轉向渾濁，有的由渾濁轉向清正。此時的嚴嵩，總結他在官場多年的經驗，認爲清正是死路一條，而圓滑者往往大行其道。於是將身上的那點正氣盡行掃除，轉而理直氣壯地當起諛臣。

嚴嵩的選擇，反映了自武宗開始、到當時已有二十二年的政治混亂。在正氣萎縮、邪氣囂張的局面下，在許多正人君子以悲劇收場的情勢下，一些人爲獲取官場利益，只能選擇當小人。這就叫「君子道消，小人道長」。

一篇馬屁文的典範

嘉靖十三年（一五三四年），在南京又待了五年的嚴嵩，因為回到北京祝賀世宗皇帝五十二歲的生日，得以再次見到世宗皇帝。恰好此時世宗提出要重修宋史，於是下旨讓嚴嵩留在北京，在解除他南京吏部尚書的同時，重新任命他為北京禮部尚書兼東閣大學士。不過，這禮部尚書只是待遇並不到職。因為此時的禮部尚書是夏言。儘管如此，嚴嵩還是感激涕零。在世宗皇帝的栽培下，嚴嵩的履歷表已非常好看，他反覆在南北二京吏部、禮部的重要職位上任職，這為日後的晉升打下了堅實的基礎。

收到留京的詔令，嚴嵩寫下〈丙辰孟夏蒙恩以禮部尚書兼學士領史職初入東閣有作〉這首詩：

碧霄何意得重攀，九轉丹成列上班。
金簡玉書題冊府，霧窗雲閣住蓬山。
擬修麟史才能稱，自領冰銜夢亦閒。
講幄舊臣江海別，濡毫猶得奉天顏。

嚴嵩津津樂道他是「講幄舊臣」，他很看重「帝師」這個頭銜。但一不小心，還是洩露心機。他自鳴得意「九轉丹成列上班」，將做官比喻煉丹。九轉丹成，是他誇耀自己找到了做官的訣竅。皇上指鹿爲馬，你還要用學問去證明這馬是千年龍種。唯其如此，才能夠「列上班」，進入國家權力中樞。嚴嵩覓得官「丹」而暗結珠胎，可惜這胎不是正胎、仁胎，而是禍胎、妖胎。

從此，嚴嵩所有的心思，都用在世宗身上。爲了邀寵，他一味地討好世宗，完全喪失了一個讀書人基本的尊嚴。

世宗皇帝鑑於前面的五個皇帝都短命，因此想借助道術乞求長生不老。因此他喜祥瑞、好齋醮，一些道士因此得到重用。最典型的是邵元節與陶仲文，這兩人都被列入《明史・佞幸傳》中。但是，他們到死都是世宗皇帝的座上賓，數十年寵幸不衰。當時有正氣的士大夫，都不肯與之來往，但嚴嵩卻千方百計與之弄好關係，以換起他們在世宗面前爲他說好話。

世宗每逢齋醮之日，都會身穿道袍，頭戴香葉冠。他也希望參加齋醮的官員都卸下官袍換上道衣。他特製五頂沉水香冠分發五名大臣。當太監捧著香冠送到內閣，已當上首輔的夏言拒不接受。他說：「臣自有冠帶，不必與道人爲伍。」可是，嚴嵩卻不一樣，他不但奉詔，還寫詩以謝皇恩。陪侍齋醮時，他戴上沉水香冠。回家後，他將沉水香冠用碧紗罩住，妥善保存。即便不赴齋醮，只要皇上召見，他也不戴官帽，而戴上罩了碧紗的沉水香冠，世宗見了大為感動。

嘉靖十五年（一五三六年），夏言入閣，嚴嵩才開始掌握禮部權力。在禮部五年時間，他最值得提的政績是寫了一篇〈慶雲賦〉。

嘉靖十七年的初夏，揚州知府豐坊給世宗上書，大致意思是說：最大的孝道是對父親尊嚴的崇敬。建議皇上建一座明堂，讓父親的神位與上天一起享受祭祀。世宗將這封奏疏交給禮部研究。

嚴嵩看到豐坊的奏疏，覺得這小子一心取悅皇上而讓禮部難堪，於是上書反對。世宗對嚴嵩的答覆不高興，再次批示交給職事官員討論。嚴嵩一看就知道世宗想採納豐坊的建議，於是態度來個一百八十度大轉彎，連忙上書說：「尊崇父親配祭上天，合乎周朝的禮制。可擇其秋日，舉行明堂大享。」世宗看到這封奏疏很滿意。到了祭祀前三天正午，天上起了雲彩，嚴嵩告知皇上，這是慶雲，可證皇上要舉行的明堂大享是上符天意。世宗一聽出了祥瑞，心下大喜，嚴嵩乘機又獻了一篇〈慶雲賦〉，現摘錄一段：

帝開明堂而大亨，歲在戊戌，月惟季秋。百物告成，報禮斯舉。先三日，己丑日正午，天宇澄霽，有五色雲氣抱日，光采絢爛，熠耀如綺。臣民瞻呼，久之不息。

考諸載籍，若煙非煙，若雲非雲，郁郁紛紛，蕭索輪菌，是謂慶雲，亦雲景雲，此嘉氣也。太平之應，援神契曰：天子孝則景雲出。信斯言也！允符今日之兆……

如果一個人將他平生所學全部用來拍馬屁，則這馬屁不僅玩之有味，而且生動儒雅。這篇〈慶雲賦〉是馬屁文的典範。放諸今日，如果馬屁成立一個學科，嚴嵩的水準，恐怕是博導的博導了。

設計殺害頂頭上司

大凡政治昏暗的時代，官場便變成角鬥場。官員們或主動或被迫，享受「與人鬥其樂無窮」的生活。當年託病告假回鄉的嚴嵩是厭惡這種生活的。但是，他現在不僅適應了這種生活，而且沉湎其中十分愜意。

他與夏言的鬥爭，或可看出他的陰險與殘忍。

夏言是貴溪人，與嚴嵩是同鄉。他是正德十二年（一五一七年）進士，比嚴嵩的資歷晚了四屆。嚴嵩從分宜養病八年回到京城擔任講臣時，新科進士夏言得選庶起士，因此兩人在翰林院有過短暫同事的經歷。但那時嚴嵩官階六品，夏言尚未授職。此後，夏言迅速發跡，每次擢升都在嚴嵩前面，他當上首輔的時候，嚴嵩才接替他的禮部尚書的職務。

夏言屬於「火箭幹部」，少年得志，沒吃過什麼苦頭，因此處處張揚。儘管嚴嵩是他同鄉，又比他大了十幾歲，可是他絲毫不把嚴嵩放在眼裡。嘉靖二十一年（一五四二年），嚴嵩入閣。夏言不把他當閣臣，而是當作一個抄抄寫寫的辦事員。呼之即來，揮之即去。嚴嵩雖然對夏言恨得咬牙切齒，但表面上卻恭恭敬敬。嚴嵩入閣幾個月之後，夏言因事得罪世宗，下旨讓他回籍閒居，於是嚴嵩順順當當地當上了首輔。

但是，令嚴嵩想不到的是，三年後夏言又捲土重來。

三年前夏言被罷官，其實只為了一件很小的事情。那一年的七月，世宗敕建的九廟發生火災，夏言正在病假期間，但他仍然上書承擔瀆職的責任，自請罷官，世宗沒有答應。不久，昭聖皇太后病逝，世宗下詔詢問太子服喪的制度，夏言在回答的奏疏中寫了一個錯字，世宗看到後，認為夏言不認眞，給予嚴厲指責。夏言惶恐謝罪，再次提出退休。世宗認為夏言在朝廷有事需要大臣分擔憂患時卻想離去，一怒之下，就勒令他退休離京。

夏言罷官回到老家後，每逢元旦、皇上誕辰等重大節日，總會上表祝賀，並自稱

「草土臣」。他這種卑微的態度，漸漸化解了世宗的怒氣並對他產生憐憫。於是，在看到嚴嵩獨操權柄無從掣肘時，便下旨召回夏言。

夏言是嘉靖二十四年（一五四五年）臘月十九回到北京的。他一回來，世宗恢復了他所有的官職。爲了安慰嚴嵩，世宗加封他爲少師。從爵位上看，嚴嵩與夏言平級。但夏言重回內閣仍當首輔，讓已經大權獨攬三年的嚴嵩處境尷尬。夏言一如既往凌駕於嚴嵩之上，對各種公事處理概不徵詢他的意見。

嚴嵩有一個兒子叫嚴世蕃，憑藉父親的權力賣官鬻爵、作惡多端。夏言一心想鞏固自己的權力，思慮著如何擠兌嚴嵩，於是放出口風，要拿嚴世蕃開刀。

嚴世蕃屁股底下坐的全是屎，哪經得起調查？聽到這個消息，父子倆感到大限來臨。思來想去，唯一的策略是去找夏言求情。於是，嚴嵩領著兒子來到夏言府上，當面謝罪請求饒恕。夏言冷眼以對，不置一詞。嚴嵩見狀，乾脆雙膝一彎，跪倒在夏言足下，嚴世蕃也挨著父親灰頭土臉地跪下。此時的嚴嵩，已是六十多歲的老人。見他一把眼淚一把鼻涕的哀求，夏言動了惻隱之心，於是表示對嚴世蕃放過一馬，暫不追究。

過了這道坎，嚴嵩表面上對夏言俯首貼耳，甘願拎包，但內心恨不能生吞了他。他靜等機會致夏言於死地。這期間，他對世宗更是忠順，每次齋醮都參加，在值房聽候召喚，一年倒有大半時間不回家。對宮裡的小宦官，夏言從不搭理，嚴嵩卻曲意巴結。每次小宦官到內閣傳旨，夏言公事公辦，從不起身。嚴嵩卻親到門口迎接，臨走時，還會往小宦官的衣袖裡塞賞錢。久而久之，宦官們逮著機會就在世宗面前詆謗夏言，替嚴嵩說好話。

大約過去了兩年多，嚴嵩終於等來了機會。

卻說甘肅、寧夏一帶的河套地區，明朝初年被大將軍徐達收復。但到明中期之後，又爲韃靼部落占領，他們在此安營紮寨，放牧牛羊，還經常越關搶掠。朝廷想收回，苦於沒有辦法。夏言復出後，一心想創造流傳後世的功業，於是給世宗寫密疏，推薦一個名叫曾銑的官員出任陝西三邊總督，說此人有能力收復河套地區。夏言並不認識曾銑，而是他的繼室的父親、江都人曾鋼竭力向他推薦，夏言聽信岳丈大人的話而給世宗寫上密疏。世宗恰好也想收復河套，於是同意重用曾銑。

曾銑到了陝西三邊總督西北軍務，集結兵力多次出擊，屢有斬獲。世宗收到捷報，對曾銑很欣賞。曾銑知恩圖報，也想創造奇蹟，但每次出塞進擊，韃靼部落便作鳥獸散。待兵力撤回，他們又糾集如故。長此以往，世宗便失去耐心。嘉靖二十七年（一五四八年）正月初，曾銑又將新的用兵方略馳報世宗。這一次，世宗再不是像以往那樣明示同意並支持，而是在廷議時對大臣們說：「在河套連年用兵，不知道是不是眞的師出有名，也不知道是否一定會成功。一個曾銑有什麼了不起，絕不能讓老百姓遭受荼毒。」

世宗是一個疑心極重的人，這是朱元璋的基因在作怪。跟著這樣的皇帝，做事的大臣便沒有安全感。但是，等候了兩年多的嚴嵩，終於看到了扳倒夏言的機會。他立即在世宗面前大進讒言，他說：「河套必不能收復。夏言擢用曾銑，是出於私心。先前，夏言屢屢替皇上擬旨褒獎曾銑，臣從未參與，夏言也不讓臣知道。」

世宗聽罷怒不可遏，下令將曾銑逮捕押解來京，並立即罷免夏言的官職。夏言聞訊，上書爲自己辯解，這更令世宗不滿。而且，在他做出決定後，科道言官沒有一個人附和他彈劾夏言，世宗感到很沒有面子。於是將所有言官全都逮起來，押到殿廷當衆處以杖刑，並每人扣發四個月的俸祿。嚴嵩看出世宗只是想處理這件事，並不想將夏言、曾銑致於死地。他思忖這次絕不能給夏言翻盤的機會，於是祕密找到同樣關在詔獄的大將軍仇鸞，許諾只要他揭發曾銑，就幫他開脫罪責。仇鸞於是將嚴嵩代擬的奏疏送呈世宗，誣告曾銑掩蓋失敗不予上報，並派遣他的兒子曾淳囑託親信蘇綱，攜帶巨額銀兩來京賄賂當權者。

這件事絕對沒有旁證，但世宗卻深信不疑。他立即下旨逮捕曾淳、蘇綱，並讓刑部迅速給曾銑定罪。可憐的曾銑，在押解來京不到一個月，就被腰斬，妻兒親屬全遭流放。

在腰斬曾銑的當天，世宗又簽發了逮捕夏言的命令。夏言知道自己眼下的處境全由嚴嵩陷害所致，於是在獄中給世宗上書申辯：

臣之罪衅，起自仇家。恐一旦死於斧鉞之下，不能自明。今幸見一天日，瀝血上前，雖死不恨。

往者曾銑倡議收復河套，伊鸞未嘗執以為非。既而上意欲罷兵，敕諭未行而鸞疏已至。此明係在京大臣為之代撰，借鸞口以陷臣。肆意詆誣，茫無證據。天威在上，仇口在旁，臣不自言，誰敢為臣言者！

嵩靜言庸違似共工，謙恭下士似王莽，父子弄權似司馬懿。在內官官受其籠絡，在外諸臣受其箝制。內外皆知有嵩，不知有陛下。臣生死繫嵩掌握，惟歸命聖慈，曲次保全。

夏言的奏疏除自辯以外，也揭露了嚴嵩的劣跡。這絕非「多餘的話」，而是句句有理。但此時世宗已聽不進去了，當治法大臣想規勸世宗給夏言留一條活路時，世宗說：「你們知不知道，朕當年送一頂沉水香冠給他，夏言拒不奉詔。他眼中從來就沒有朕！」話說到這分上，法臣們再也不敢吭聲，只得順著世宗的意思，給夏言判了個死刑，等待秋決問斬。

夏言在死牢羈押期間，世宗怒氣稍解，明顯表露出想赦免夏言的意思。嚴嵩見狀，又使出陰招，他讓西北邊關的官員捏造警報馳報世宗，並在一旁煽風點火說，韃靼屢屢進犯，是因爲夏言、曾銑的錯誤而挑起的邊釁，使得他們總想報復。世宗聽罷，本已淡下去的憤怒重新燃燒。於是在當年的十月初二這一天，下旨將夏言綁赴西市斬首。

自朱元璋誅殺胡惟庸後，夏言是被處死的第一個首輔，而且茲後也沒有。

夏言死得太冤。對這個大冤案世宗雖然難辭其咎，但嚴嵩更是罪責難逃。

順我者昌，逆我者亡

常言道「鹵水點豆腐，一物降一物」。在很長一段時間內，夏言成爲嚴嵩的剋星。有他在，嚴嵩想做壞事還有所收斂。夏言有夏言的毛病，比如說剛愎自用，因人劃線意氣用事，但本質上還是一位君子。他的死給嚴嵩騰出了空間，解除了威脅，嚴嵩更加肆無忌憚了。

但是，任何時候，都會有堅持正義的君子。嚴嵩自六十歲入閣主持國政，到八十一歲被罷免，長達二十餘年的「一人之下，萬人之上」的顯赫地位，使他日漸驕橫，最後發展到「順我者昌，逆我者亡」的地步。

嚴嵩的陰險在於：他總是會找到機會激怒世宗，讓其下旨誅殺反對他的人。嘉靖二十二年（一五四三年）誅殺山東巡按御史葉經，是嚴嵩殘害忠良的開始。

嚴嵩還在禮部作侍郎時，因爲負責秦王、晉王二藩承襲封號的工作而接受巨額賄賂。時任禮科給事中的葉經透過調查得知眞相後，對嚴嵩提出彈劾。嚴嵩聞訊後十分恐懼，想方設法買通調查人員掩蓋眞相，得以逃脫懲罰。茲後，葉經調任山東巡按御史。嘉靖二十二年科舉考試，山東上報鄉試小錄。明世宗讀到第五策中邊防一問時，發現試卷中有譏諷之意，便下令調查。主事者便請求逮捕主考官周礦等人。嚴嵩乘機對世宗祕密進讒說：「周礦只是表面上的主考，實際主持這件事的，是御史葉經。」世宗便下旨斥責葉經狂妄悖逆，杖打八十，削職爲民。實施杖刑時，由於嚴嵩的指使，行刑者執行尤力。等到八十杖打完，葉經已經一命嗚呼。

葉經死後，朝廷上下官員爲之驚愕。嚴嵩索性一不做二不休，對先前反對過自己的官員如給事中王勰、沈良木、陳塏，御史喻時、陳紹和，山西巡撫童漢臣、福建巡按何維柏等人肆意報復，全部罷官治罪。

儘管嚴嵩一手遮天，但仍有不少正直的官員上書皇上，揭露嚴嵩的罪行穢跡。這些人中，最令人震撼的，當數兵部員外郎楊繼盛。

楊繼盛是容城人，從小家貧，他只是個「輟學兒童」。但他生性愛讀書，於是一邊放牛，一邊到私塾旁聽。就這樣，他仍於嘉靖二十六年（一五死七年）考中進士，授職南京兵部主事，後改兵部員外郎。其時蒙古王俺答屢屢犯邊，有一次竟越過長城打到北京城下。負責對俺答作戰的是大將軍仇鸞，此人亦是佞幸，曾與嚴嵩配合害死夏言。他害怕俺答，便提出在邊關開設馬市，與俺答媾和。楊繼盛聽說後，立刻上書世宗，列舉開放馬市的種種不可，並斥責仇鸞貪生怕死、認敵爲友，應予以嚴懲。世宗看到奏章，交給大臣討論。仇鸞大怒，向世宗進言說：「繼盛乃豎子，懂什麼朝廷大法。」世宗也覺得與俺答作戰勝負難料，於是贊同仇鸞意見，將楊繼盛下獄，後又貶爲典史。嘉靖三十一年，仇鸞病死，他因與嚴嵩狗咬狗失勢，加之邊患一直未綏清，引起世宗不滿，以致世宗對他下達了戮屍的旨令並抄沒其家產。

仇鸞死後，嚴嵩便想拉攏楊繼盛，向世宗建議重新起用他。世宗也覺得楊繼盛是個難得的人才，於是下旨給楊繼盛復官。先當縣令，再調南京兵部主事。三天後，又升兵部員外郎，繼而又調北京，任兵部武選司郎中。這職務類同於今天的中央軍委政治部主任，是個選拔和任免軍事幹部的重要崗位。楊繼盛一年四遷，明眼人一看便知，嚴嵩已經要破格提拔楊繼盛，想讓他成爲自己的心腹。

但是，楊繼盛到北京兵部報到不到一個月，就做出一件讓天下人都爲之一震的事情，這就是彈劾嚴嵩。

楊繼盛嫉惡如仇。他痛恨仇鸞，更痛恨嚴嵩。儘管嚴嵩向他伸出一支肥碩的橄欖枝，他仍認爲嚴嵩是禍國巨奸，因此寫下彈劾嚴嵩的檄文。奏疏寫好後，楊繼盛齋戒了三天，焚香祭天之後，才將奏疏呈上。

終明一朝，許多忠臣留下血性文字。楊繼盛的文章，至今讀起來，仍然讓人血脈賁張：

臣孤直罪臣，蒙天地恩，超擢不次，夙夜祗懼，思圖報稱，蓋未有急於請誅賊臣者也。請以嚴嵩十大罪為陛下陳之：

祖宗罷丞相，設閣臣，備顧問，視制草而已。嵩乃儼然以丞相自居，百官奔走請命，直房如市，無丞相名而有丞相權。是壞祖宗之成法，大罪一。

陛下用一人，嵩曰「我薦也」；斥一人，曰「此非我所親」；陛下宥一人，嵩曰「我救也」；罰一人，曰「此得罪於我」。伺陛下喜怒以恣威福。是竊君上之大權，大罪二。

陛下有善政，嵩必令子世蕃告人曰：「主上不及此，我議而成之。」欲天下以陛下之善盡歸於嵩。是掩君上之治功，大罪三。

陛下令嵩票擬，蓋其職也，嵩何取而令世蕃代之？題疏方上，天語已傳，故京師有「大丞相、小丞相」之謠。是縱奸子之僭竊，大罪四。

嚴效忠、嚴鵠，乳臭子耳，未嘗一涉行伍，皆以軍功官錦衣。兩廣將帥歐陽必進、陳圭，俱以私黨躐府部。是冒朝廷之軍功，大罪五。

逆鸞下獄，賄世蕃三千金，嵩即薦為大將。已，知陛下疑鸞，乃互相排詆以泯前跡。是引悖逆之奸臣，大罪六。

諳達深入，擊其惰歸，大機也，嵩戒丁汝夔勿戰。是誤國家之軍機，大罪七。

郎中徐學詩、給事中厲汝進，俱以劾嵩削籍。內外之臣，中傷者何可勝計！是專黜陟之大柄，大罪八。

文武遷擢，但論金之多寡。將弁惟賄嵩，不得不朘削士卒；有司惟賄嵩，不得不掊克百姓。毒流海內，患起域中，是失天下之人心，大罪九。

自嵩用事，風俗大變。賄賂者推薦及盜蹠；疏拙者黜逮夷、齊；守法者為迂滯；巧彌縫者為才能。是敝天下之風俗，大罪十。

嵩有是十罪，而又濟之以五奸：以左右侍從能察意旨也，厚賄結納，得備聞宮中言動，是陛下之左右，皆賊嵩之間諜。以通政司之主出納也，以趙文華為使，凡有疏至，必先送嵩閱竟，然後入御。是陛下之喉舌，乃賊嵩之鷹犬。畏廠衛之緝訪也，即令子世蕃結為婚姻，是陛下之爪牙，皆賊嵩之瓜葛。畏科道之多言也，非其

> 私屬，不得與台諫，有所愛憎，即授之論刺，是陛下之耳目，皆賊嵩之奴隸。懼部寺之猶有人也，擇有才望者羅致門下，聯絡盤結，深根柢蒂。是陛下之臣工，皆賊嵩之心膂。陛下奈何愛一賊臣，而使百萬蒼生斃於塗炭哉！
>
> 願陛下聽臣之言，察嵩之奸，或召問二王，或詢諸閣臣。重則置之憲典以正國法，輕則諭令致仕以全國體。

這篇奏疏送給世宗閱覽之前，嚴嵩先看到。他對楊繼盛列舉的十大罪雖然無法洗清，但並不害怕。老奸巨猾的他，看出楊繼盛的奏疏中有觸到世宗痛處的地方。世宗雖然迷戀齋醮、篤信道術，但他對權力的控制絲毫沒有懈怠。他認爲自己是「宸綱獨斷」的英明君主，絕不可能被旁人左右。而楊繼盛忽視了這一點，在文章中竟說出「陛下之耳目，皆賊嵩之奴隸」，「陛下之臣工，皆賊嵩之心膂」這樣的話。特別是最後一段，還要世宗就嚴嵩的罪行去詢問兩位親王，這就更犯忌了。世宗對同是天璜貴冑的藩王向來提防有加，一再強調親王不能干政，如今楊繼盛要他去詢問親王，無異於是表示對他這個皇帝的不信任。

嚴嵩斷定世宗看完奏疏一定會動怒，於是不驚不慌地把它及時送到御前。一切如嚴嵩所料，世宗暴跳如雷。他不管嚴嵩有什麼「十大罪」，而是痛恨楊繼盛對他這位皇帝的藐視。於是即刻下令，將楊繼盛捉入大牢，嚴刑拷問。一連多場的審訊，楊繼盛被打得皮開肉綻，但他始終不屈，奮聲罵賊。最終，他被判處死刑，押往西市腰斬。

幾百年後，審查楊繼盛的悲劇，猶自讓人扼腕嘆息。楊繼盛是個了不起的血性男兒，愛恨分明且敢於承擔。遺憾的是勇氣有餘而策略不足。倘若他多揣摩一下世宗的心態，在奏疏中盡可能不觸及世宗的忌諱，後果就不至於這麼悲慘。

山青更悟汗青時

自武宗到世宗，政治一亂再亂，官場烏煙瘴氣。此況之下，君子多烈士，小人多高官。看到那麼多的正人君子慘遭貶謫與屠戮，那麼多小人敗類沐猴而冠端坐廟堂，千載之後仍不免嘆息再三。

嚴嵩最後也是以家破人亡而收場。關於他的倒臺，我將在下篇介紹徐階的文章中描述。縱觀嚴嵩一生的軌跡，他並非天生的奸臣，而是逐漸演變。政治黑暗的時代，爲奸臣的產生提供了土壤。筆意至此，以詩證之：

小住幽窗理舊絲，山青更悟汗青時。
奸臣多少瞞天術，賺取龍顏一笑之。

第十一章 老狐狸式的人物・徐階

明代帝王師中，若要選一名老狐狸式的人物，則非徐階莫屬。徐階一生最大的功績，莫過於他構成了對嚴嵩致命的一擊。

探花郎不買首輔的帳

明代的帝王師中，若要選一名老狐狸式的人物，則非徐階莫屬了。

徐階是上海市華亭縣人。在明代，華亭屬松江府，而上海只是華亭縣的一個小鎮。五百年後，這裡的地理歸屬發生了天翻地覆的變化，小鎮上海變成了世界聞名的特大都市，而松江則變成了它的一個區。華亭仍然是縣，但已經與松江平級了。

在明代，松江府與蘇州府並稱爲蘇松。這兩個府都處在錦繡江南的腹心，經濟發達，人才輩出。明代兩百多年間松江所出的人才，多如過江之鯽，徐階無疑是其中的佼佼者。

大凡異人必有異事，徐階也不例外。他尚在幼童時，就有了兩次大難不死的經歷。

第一次是他一歲多的時候，蹣跚學步一不小心掉進了窨井，家人救出，三天後才從昏迷中甦醒。第二次是他五歲時，父親帶著他遊覽括蒼山，他失足從懸崖墜下，衣衫掛在樹枝上，懸在半空中盪鞦韆，被人救下倖免於難。由於這兩次大難不死的經歷，鄉里人便認爲他是神童，家族中長輩對他期望甚深。

徐階果然不負衆望，嘉靖二年（一五二三年）全國會試，徐階高中探花，爲進士第三名。進士中的優秀者，可選爲庶起士，留在翰林院中繼續深造。而一甲三進士，即狀元、榜眼、探花三人，可直接在翰林院授職。徐階入仕的第一個官職是翰林院檢討。期間，他請假回鄉結婚，接著父親去世，按規定又守制三年，服除後回到京城，他仍復舊官。所以說，他眞正當官是在高中探花郎後的第五年，即嘉靖七年。

徐階當官處理的第一件政事，就讓他獲得高分。其時，擔任內閣首輔的是張璁，即張孚敬。這人在大禮案中與楊廷和唱對臺戲，堅決支持世宗皇帝，因此得到超擢使用。張孚敬勇於任事，好作驚人語。他向世宗皇帝提出一個建議：撤去孔子的王號，並將各地文廟中雕塑的孔子像一併拆除，統統換成木主。所謂木主，即一個書有「大成至聖先師」的牌位。而且祭祀的標準也從「王」降格爲「師」，俎豆禮樂減去甚多。世宗皇帝將張孚敬的議疏下發給群臣討論。誰的官大誰就掌握了話語權，這幾乎是官場歷代通行的潛規則。因此，大部分臣子都上書贊同張孚敬的建議。也有一些儒臣不贊同，卻不敢公開表示。唯獨徐階一個人站出來唱反調，上書世宗皇帝指斥張孚敬的觀點不可取。張孚敬聽說後，把徐階找到值房來，盛氣凌人地把他教訓一通，大意是說你一個小小白面書生懂得什麼。徐階此時還沒有修練到狐狸的地步，他據理力爭寸步不讓。須知張孚敬是深受世宗信任的首輔、一品大學士，處在官場領袖的地位。而徐階只不過是七品小官，他若順竿爬或許是一次晉升的機會，但徐階卻反其道而行之。張孚敬被他噎得臉紅脖子粗，不由得拉下臉來斥道：「你敢叛我？」徐階迎著張孚敬咄咄逼人的目光，正色回道：「首輔大人此話差矣，叛生於附，我徐階從來就沒有依附過首輔大人，這叛字又從何說起呢？」言畢，打了一個長揖退出。

第二天，徐階「調動工作」的通知就到了翰林院，他被貶為延平府推官。府相當於今天的地市級，一把手為知府，二把手是同知，三把手才是推官。推官的角色，類似於今天的政法委書記。徐階一到任，就將長期羈押又無犯罪實據的囚犯三百餘名盡行釋放，又將各類蠱惑人心的淫祠盡行拆毀，並捉拿了百餘名危害地方的江洋大盜。這些做法，如同今天的平反冤假錯案、掃黃打黑等，都是極得民心的善舉。因此，徐階很快就樹立了威信。接著，他升任為黃州府同知，再升為浙江按察僉事、江西按察副使。先後在四個省任職，都是從事司法主管工作。

嘉靖十四年（一五三五年），皇太子出閣，在全國官員中挑選學問好的人來擔任講師。徐階被選中，他便回到京城，擔任司經局洗馬兼翰林院侍講。從此，徐階便從司法戰線回到了老本行，充當皇太子的老師了。此時，討厭他的那位首輔張孚敬已經退休了好幾年，徐階的命運開始產生了轉機。

從儲君老師到皇上寵臣

擔任侍講一年，因爲丁母憂，徐階又回到華亭守孝三年。復出後，升爲國子監祭酒，不久又兼任禮部右侍郎。

國子監是朝廷唯一的一所大學，祭酒是一把手，即今天的校長。二把手叫司業，即今天的教務長。徐階在這個職位上待的時間並不長，又被調到吏部擔任右侍郎。

明代的六部的堂上官，由尚書、左侍郎、右侍郎三人組成。尚書是一把手，左侍郎是二把手，右侍郎是三把手。

明朝的吏部，有一條不成文的規矩。朝廷九大衙門的一把手，表面上同一級別，但實際上不一樣，比如說刑部尚書來吏部拜會堂官議事，刑部尚書要站著作揖，而吏部尚書只需坐著還禮。吏部左右侍郎與其他大衙門的一把手見面，只需平等行禮。地方官來北京述職，哪怕是各省一把手，也見不到吏部尚書，更不能到堂上官值房拜會。左、右侍郎接見各省地方官，只能在會見廳，雙方作作揖，交談不得超過五分鐘，左右侍郎就得起身送客。徐階到吏部當了右侍郎後，一改這種高高在上的作風，地方官來，他必迎至值房親切接談，從各地方的吏治民瘼到邊關虜情、賦稅風物等，皆一一詢問。對他這種舉止，一些老吏部官員看不慣，認爲對地方庶官過於親切有損組織工作的原則。長期以來，吏部官員形成了那種肌肉僵硬，見誰都高人一等的冷面孔。所以，在他們看來，徐階還不適合擔任組織部門的領導。但徐階反對這種說法，他認爲吏部承擔著爲朝廷選拔與考察官員的重任，如果不與各類官員接觸，怎能了解官員的心中想法與行政能力？好在當時的吏部尙書熊浹支持他，使他在任上得以公允並有效地選拔了一批人才。這一點，再次爲他在官場贏得讚譽。

但是，隨著熊浹的離任，繼位者不欣賞徐階的做法。徐階鬱鬱不樂，便請求調協工作，這種請求很容易得到批准。他離開吏部擔任翰林院學士，不久又升爲掌院學士，具體的工作是擔任庶起士的老師。前面已講過，庶起士從新科進士中選拔，備爲皇帝近側的文臣。擔任庶起士的老師，是一個延攬人才的好職位。徐階既是儲君的老師，又是庶起士的老師，這是他離開吏部以退爲進的重要一步。在他所教過的庶起士中，有一個人引起了他的注意並最終得到他的激賞，這個人便是張居正。關於兩人的師生之誼，我將在撰寫張居正的文章中詳細介紹，此處暫略。

掌了兩年翰林院，徐階超升爲禮部尙書。他的破格提拔，乃是因爲被世宗皇帝看中。

徐階長得白白淨淨、乾乾瘦瘦，身高不超過一米六。在朝廷股肱大臣中，是最矮小的一個。古往今來，歷史中不乏那種扭轉乾坤的小個子政治家。徐階並不是其中最傑出的一個，但也屬於難得的優秀者。他在吏部的舉動，顯然引起了世宗的注意。掌管翰林院後，做爲詞臣與講臣之首，他參與了爲世宗齋醮製作青詞的工作。嚴嵩就因爲文筆頗佳，所作青詞無不合乎世宗之意，因而被人稱爲「青詞宰相」。嘉靖一朝，大臣提拔，特別是禮部尙書與內閣輔臣這樣的位子人選，除了必備的才能之外，一個特殊的附加條件就是要善於撰寫青詞。徐階的青詞「屢屢稱旨」，有時還得到世宗皇帝的激賞，這便是他超升爲禮部尙書的原因。

履任新職之後，徐階很少到禮部上班，而是到世宗煉丹的無逸殿當值。斯時，內閣首輔是嚴嵩，次輔是張治、李本等二人。徐階與他們一起陪著世宗煉丹，寫青詞，得到不少賞賜。這時，有的大臣看到徐階受寵，便向世宗建議讓他擔任吏部尙書。世宗不置可否，不是認爲徐階不合適，而是擔心徐階一走，他的身邊就少了一個青詞高手。

徐階的這種狀態，在別人看來，是榮耀不過的事。但是，他自己卻如履薄冰。因爲，他早已注意到，首輔嚴嵩一直在用古怪的眼光打量他。

年近六十當上閣臣

嘉靖二十九年（一五五〇年）的八月二十一日，世宗皇帝在西苑緊急召見嚴嵩與徐階。

這次召見的原因是因爲蒙古俺答部率兵越過長城，進逼到北京城外。蒙古遊騎屢屢在邊關滋事，但攻到京師，這還是第一次。一時間，北京城內人心惶惶。卻說八月十八日到二十日這三天，俺答率部隊從通州渡過運河向西開進，前鋒七百騎兵抵達安定門外教場，並在此安營紮寨。第二天，俺答騎兵攻到東直門，並在那裡捉拿了皇帝馬廄的八名宦官。士兵將宦官押到中軍帳下，俺答傲慢地對八名宦官說：「我不殺你們，現在放你們回去，給你們的皇帝老兒送封信。」這封信的內容是要求通貢。嘉靖皇帝於是召見嚴嵩。老奸巨猾的嚴嵩看過俺達的信後，推諉說：「通貢是禮部管的事，這件事應該讓禮部來處理。」

在這火燒眉毛的節骨眼上，世宗皇帝對嚴嵩不肯承擔責任感到惱火，於是又緊急召見徐階徵詢對策。徐階清楚在大敵當前的形勢下，回答稍一有誤，就有可能招致殺身之禍。於是他斟酌答道：「敵寇已經深入內地，逼近京師了，如果不允許他們通貢，恐怕會激怒他們。如果允許他們通貢，他們就會提出更多的要求，臣建議皇上派出使者，用假話哄騙他們緩兵，讓我們有時間加緊防備，待援兵到達。他們害怕被圍殲，就會主動撤兵。」

應該說，只要具備三流智商的人，就會提出這樣的建議，俺達只要稍稍動動腦筋，也會看穿這是緩兵之計。但在當時的情勢下，世宗卻認爲徐階出了一個好主意而一再稱善。

九月一日，俺達率部離開京師，經張家口和古北口而出塞。他之撤退與各路勤王兵馬的到來沒有關係。這些勤王之師，沒有一支部隊敢主動出擊。俺達是因爲在京城郊區大肆搶劫，其收穫大大超過預期，而主動宣布撤兵。

京師的解圍，世宗認爲是徐階建議的緩兵之計產生了作用，因此對他的信任增加。這樣一來，嚴嵩對徐階的猜忌更加厲害。嚴嵩與夏言是死對頭，而徐階最初的賞識與推薦者正好是夏言。因人劃線，黨同伐異，歷來是官場難以解決的頑疾。嚴嵩從根本上對徐階就不可能產生信任，加之徐階在世宗面前搶了幾次風頭，更是讓嚴嵩感到威脅。於是，他一直等待機會，要對徐階下毒手。

果然，嚴嵩等到了機會。蓋因徐階當過裕王的老師。因此，在皇太子夭折之後，排行老二的裕王就成爲實際的儲君，但世宗似乎不太喜歡裕王。徐階擔任禮部尙書，三番五次要世宗早立太子。明眼人一看便知，他這時是在爲裕王說話，這件事引起世宗的不愉快。世宗聽信道士陶仲文的話，認爲自己要想長壽，就不能立太子。立太子就是「二龍會面」，小龍會克老龍的陽壽。但徐階卻不顧及世宗的心態，堅持要及早定下皇太子，世宗於是開始疏遠徐階。有一次，他召見嚴嵩說起徐階，言語之間表示了不滿。嚴嵩見有機可乘，便中傷道：「徐階這個人並不缺乏才能，他的問題是有二心。」「二心」之說，指的是徐階堅持立太子。這句話戳到了世宗的痛處，益發對徐階冷淡。

徐階敏感地覺察到世宗態度的變化，而且也準確地判斷是嚴嵩從中離間。審時度勢，他感到自己眼下還遠不是嚴嵩的對手。於是一改游離狀態，千方百計討好世宗，並在嚴嵩面前表現得服服帖帖。他爲齋醮所寫的青詞比過去更爲精心。經過一年多的調整，他終於重新獲得世宗的信任，並部分解除了嚴嵩對他的戒心。

嘉靖三十一年（一五五二年）三月初九，世宗終於任命徐階爲東閣大學士，併入閣參與機務。

徐階入閣時已年近六十。此時，他的政治謀略，已到了爐火純青的地步。

與嚴嵩暗中較勁

此時的內閣，是典型的老人政治。嚴嵩年屆七十，徐階比他小十來歲。如果把嚴嵩比作一匹老狼，徐階則是一隻老狐狸。這樣的兩個人鬥法，可謂棋逢對手。但徐階的巧勁，似乎比嚴嵩的狠勁更勝一籌。

說來也怪，徐階入閣之後，嚴嵩的麻煩事驟然多了起來。

徐階入閣七個月之後，一封彈劾嚴嵩的奏章從南京寄來北京。奏章出自南京御史王宗茂之手。這個王宗茂是湖北京山人，擔任新職不到三個月。他早就看不慣嚴嵩的所作所爲，如今當上言官，便立即在沉悶的官場放了一個響砲。他的奏疏開篇就火力極猛：

嵩本邪謟之徒，寡廉鮮恥；久持國柄，作福作威，薄海內外，罔不怨恨。如吏、兵二部每選，請屬二十人，人索賄數百金，任自擇善地。至文武將吏，盡出其門。此嵩負國罪之一也……

奏章開列嚴嵩八大罪狀，皆揭發有據。但是，把持通政司的是嚴嵩的乾兒子趙文華。他收到奏章後先給嚴嵩過目，等嚴嵩想好開脫的辦法後，再交給世宗皇帝。

世宗看完奏章，又聽了嚴嵩的「辯冤」，果然不分青紅皀白地以「誣詆大臣罪」將王宗茂貶爲平陽縣丞。

這個處分，倒是令很多人詫異，包括王宗茂本人，已做了必死的打算。因此，詔旨下達，他倒心安理得地前往就任。當時官場對這件事頗多猜測，有人背地裡議論，可能是徐階暗中保護的結果。

嚴嵩也猜測徐階是否爲王宗茂的幕後指使者，但找不到證據。茲後，彈劾嚴嵩的奏章一年多似一年，最厲害的要數楊繼盛，關於楊的悲劇，前文已經講過。嚴嵩愈是遭人彈劾，愈是對身邊的人不放心。他知道徐階靠不住，於是總想把徐階扳倒，但在兩個重要的回合上，他卻全都輸給了徐階。

一是世宗發現大將軍仇鸞的斑斑劣跡，便下令徹查他的問題。這仇鸞本是嚴嵩的政治盟友。他一來爲了洗清自己，二來爲了陷害徐階，便捏造事實說仇鸞與徐階結黨營私。誰知他準備向世宗揭發時，世宗卻告訴他：清查仇鸞是徐階的主意。爲此事，徐階曾三上密信。嚴嵩一聽，差一點背了氣。心中忖道：這個徐階表面上溫順如羊，關鍵時候一點也不手軟。由此，他對徐階由猜忌變成了仇恨。

第二件事是世宗的居處問題。卻說自從大內出了宮女楊蓮英的謀弒案後，世宗就搬出紫禁城而入住西苑萬壽宮。這座萬壽宮本爲永樂皇帝所建，屬於遊宴的「行宮」。世宗入住後，很喜歡這裡，一住就是二十年。不巧，那年冬天失火，萬壽宮化爲灰燼。世宗暫時搬到西苑內另一座玉熙宮居住。這玉熙宮屬於便殿，格局狹小，世宗入住諸多不便。因此，就居住問題，世宗徵詢嚴嵩意見，嚴嵩勸世宗回大內居住。世宗一言不發，又徵詢徐階意見，徐階說：「皇上仍可住在玉熙宮，宮殿狹小，可將擬修萬壽宮的木料調來用於玉熙宮的擴建。」這一建議迎合了世宗。儘管大內是皇帝的正寢之地，但世宗壓根就不想回去。加之他又迷信，遭災的萬壽宮也不能再住。於是，玉熙宮就成了他理想的居所。徐階建議提出，世宗大爲嘉獎，並任命徐階的兒子徐璠擔任玉熙宮擴建工程的督修。

經過這兩個回合，徐階在世宗心中有了更穩固的地位，而嚴嵩卻顯得有些力不從心了。

值得紀念的日子

如果說徐階一生最大的功績，莫過於他構成了對嚴嵩致命的一擊。

嘉靖四十年（一五六一年），嚴嵩的老伴去世，按規定，他的兒子嚴世蕃要爲母親守孝三年。經世宗的特許，嚴世蕃不必回到故鄉而留在京城守制。但是，他雖然留在北京，卻因爲服喪而不能到西苑入值。往常，世宗有事詢問嚴嵩，嚴嵩不能回答時，坐在隔壁的嚴世蕃就可立即出主意。現在嚴世蕃不能入值，嚴嵩年邁糊塗，草擬詔書常常不能稱旨，手也打顫，寫字歪歪扭扭不工整，因此漸漸失去世宗的歡心。徐階敏銳地察覺到這一變化，認爲扳倒嚴嵩的機會已經成熟。

不久，一件祕事在玉熙宮發生。

一個名叫藍道行的道士，善於扶乩。所謂扶乩，即今天所說的大神附體。若詢問某事，扶乩人就會裝神弄鬼，任一枝筆在沙盤上寫下乩詩。該詩似是而非，但總還能沾上邊，因此博得事主信任。藍道行是扶乩高手，經人推薦給世宗，便深得信任。世宗每逢有大事決斷不下，便讓藍道行前來扶乩。

這一日，世宗憂慮邊關問題，又叫來藍道行，問他：「天下何以不治？」藍道行於是施展法術，讓竹筆在沙盤上寫下乩詩，大意是皇帝身邊有奸人。世宗問是誰，藍道行說是朝中年紀最大、官職也最大的人。有心人一聽就知，這指的是嚴嵩。世宗愣了一下，又問：「上仙為何不誅除他呢？」藍道行答：「上仙要留待皇上自己誅除他。」世宗沉默不語。

第三天，世宗就收到了都察院御史鄒應龍彈劾嚴世蕃的奏章。揭發嚴世蕃賣官鬻爵、鯨吞公財、結黨營私的種種劣跡。

關於這件事，《明通鑑》記載說是鄒應龍在世宗與藍道行談話的當天，在相識的值殿太監家門口躲雨，值殿太監祕密透露給他的。於是，他回家就寫了這份奏章。但在《明史・徐階傳》中，卻明確記載：「階乃令御史鄒應龍劾之。」

在這一點上，我認為《明史》的記載是準確的。在同時代人的筆記中，有兩條佐證：一是說徐階派人花重金祕密收買了藍道行；二是建議鄒應龍的奏章不要將矛頭直指嚴嵩，而是先敲山震虎，彈劾其子嚴世蕃。

這份奏章，相信是經過徐階的審閱而後發出的。儘管彈劾的是嚴世蕃，但結尾一段還是把嚴嵩捎上了：

今天下水旱頻仍，南北多警，民窮財盡，莫可措手者，正由世蕃父子貪婪無度，掊克日棘。政以賄成，官以賂授。凡四方小吏，莫不竭民脂膏，償已買官之費。如此則民安得不貧，國安得不竭，天人災警安得不迭至？臣請斬世蕃首，以示為人臣不忠不孝者戒。其父嵩，受國厚恩不思報，而溺愛惡子，弄權黷貨，亦宜亟令休退以清政本。

如臣言不實，乞斬臣首以謝嵩、世蕃。

這封奏章可謂摸透了世宗的心思。世宗對嚴嵩的感情雖然有所疏淡，但畢竟內心還有所眷顧，若將嚴嵩當作打擊對象，勢必引起世宗的反感。世宗收到這封奏章後，果然下旨慰問嚴嵩，但又認爲嚴嵩溺愛嚴世蕃，有負寵信，於是令他退休，馳驛回籍，指示有關部門每年給他一百石米做爲退休費，同時將嚴世蕃抓捕下獄。

這一天是嘉靖四十一年（一五六二年）四月十九日，嚴嵩二十年的統治宣告結束。對於世宗一朝的政治來說，這不能不說是一個值得紀念的日子。

「三還」宣言

嚴嵩勒令致仕，徐階順利接上首輔的位子，官場莫不稱快。但是，世宗卻忽忽不樂。因爲幾十年來，無論是齋醮還是國事，他都形成了對嚴嵩的依賴。嚴嵩一走，他感到空虛，於是對徐階表露了想退下來讓裕王接位的打算。儘管徐階是裕王的老師，早期曾多次堅持要世宗在法律上明確儲君的地位。但此時他卻不敢奉詔，他認爲世宗說出這等話來，一是因爲嚴嵩走後他的心情惡劣，二來也可能是試探他的忠心。於是徐階表態：「只要皇上同意，臣就每日到玉熙宮當值，臣會陪著皇上煉丹。」

世宗聽到這句話，自然很高興。嚴嵩當了二十年的首輔，並沒有在內閣值房裡待很多時間，而是每日到西苑入值陪侍世宗。徐階願意仿效嚴嵩，令世宗大爲快意，他便讓徐階搬進嚴嵩在西苑的值廬。徐階搬進去的當天，就在值廬入口的屏風上大書三句話：「以威福還主上，以政務還諸司，以用舍刑賞還公論。」

這三句話主要寫給世宗看的，當然也是寫給官場看的。如果用今天人的調侃口氣，人們會叫他「徐三還」。他透過這「三還」與嚴嵩徹底地割裂，表示尊奉主上、諸司、公論。而自己這個首輔，只不過是一個「奉命唯謹」的大辦事員而已。

果然，「三還」讓徐階獲得巨大的聲譽。皇上與百官，兩方面都對他滿意。

其實，徐階的這三條標語的產生，還是源於當時惡劣的政治形勢。

嚴嵩離開京城後，一些對嚴嵩不滿的官員躍躍欲試，想揭發嚴嵩的種種劣跡。世宗聽到一些傳聞，把徐階找去，很嚴厲地說：「現在，如果有誰再說嚴嵩半個字的不是，朕一定將他斬首不饒！」

而嚴嵩也沒有閒著，他聽說了藍道行的事，於是收買宮裡得寵的太監在世宗面前挑撥。世宗正為處罰了嚴嵩而懊悔，聽說藍道行竟以功臣自居，便下達逮捕令。在嚴嵩被革職後的第六天，藍道行就被打入詔獄。最終，藍道行被處死。徐階從頭到尾都沒有為藍道行說一句話。一來是不敢違背世宗，二來他也樂得藉此滅口。畢竟，透過旁門左道來消除異己，擺到桌面上怎麼說都不是一件光彩的事。

但是，徐階知道，只要嚴世蕃不死，就始終存在著翻盤的機會。嚴嵩年過八十不足慮，但嚴世蕃正值盛年，且一直有「小宰相」之稱，嚴嵩就是依靠他才弄得風生水響。但是，如何讓世宗下決心殺掉嚴世蕃，徐階為此又進行了一番設計。

計殺嚴世蕃

嚴世蕃被刑部判爲「發極遠地區充軍」，獲得世宗同意。嚴嵩回到江西袁州後，上書世宗請求將嚴世蕃改戍近地，世宗沒有批准。但嚴世蕃未經同意，卻擅自返回家中，大舉修築園林，勢焰絲毫不減。

江西方面的官員將嚴氏父子的情況密報徐階。爲了掌握更多動向，徐階派遣自己的心腹、南京御史林潤以巡視長江防務的名義到達江西，與袁州推官郭諫臣密議之後，迅速發出密疏馳送京城。第四天，世宗就讀到林潤的疏文：

臣巡視上江，備防江洋，群盜悉竄入逃軍羅龍文、嚴世蕃家。龍文卜築深山，乘軒衣蟒，懷有謀反之心。而世蕃日夜與龍文誹謗時政，蠱惑人心。近來以修築宅第為名，招集勇士至四千餘人。道路洶洶，咸謂變且不測，乞早正典刑以絕禍本。

對嚴氏父子，世宗什麼都能容忍，唯獨不能容忍的就是謀反。所以，看到林潤的密疏，世宗立即下達了逮捕嚴世蕃、羅龍文的命令。奏疏中提到的羅龍文，是嚴世蕃交往多年的心腹。

當嚴、羅兩人押解來京後，刑部擬罪，悉數羅列嚴氏父子的罪惡，包括冤殺楊繼盛與沈煉之事。奏疏送給世宗之前，先給徐階過目。他看過後，把奏疏擱在一邊，將刑部尚書黃光升與御史沈潤請入內室，摒退左右，輕聲說道：「二位君子，你們認為嚴公子應當死，還是應當活？」黃光升答：「當然是應當死，嚴世蕃死有餘辜。」徐階接著問：「那麼，你們兩人審理此案，是要殺他呢，還是要救他？」黃光升答：「嚴世蕃的諸多罪惡，最令人髮指者莫過於冤死楊繼盛與沈煉。我們特別加上這一條，就是要將此案辦成不可更改的鐵案。」

徐階笑道：「二位想法不差，但卻忽略了另一面，楊繼盛、沈煉之死，天下人皆知其冤，但楊繼盛是中了嚴嵩之計觸犯皇上忌諱，皇上頒下特旨處死。兩人雖然均為嚴氏父子所害，但卻都是皇上下旨殺掉的。皇上從來不認為自己做錯了什麼事。這份獄詞若到了皇上手裡，他必然懷疑你們是揭發嚴氏父子的罪行來彰顯皇上的過失，這會引起他的盛怒。到時候，嚴世蕃可以從容出獄，而你們二位恐怕就會被定為死罪了。」

兩人一聽，臉色大變，表示重新商議，徐階說：「事不宜遲，若洩露出去，恐生意外。」說著從袖中取出一稿，說：「我擬了一稿，你們速讓寫本吏員到這裡來，連夜謄正，蓋上刑部印，明天一早送進宮中。嚴嵩人雖走，但京城耳目甚多。今夜，凡參與者一個也不准離開！」

第二天上午，世宗讀到嚴世蕃的罪行，楊繼盛、沈煉隻字未提，其中卻有這樣一段：

> 羅龍文與汪直交通，重賄世蕃求官，世蕃密聽占星者言，認為南昌有王氣，於是在彼地占地修建宅地，規制比擬天子宮殿，且又勾結宗室朱典楧，暗中等待時機，招聚亡命之徒，南與倭寇相通，北與虜酋交結，共相回應。

世宗讀到這裡，可謂七竅生煙，五官挪位，也不容細想，立即同意了刑部的判決，將嚴世蕃及其黨羽羅文龍綁赴西市斬首。

嚴世蕃於嘉靖四十四年（一五六五年）四月被執行死刑。兩年後，嚴嵩貧病交加，寄食於墓舍而死。從徐階入閣起意要將嚴嵩致於死地到如今，已整整過去了十五年。由此可見，一個政治家要想做成一件大事，必須有著常人不可企及的耐心。

透過〈遺詔〉撥亂反正

嘉靖四十五年十二月十四日，世宗病危，他被搬回大內乾清宮。當天，他就死在那裡。享年六十四歲。第二天，通政司就發布了他的〈遺詔〉：

朕奉宗廟四十五年，享國最久，累朝未有。一念惓惓，惟敬天勤民為務。怎奈身體多病，過於追求長生，遂致奸人誑惑，補過無由。自即位到今建言獲罪之諸臣，凡存者悉數召用，歿世者盡行恤錄。所有方士全都收逮，交法司治罪。一切齋醮工作及政令不便者，悉罷之。

其實，世宗搬回乾清宮時，已深度昏迷，死時並沒有留下隻言片語。這道不到二百字的遺詔，是徐階一手炮製。文章雖短，卻將世宗一朝的所有弊政全都推翻。遺詔頒布之日，朝野各界人士聽了，無不痛哭感激。短短幾天，曾在世宗身邊彙聚的數十名方士妖道，全部捉拿歸案。被世宗以各種罪名罷黜的數百名官員，第一批三十二人重新任命官職，而像楊繼盛、沈煉這樣的冤死者，都追贈謚號並給家屬優恤。

徐階以極快的速度撥亂反正，平反冤假錯案，使他的威信在朝野間達到極盛。有史家認爲，徐階起草的〈遺詔〉，與四十五年前楊廷和爲嘉靖皇帝登基所起草的〈登極詔書〉一樣，都是深得民心的匡扶社稷、補偏救弊的好文章。嘉靖一朝的開始與結束，在楊廷和與徐階兩人的主持下，都向歷史交出了優秀的答案。

但是，也有人對〈遺詔〉不滿意，那便是內閣中另外兩名輔臣郭樸與高拱。他們對徐階獨自起草詔書，不與他們商量深爲不滿。因此專挑〈遺詔〉的毛病。郭樸氣憤地對高拱說：「徐階訕謗先帝，罪可當斬！」兩人由此與徐階結下了仇隙。

對這件事，《三編發明》書中作了如下評論：大臣肩負軍國重任，應當謙虛謹慎，和衷共濟。只求大事處置得當，所謂「功不必自己出，名不必自己成」才合道理。此言於平時無急事之時，若於先帝駕崩、呼號哀痛之中起草遺詔，當是非常時期，怎麼相互之間產生嫌隙？觀徐階起草之遺詔，可謂切中弊政，深得民心。高拱、郭樸應當支持，怎能因爲未能參與而心生嫉妒，造謠誹謗……

這段評論有見地，講的是大局觀念，以及在大是大非面前的個人操守。可惜，高拱不能理解。不到一年，內閣衙門又狼煙四起。高拱公開向徐階宣戰。

第十二章 政壇一把霹靂火・高拱

亂世用人，第一要講才幹；順世用人，第一要講人品。高拱對這一點不是不懂，而是不屑於遵守。

看漲的政治行情

在世宗皇帝去世前幾個月，徐階推薦高拱與郭樸兩人入閣。自嚴嵩之後，內閣大臣的辦公室都搬到了世宗居住的西苑，本爲內閣值房的文淵閣成爲聾子的耳朵——擺設。所以，高拱與郭樸增補爲閣臣之後，每日都在西苑上班。

高拱是河南新鄭人，嘉靖二十年（一五四一年）的進士。選爲庶起士後兩年，授職爲翰林院編修。其時，年滿十一歲的裕王朱載垕出閣讀書，由嚴嵩的推薦，高拱與陳以勤出任裕王的講臣。

世宗皇帝共有三個兒子，太子早夭，裕王朱載垕排行第二。他還有一個弟弟，被封爲景王。按理說，太子死後，裕王應循例成爲太子，但世宗皇帝聽信道士陶仲文「二龍不能見面」的言論，不肯明確儲君。因爲太子一立，就等於有了兩條龍。世宗害怕小龍克老龍短自己的陽壽，故不肯議決。但是，對於一個成熟的政權來說，從法律上肯定接班人永遠是頭等大事。如果世宗只有一個兒子，接班人便不會有懸念。但他有兩個兒子，太子久虛，就會有變故。故朝中大臣經常上疏，希望世宗立裕王爲太子。開頭世宗不置可否，後來說的人多了，世宗便覺得大臣們有意跟他過不去。故說出狠話：「有誰敢再言立太子事，嚴懲不貸！」於是立儲之事，被長時間擱置。

高拱就是在這樣一種情形下當上了裕王的老師。這一當就是九年，在明代的衆多帝王師中，高拱供差的年數恐怕是最長的。從少年到青年，裕王的心情一直不好，因爲他始終不能成爲合法的儲君，總是在擔驚受怕之中。這期間，高拱一直陪伴著他，給他講孔孟之道等經邦濟世的學問。裕王寫了「懷賢忠貞」四個大字送給他，表示了對他的信任與感激。

後來，一直沒有就藩的景王也患病而死，皇位的繼承因此再也沒有懸念。儘管世宗還是堅持不肯立儲，但他的三個兒子只剩下一個裕王，自然淘汰的法則使裕王成爲實際的太子。

裕王身分的變化，使高拱的政治行情看漲。嚴嵩與徐階兩位首輔，都對高拱青眼相看，不停地給他升官。在嚴嵩的舉薦下，高拱被世宗任命爲太常寺卿，掌管國子監。嘉靖四十一年（一五六二年），又升任爲禮部左侍郎，不久改任吏部左侍郎，掌管詹事府。兩年後，徐階再次向世宗推薦，拔擢高拱爲禮部尚書。到了這個位子，就有資格進入西苑，陪著世宗皇帝煉丹藥、寫青詞。嚴嵩、徐階都是在禮部尚書的位子上，得到世宗的賞識最終成爲首輔的。

當了兩年禮部尚書後，徐階再次薦拔高拱爲文淵閣大學士而入閣擔任輔臣。沒有任何證據表明世宗對高拱特別賞識。重用他的原因大約只有一條，他是裕王身邊最久的老師。

言官成了政治鬥爭工具

高拱被任命爲輔臣時，世宗已重病。在西苑當值，日夜都不能回家，高拱頗不習慣。這名五十多歲的河南漢子很是戀家，皆因他結婚三十餘年，老婆只給他生了兩個女兒。在「不孝有三，無後爲大」的明朝，這是一件很難堪的事情。高拱在朋友們的撮合下娶回小妾，巴心巴肺想生下一個兒子，如今置身西苑，有家歸不得，高拱是何等的撓心。爲了方便與小妾的相處，他決定把家從市內搬到西苑旁邊，這樣他就可以偶爾抽空回家。

這種事怎瞞得過老狐狸徐階，他看在眼裡，嘴上不說什麼，心裡頭卻有想法。有一天，世宗突然病重，高拱聽了太監的話，認為世宗過不了今夜，於是立即跑進值房，將屬於自己的私人物件悉數搬回家去。這一點，更令徐階心中生厭，他認為高拱私心太重，缺乏和衷共濟的大臣風範。所以，在世宗駕崩後，他起草遺詔不與高拱商量，而找來得意門生張居正密議。

但是，就因為這件事情，高拱全然不顧徐階對他的提攜之恩，而與之反目成仇。世宗駕崩，裕王登基成為穆宗皇帝後，高拱自恃是裕邸舊臣，更不把徐階放在眼裡，處處與之作對。徐階畢竟經營多年，高拱的勢力無法與他抗衡，在一幫忠於徐階的言官的交相彈劾下，高拱無法抵擋，只好下野。

穆宗宣布高拱致仕的時間是隆慶元年（一五六七年）的五月二十三日。一年以後，即隆慶二年的五月十九日，首輔徐階宣布退休。

還在裕邸的時候，穆宗就養成了好酒好色的習慣，登基之後，一如往昔不加節制。徐階直言規勸，穆宗雖然採納，但也慢慢對徐階採取疏遠的態度。恰逢此時，徐階遭到給事中張齊的彈劾，於是堅決要求退休返鄉，穆宗同意。

人們談論明朝的政治，常常津津樂道「小官管大官」這一條，這實際上指的是明朝的言官制度。言官即今天的紀檢、監察幹部，由都察院與六科兩個衙門管轄。都察院系統的言官叫御史，六科系統的言官叫給事中。御史的總領導叫都御史，六科的總領導叫都給事中。都察院給全國各省配備紀檢監察幹部，級別與六部相同，屬正二品衙門。六科專門針對六部而設置，如吏科監督吏部，戶科監督戶部等等。六科有六個都給事中，官階只有六品，給事中官階只有七品，但享受四品的待遇。在明代，內閣輔臣與部院大臣的下臺，多與御史和給事中有關係。這些言官級別雖低，但握有彈劾大權。因此，大臣們很忌憚這些級別低微的小官。

明朝初期，言官們都在眞正行使監察之責。中期之後，言官逐步演變爲權力鬥爭的工具。某位政要爲了排除異己，嗾使自己控制的言官對他人彈劾，最終讓對手倒臺。

言官們的這種政治作用，在嘉靖一朝之前並不明顯，甚至在嚴嵩時期，言官們還是朝廷合格的紀檢監察幹部。他們的演變並最終成爲黨同伐異的工具，可以說是從徐階與高拱手上開始。在這一點上，兩人負有不可推卸的責任，特別是高拱，在他執政期間，一直沒有放鬆對言官的操縱。

徐階致仕之後，李春芳接任首輔，但他是一個好好先生。幾名輔臣如陳以勤、張居正、趙貞吉、殷士瞻等，都是各揑各的笛，各打各的鼓，誰也不服誰。面對這種「群龍無首」的局面，穆宗決定召回高拱。

高拱下野一年半之後，於隆慶三年（一五六九年）臘月二十二日重回內閣，而且一來就越過李春芳直接擔任首輔。

片言可以折獄

穆宗對高拱的信任，可以說是超過了所有閣臣。在穆宗看來，高拱有膽有識，學問淵博。從某種意義上說，他視高拱爲「精神教父」，心理上產生了依賴。

當年，高拱爲穆宗講授《論語》，講到「片言折獄」一段，讓穆宗記憶深刻。在《高文襄公全集》中，還保留了這段講義：

子曰：片言可以折獄，其由也歟。子路無宿諾。

片言是一言之間，折是剖斷明白而人皆信服，獄是爭訟，由是子路的名。宿是隔夜，諾是有所許於人。子路無宿諾是門人說的。孔子說人之爭訟者，各要求勝，情僞千狀。聽訟者雖極力以鞫之，尚有不得其情者矣。若能於一言之間，剖斷曲直，使各當其情而人無不信服者，其惟仲由也歟！

蓋由之為人也，忠信而明決。忠信則人不忍欺，明決則人不能欺。故能片言而折獄也。

在穆宗看來，高拱就是「片言可以折獄」的子路，是可擔任治理國家的重任。當徐階與高拱發生爭執時，以他儒弱的性格，不會因爲偏袒高拱而得罪徐階。但徐階去職後，穆宗還是及時地把高拱請了回來。

高拱回到內閣急於做成的兩件事情，卻爲官場所側目。

第一件事，就是將徐階透過遺詔形式而進行的平反昭雪工作全部推翻。他一到內閣，就給穆宗上了一道疏：

《明倫大典》頒示已久，今褒顯議禮儲臣，將使獻皇在廟之靈何以為享？先帝在天之靈何以為心？而陛下歲時入廟何以對越二聖？

《明倫大典》是世宗皇帝處理大禮案後，留下的一部用法律形式肯定大禮的典籍。因大禮案被杖死、謫戍、罷黜的官員，在徐階的主持下盡數平反並獲得優恤，這是深得民心的大事。但高拱因爲反對徐階，將這一深得民心的政治舉措予以革除。許多平反昭雪的官員又「一夜回到解放前」，這對剛剛開始的清明政治具有強大的殺傷力，以致兩年前彈劾高拱的言官胡應嘉和歐陽敬一兩人，都先後驚悸而死。更有甚者，當年王金、陶宏景等幾名蠱惑世宗迷戀齋醮的妖道，已經在徐階的主持下被問成死罪，羈押在死牢等待處決，這次也被高拱統統改判。高拱給穆宗上疏說：

人君殞於非命，不得正終，其名至不美。先帝臨御四十五載，得歲六十有餘，末年抱病。經歲上賓，壽考令終，曾無暴遽。今乃為王金等所害，誣以不得正終，天下後世視先帝為何如？乞下法司處議。

高拱強調「人君死於非命，名聲極爲不好」這句話說動了穆宗，於是同意改判。就這樣，遭人痛恨的妖道王金等保住了性命，並且逍逍遙遙地離開京城。

第二件事情，受高拱的指使，徐階的三個兒子全部被逮捕下獄。這些公子在鄉里的確存有劣跡，但尚不至於像嚴世蕃那樣橫行霸道。下獄之後，一些人施救，高拱一意孤行，將徐公子們充軍戍邊。

在明代的首輔中，像高拱這樣有仇必報，性格褊狹的人並不多見。俗話說宰相肚裡能撐船，指的是度量與氣量，高拱就是氣度太小。他的確有片言折獄的能力，遺憾的是，這能力用的不是地方。

一位優秀的吏部尚書

拋開褊狹的性格不講，高拱在處理國事上，還是有他的過人之處。

他重回內閣擔任首輔時，還兼任吏部尚書一職。這在明代沒有先例可循。因爲內閣首輔柄政，吏部尚書管人，是朝廷最重要的兩個官職，由一人擔任，則是眞正的權傾天下了。

高拱兼任吏部尚書，做了幾件很有創見的事情。第一是如何選用邊疆地區的官員，他說：

> 邊方有司，實兼牧民禦虜之責，宜選擇年力精壯、才具超群者擔任。不宜將此職委任雜流及遷謫者，對其考績以三年為率。比之內地官員，其加級升遷或擢用，不循常例。若不職者應降三級別用或罷斥治罪。

他認爲邊疆官員，無論是提拔還是懲罰，都要加重，以之保證疆土安全。另外，對於軍事幹部，他也有自己的用人標準：

> 兵者專門之學，非素習不可猝應。儲養本兵，當從兵部司屬開始。宜慎選司屬，多得智謀才力通曉軍旅者，久而任之，勿遷他曹。國家邊防兵備督撫之選，皆於是取之。

在高拱之前，各地的軍隊長官，督撫大於總兵。而督撫都是流官，即現在所說的「萬金油幹部」（什麼都不精通，但都懂一點，都能應付一些的人），今日當省上巡撫，明日又安排去當督撫，對軍事並無專門研究。高拱覺得如此用人，弊病太大，建議專才專用。他的這些建議，穆宗一一批准。

明朝的官員使用，制度也極爲嚴格。譬如說不能在本地做官，自朱元璋定下規矩後，二百餘年沒有人提出異議，執行起來也極爲嚴格。但高拱也將這一規定做了調整，他上疏說：

國家用人，不得在本鄉做官，此惟有民社之責者可執行之。如果學校、倉廩、驛遞等官，非有牧民之責，其官甚卑，其家甚貧，若授職遠方，或棄官而不能赴，或離任而不得歸，零丁萬狀，其情可憫。近例，教官得授本省地方，乞推廣之，凡官銜雜職，均循此例就近安排。

從以上三則來看，高拱是一位優秀的吏部尙書。他不斷研究問題，對於陳腐的用人制度敢於改革，敢於創新。

但高拱柄政期間最大的功績，並不是人事制度的改革，而是正確處理了與蒙古的關係。

化干戈為玉帛

隆慶四年（一五七〇年）的十月初九，山西大同邊關，已是一片肅殺。薄暮時分，忽然有二十餘騎來到城門外，搖著白旗呼喚開門。此事驚動了大同巡撫方逢時，他登城詢問才知，來者巴噶奈濟，是蒙古王俺達的孫子。他的父親鐵台背吉是俺達的第三個兒子，死得較早，巴噶奈濟由俺達夫婦撫養長大。俺達替巴噶奈濟做主娶了一名酋長的女兒爲妻，巴噶奈濟不喜歡，自己迎娶了鄂爾多斯都司的女兒，人稱三娘子。這三娘子美貌非常，老俺達一見動心，竟然從孫子懷中搶了過來成爲自己的嬌妻。眼見心愛的人一夜之間從老婆變成了祖母，巴噶奈濟十分氣憤，於是帶領親信前來歸順朝廷。

方逢時於是打開城門將巴噶奈濟迎進來，並迅速告知宣大總督王崇古。這位赫赫有名的邊帥，立刻派五百騎兵將巴噶奈濟接到宣府妥善安頓，並連夜給穆宗上疏，言道：

巴噶奈濟前來歸附，非擁眾內降者可以比擬。宜封給官爵，供贈館餼，厚飾車馬，以此向俺達示意。俺達若急欲見孫，則令其縛送歷年叛賊。若俺達不聽，則以誅殺巴噶奈濟為脅。若不然，亦可借機招撫，仿漢朝置屬國安置烏桓故事，使其遷徙舊部近塞安居。俺達老且將死，其子鴻台吉成為首領，可令巴噶奈濟還，率眾與鴻台吉對抗。我按兵助之，此安邊之良策也。

這封密疏送到京城後，在相關衙門傳看，一時輿論紛紛。因爲明王朝成立之後，北方邊患問題一直沒有解決，其中最重要的騷擾就是蒙古遊騎。遠的不說，單說嘉靖一朝，俺達就兩次越過長城要塞而進逼京師，第二次還攻入北京城內。因爲與俺達的作戰，朝廷每年都耗費了大量財力，僅因作戰不力而被處死的大臣就有十餘名。在世宗一朝，凡是向朝廷獻言與俺達媾和或開放邊市者，一律嚴懲。

如今，王崇古卻想借巴噶奈濟與俺達款通，豈不遭到許多大臣的反對？但是，首輔高拱與分管軍事的次輔張居正卻全力支持王崇古的建議，認爲這是解決北方邊患的最佳途徑。兩人一起說服穆宗，很快巴噶奈濟就得到了都指揮使的職務。

一個月以後，俺達請求封貢。

卻說巴噶奈濟歸順的消息傳開時，俺達正率領部屬在西部搶掠吐蕃部，他聞訊立即引兵回師，調集人馬進犯大同。王崇古早已布置停當，加強防守，俺達沒有得逞。

俺達的夫人伊克哈屯思念孫子，日夜哭泣，俺達爲此一籌莫展。這時，方逢時派人與他聯絡，告之巴噶奈濟近況。俺達派使者入關探望巴噶奈濟，見他孫子高宅良馬生活十分舒適，並穿著三品紅袍官服，腰繫金帶會見使者。俺達喜出望外，在孫子與使者勸說下，俺達決定與中原皇帝締結友好條約，並主動乞求封號。

到了十二月初四，俺達將明朝叛將趙全等九人全都捉拿獻給朝廷。穆宗接受高拱建議，封俺達爲順義王，並將巴噶奈濟送回。從此，與蒙古數百年的仇殺宣告停止。兩族邊境從紅山墩到清水營開設多個貿易點，眞正地化干戈爲玉帛了，邊民無不雀躍。

這是中國古代處理民族問題最成功的範例之一。在這次事件中，高拱、張居正、王崇古、方逢時四人功不可沒。而高拱在首輔位上，因此功勞猶大。

整人，從來是霹靂手段

明代的首輔，很少有北方人擔任，高拱似乎是第一個。北方人豪爽耿直的性格，既成全了他，也害了他。他遇事總是在第一時間表態，這種工作作風用於突發事件的處理，不會喪失機會。但若用於整人，也是立竿見影。

高拱領導的內閣，可謂四分五裂。一來是他獨斷專行，遇事不願與人商量，眞正是「一把手說了算」。所以，四名閣臣大都對他不滿，只有一個張居正與他合作，但最後兩人也產生了隔閡，其因是對徐階的兒子處理上產生分歧。高拱必欲對徐公子加重處罰，恨不能問成死罪，而張居正卻暗中施加影響加以保護。有一天，高拱聽信門客的讒言，跑到張居正值房質問：「聽說你收了徐階送來的三萬兩銀子，才這麼下力氣幫他說話。」張居正一聽臉色大變，立即起身對天發誓。儘管後來高拱知道是有人誣告，又想和張居正彌縫裂痕，但張居正內心已對高拱產生警惕。

內閣中還有一個殷士儋，此人與高拱、張居正一樣，都是穆宗的裕邸舊臣。本來他早就應該入閣，但高拱忌恨殷士儋在他面前倨傲，絕不肯推薦。後來，殷士儋透過宦官疏通關節，穆宗直接任命他為閣臣。高拱因此愈加惱怒，於是唆使御史趙應龍彈劾：「殷士儋透過宦官進入內閣並非正道，不能參與機密。」殷士儋頗為難堪，於是上疏請求致仕，穆宗不同意。高拱的門生、吏科都給事中韓揖揚言還要彈劾。有一天，韓揖進入內閣找高拱商量，恰巧被殷士儋碰到，於是當面痛罵，連帶著把高拱也痛斥一通。韓揖欲與之理論，被殷士儋摑了幾個耳光，張居正上來解勸，也遭到殷士儋的斥罵。此前，閣臣趙貞吉因不滿高拱的獨斷專行，已經上演了一場「武松打虎」，殷士儋這次再當鬥士，一時間瘋傳京城。

內閣相當於今天的國務院，是國家最高的行政機構。閣臣相當於總理和副總理。這麼高級別的領導人，居然在權力中樞打起架來，這在明朝歷史中是絕無僅有的事。這兩名輔臣，最終都遭到高拱門生的圍攻，各種彈劾奏章湧向穆宗，兩人不得不辭職回家。

高拱的門生故舊，大多安排在各種重要職位上，其中在言官的職位上有十幾人。這些人經常到他府上走動，唯老座主馬首是瞻。其中汪文輝，也深得高拱信任，但汪文輝內心中並不贊同高拱的一些做法。看到黨同伐異的局面愈演愈烈，汪文輝於是給皇上寫了一份〈陳四事疏〉，其略如下：

先帝末年所任大臣，本協恭濟務，少有嫌隙。始於一二言官見廟堂議論稍殊，遂潛察低昂，窺其動向，攻其所忌，以致顛倒是非，蠱惑聖聽，傷害國家大體。苟踵承前弊，交煽並構，使正人君子不安其位，恐宋朝元祐之禍復見於今，是為傾陷……

言官能規勸人主，糾彈大臣，但言官之訛，誰為指之者？今言事論人或不當，部臣不敢奏復，即憤然不平，雖同僚明知其非，亦不與辯，以為體貌當如此。夫臣子不肯一言受過，何以責難君父哉！

……願陛下明飭中外，消朋比之私，還淳厚之俗，天下幸甚。

穆宗收到奏疏後，指示給有關部門議論。高拱看後，知道汪文輝明裡指斥言官，暗中的矛頭是對準他的，不禁萬分惱恨。當即就動用吏部尚書的權力，將五品的御史汪文輝降為七品的寧夏僉事，限三日內離京赴任。

高拱整人，從來都是霹靂手段。但是，誰又能料到，一年後高拱的下場，卻是比汪文輝更慘。

決心扳倒大太監馮保

隆慶六年（一五七二年）五月二十六日，穆宗在乾清宮駕崩，享年三十六歲。穆宗死於酒色過度。臨死前一天，穆宗將高拱、張居正和剛入閣不到一個月的高儀三人叫到乾清宮內，在病榻前託付後事。

高拱等三人跪在病榻前，聽太監宣讀遺詔：

> 朕嗣祖宗大統六年，偶得此疾，遽不能起，有負先皇付託。東宮幼小，朕今付之卿等。宜協心輔佐，遵守祖訓，保固皇圖。卿等功在社稷，萬世不泯。

按明朝通常的說法，凡是皇帝臨終前接受託付的大臣，稱之爲顧命大臣。內閣三大臣同受顧命，這是很正常的事情。但是，關於這份遺詔，還有另一個版本，即在「朕今付之卿等」一句後改成「望與司禮監協心輔佐」。高拱認爲，這是矯詔。

當時，在穆宗面前宣讀遺詔的是馮保，他當時的職務是司禮監秉筆太監兼東廠提督。司禮監是內廷二十四監局中的最高權力機構。司禮監的第一把手稱爲掌印太監，餘下的尙有三至六名不等的秉筆太監。掌印太監與秉筆太監的關係，猶如內閣中首輔與次輔的關係。所以，掌印太監俗有「內相」之稱。馮保是三朝元老，在衆太監中不但是老資格，且書法、琴藝都有很深造詣，是太監中的飽學之士。論資格與能力，他早就應該當上掌印太監，但不知爲何得罪了高拱。當世宗皇帝時的掌印太監李芳下臺後，內廷一連換了兩個掌印太監，高拱極力推薦陳洪與孟沖相繼擔任，爲此得罪了馮保。

但馮保是即將登皇帝位的神宗朱翊鈞的貼身太監。朱翊鈞從來不喊他的名字，而是親切喊「大伴」。朱翊鈞的生母李貴妃對馮保也極爲欣賞。因此，穆宗的駕崩，高拱的政治生命實際上也走到了盡頭。

穆宗病逝的當天，相距不到兩個時辰，一份中旨傳到內閣，罷免了司禮監掌印太監孟沖，馮保取而代之。所謂中旨，即是不透過內閣票擬而由皇帝直接下達的聖意。明代的規矩，皇帝的聖旨一定要經過內閣票擬。對某事如何處理，閣臣將擬就的意見另紙抄上送呈，如果皇帝同意，就讓秉筆太監用朱砂抄錄，俗稱「批朱」。有了「票擬」與「批朱」，才是聖旨頒發的正途。這種嚴格的公文程序，可讓內閣與司禮監內外兩大權力機構互相制約。一般情況，皇帝很少採用中旨形式。當任命馮保的中旨到達內閣後，高拱氣得將旨本接過來狠狠朝桌上一摜，厲聲斥責傳旨太監：「不經鳳臺鸞閣，何名爲詔？」意思是不經過內閣，這叫什麼聖旨。

斯時老皇帝去世，新皇帝尚未登基，按理說沒有聖旨。但是，在新老皇帝交接的那段空隙，國事處理一般由內閣首輔出主意，皇后拍板定奪。皇帝發布詔令稱聖旨、皇后稱懿旨、貴妃稱令旨，這三種旨都屬於聖旨，都具有絕對權威。任命馮保的中旨，實際由穆宗皇帝的夫人即陳皇后與李貴妃兩人聯名發出。

高拱於是下決心要驅逐馮保，但談何容易。在穆宗患病期間，馮保與張居正已訂立了政治聯盟。

卻說張居正與高拱本是志同道合的好朋友。嘉靖後期，兩人同在國子監共事，高拱是祭酒，張居正是司業。兩人在一些國家大政方針上觀點一致，議論起來意氣風發，都以相業相許。後來，兩人都得到徐階的提攜，先後進入內閣。當內閣輔臣權力傾軋之時，張居正也是支持高拱的，但在徐階問題上，兩人友誼出現裂痕。這一點，前面已作介紹。

張居正同高拱一樣，也是不甘久屈人下。當內閣爭鬥到最後只剩下他們兩個時，本已產生嫌隙的兩名鬥士再也不可能和氣一團了。張居正於是選擇與馮保訂立同盟，而共同對付高拱。應該說，馮張的聯手也是高拱的失誤造成的。如果他出以公心推薦馮保，不為嚴懲徐階而公開指責張居正，這兩個人是不大可能成為盟友的。

據說穆宗患病時，馮保就後事處理祕密徵求張居正的意見，張居正提了十多條建議，密封起來派自己的祕書姚曠送給馮保。高拱得知訊息，連忙跑出內閣值房追趕姚曠。但六十歲的老頭子哪跑得過三十來歲的年輕人，累出一身臭汗卻不見人影。只得回來推開張居正值房的大門，烏頭黑臉質問：「我當國，你爲何要瞞著我，去跟馮保出主意？」張居正一聲不吭。

高拱又使出老招數，通知十幾位擔任言官的門生到他的家中開會。他布置機宜，讓他們寫疏給已登基的小皇帝朱翊鈞彈劾馮保。他認爲自己一呼百應，除掉一個馮保不成問題。誰知事情的結果恰恰相反。

在權力巔峰上遽然跌落

隆慶六年六月初十，在穆宗駕崩後半個月，他的兒子十歲的朱翊鈞登皇帝位，是爲神宗。他登基第三天，在高拱的安排下，言官韓揖、程文、雒遵等人彈劾馮保的奏摺都送到神宗手上。同時，高拱也以自己名義給神宗上了一道〈陳五事疏〉，中心意思是強調限制司禮監的權力，把國事處置權交給內閣。高拱的設計是：神宗收到這幾份奏疏後，就會按常例發還內閣擬票，他就用擬票的權力，對馮保實行驅逐。

由此可見，高拱還是「書生政治家」，至少在這一點上，他是個教條主義者。他的設想若放在平常的人事處置上，倒也行得通。但在重大的人事上，特別是君權與相權發生衝突的時候，所謂的票擬之權等於零。

高拱在實施了對馮保的「斬首行動」之後，還派人專門向張居正通氣，希望他再不要「與閹豎協謀」，而保持清名。張居正表面應承，但即時將這消息向馮保做了通報。

其實，張居正的這種通報唯一的作用是向馮保證明盟友關係。這乃是因爲，所有衙門及官員的奏疏都是透過通政司送達內廷，而代表皇帝接受奏疏的則是司禮監。所以說，不用張居正通報，馮保也會在神宗之前見到彈劾他的奏疏。老辣的馮保將這些奏疏拿給神宗及他的嫡母陳皇后、生母李貴妃看，並抱屈地說：「高拱彈劾我，是欺皇上年幼，想獨攬大權。」這句話戳到了李貴妃的痛處。此時，她最敏感的問題就是怕人說她兒子年幼無知。據說聽了馮保的話後，她抱著十歲的小皇帝痛哭失聲。

又三天過去，即神宗登基後的六天，一大清早，百官都匯聚到會極門下等待皇上的接見。高拱早早來到這裡，顯得異常興奮。他認爲馮保的命運會在今天早朝中決定。但是，早朝的時間過去，小皇上卻沒有露面。又等了一會兒，只見宣旨太監王蓁慢悠悠走來，大聲說道：「皇上取消早朝，但有旨意在此。」說罷，抖開黃綾卷軸，一字一頓念了起來：

皇后懿旨、皇貴妃令旨、皇上聖旨：

說與內閣、五府、六部等衙門官員。大行皇帝賓天先一日，召內閣三臣在御榻前，同我母子三人親受遺囑。說「東宮年幼，要你們輔佐。」今有大學士高拱專權擅政，把朝廷威福都強奪自專，通不許皇帝主專。不知他要何為？我母子三人驚懼不寧。高拱著回籍閒住，不許停留。你每位大臣受國家厚恩，當思竭忠報主，如何只阿附權臣，蔑視幼主，姑且不究。今後都要洗心滌慮，用心辦事。如再有這等的，處以典刑，欽此！

聽這聖旨的口氣與用詞，同今天的白話文沒有多大區別。由此可以斷定，它的起草者是馮保無疑。若論職業風險，明代的官場應屬於「高危險性人群」，至高無上的君權，任何時候都不容挑戰。

關於宣旨這一段，在拙著《張居正》這部歷史小說中，我是這樣描述的：

王蓁讀完聖旨，便走下丹墀把那卷黃綾卷軸遞到張居正手中。只這一個動作，在場的所有官員都明白，高拱頃刻之間已從一人之下萬人之上的權力巔峰上遽然跌落……

悲劇並非咎由自取

回到故鄉在痛苦中度過晚年的高拱，始終不原諒張居正。他寫了一本《病榻遺言》，將自己的放逐歸罪於張居正。客觀地講，張居正對他的下野產生了推波助瀾的作用，但不是決定性的。他的悲劇在於過分地自信、過分地強勢，將一些本來可以團結的人推到對立面上，對掌握著君權的孤兒寡母也沒有表現足夠的謙恭。政治的謀略首先在於克制與隱藏，這兩點恰恰是高拱做不到的。

亂世用人，第一要講才幹；順世用人，第一要講人品。高拱對這一點不是不懂，而是不屑於遵守。在對穆宗講歷史課的時候，論及三國人才，他有一段很精闢的話：

問：三國人才輩出，是一時風氣生此等人才否？

答：非也，乃時之使然也。彼三國鼎峙，互相吞噬，存亡之機，間不容髮。機一錯即為人所魚肉，故其君臣相親相結，不自疑阻。機合即為弗狗。形跡有不必告於君者，有不必語於人者。蓋謀有所不可泄，時有所不可失也。期與濟事而已，故可與權。且其人便習既久，智愈出而愈不窮，不惟自家機熟，而人之肯為謀者日益眾，故只見其多才耳。迨夫承平既久，法之把持，日以深忠謀者，君不為主，而旁人之苛求又甚烈，故人皆注意行跡。沒有命令不敢行，沒有政策不敢行，非標表清楚人所能見者不敢行。胡然而掣肘，胡然而獲罪。於是謀臣遠避，庸人則推諉支吾。苟利於目前，由是習以成風。所用之人不過如此。雖有可行權之才，亦湮滅而已。由此造成無事而庸人盤踞，富貴而智士不得。朝廷一旦有事則束手無策，徒嘆國家之無人也。

相信所有志在經邦濟世的政治家和慷慨以天下爲己任的智士，讀到這段話都會有同感。高拱勇於任事，這是他性格中最燦爛的一面。但他的悲劇除前面說到的一點外，還有一點在於，他生在承平日久的順世，卻想學亂世的政治家那樣做事，不顧忌衆多庸人所能接受的程度，制度與法令所能允許的程度。不過，這個悲劇並非咎由自取，而是時代使然。

高拱回鄉七年之後去世，消息傳到京城，張居正上疏請朝廷給予優恤和祭葬，但神宗不同意，只給予半葬的待遇。自始至終，神宗都不肯原諒他。

第十三章 天生的政治家・張居正

明代所有的帝王師中，對國家社稷貢獻最大的是張居正，對皇帝傾注心血最多的也是張居正。但是，他給家人帶來的悲劇也異常慘烈。

多事之秋的一封私人信件

嘉靖四十年（一五六一年）的確是個多事之秋。這一年的正月，韃靼吉能部自河西走廊越過黃河南下騷擾。八月，蒙古王俺達率兵進攻宣府。九月，俺答部又攻破居庸關。而自春天開始，南方的廣東、福建、江西等地，相繼爆發農民起義，而倭寇又屢屢侵犯浙江沿海。官軍南北馳驅，疲於奔命；百姓流離失所，苦不堪言。可是，已經當了四十年皇帝的世宗朱厚熜，猶自沉迷道術，終日以齋醮煉丹爲樂。奸相嚴嵩一手遮天，賄風與穢跡，污濁公門。在這一年的初冬，時任國子監司業的三十七歲的張居正，正就著一盞寒夜的油燈，給遠在寧夏指揮部隊作戰的老友耿定向寫信：

長安棋局屢變，江南羽檄傍午。京師十里之外，大盜十百為群。貪風不止，民怨日深。倘有奸人乘一旦之釁，則不可勝諱矣。非得磊落奇偉之士大破常格，掃除廓清，不足以弭天下之患。

……顧世雖有此人，未必知；即知之，未必用，此可謂慨嘆也。

從這封信中，我們看到嘉靖四十年的中國是何等的風雨飄搖，無論是軍事、經濟，還是吏治、治安，大明王朝都危在旦夕。當時的張居正，只是文官系統中的一個中級官員，且不在顯赫部門，擔任的是一個學校的行政長官。但「位卑未敢忘憂國」，他呼喚「磊落奇偉之士」的出現。其實，從信中不難看出，他認爲自己就是那個可以大破常格，挽狂瀾於既倒的磊落奇偉之士。

在當時，誰也不會想到，這個滿懷憂患且意氣風發的年輕人，十年後竟然會在中國的政壇上，掀起一場前所未有的十級地震。

志在匡時救國

張居正是湖北江陵人。他的七世遠祖張鳳保，是朱元璋率領的農民起義軍中的一名普通士兵，後來隨著大將軍徐達的部隊進駐湖北。論軍功，安排在湖北秭歸當了一個可以世襲的百戶長。在當時授職的軍人中，這應該是最低的賞賜。張居正近祖的這一支，顯然不是長子，所以屢屢遷徙出外謀生。到了他的祖父張誠這一代，才定居江陵。張誠在遼王府中謀得一個守門的職位，這相當於今天的保安。因此，儘管張居正的遠祖曾是創建大明王朝的一個小小功臣，但他仍屬於平民出身。

傳說張居正出生時也產生過靈異。他的祖父夢見一隻大白龜從廚房的大水缸中浮出來，暗夜的家中光明如晝。第二天張居正誕生，祖父於是給他取名「白龜」。他的父親張文明是一個秀才，嫌白龜過於俗白，於是將龜字改爲圭，音相似，但寓意更美好。十三歲，張居正考中秀才，荊州知府覺得白圭這個名字仍然不雅，於是改爲居正。從此，這個名字便成爲中國歷史中不可替代的符號。

張居正兩歲就能識字，在故鄉有神童之稱。他十九歲參加全省鄉試考中舉人，二十三歲參加全國會試考中進士，並被選爲庶起士，在翰林院中讀「博士後」。兩年後畢業，被授予翰林院編修。在這兩年內，世宗寵信嚴嵩，先後殺三邊總督曾銑、首輔夏言，接著東南倭寇猖獗，抗倭功臣朱紈被罷官。至此，終世宗一朝國無寧日。剛剛當「公務員」的張居正，覺得自己獲得了國事的建議權，於是立即給世宗皇帝寫了一份洋洋數千言的〈論時政疏〉，開頭就講大道理：

臣聞明主不惡危切之言以立名，志士不避犯顏之誅以直諫，是以事無遺策，功流萬世。故嫠婦不恤其緯，而抱宗國之憂。臣雖卑陋，亦廁下廷之列。竊感當時之事，目擊心懷。夙夜念之熟矣，敢披肝膽為陛下陳之。伏惟聖明少留意焉。

臣聞天下之勢，譬於一身。人之所恃以生者，血氣而已。血氣流通而不息，則薰蒸澆灌乎百肢，耳目聰明，手足便利而無害。一或壅淤，則血氣不能升降，而臃腫痛痺之患生矣。臣竊惟今之事勢，血氣壅淤之病一，而臃腫痛痺之病五，失今不治，後雖療之，恐不易為力矣。臣敢昧死以聞。

寫完這一段務虛的引言大道理後，張居正開始從約束宗室、愛惜人才、慎選守令、鞏固邊防、節省開支等五個方面提出改革的意見。在疏文的最後，他寫道：

五者之敝，非一日也。然臣以為此特臃腫痛痺之病耳，非大患也。如使一身之中，血氣升降而流通，則此數也，可以一治而癒……

臣聞扁鵲見桓公曰：「君有疾，不治將深。」桓公不悅也。再見又言之，三見望而走矣。人病未深，固宜早治，不然臣恐扁鵲望之而走也。狂瞽愚臣，輒觸忌諱，惶竦無已。雖然，狂夫之言，而聖人擇焉。伏望聖明少留意於此，天下幸甚。

寫這封〈論時政疏〉時，張居正才二十五歲。在今天，這個年齡的人被世人稱爲「八十後」，還在爭論他們是否甘於當「啃老族」，有沒有社會責任感，會不會走正路。須知四百六十年前張居正這個「八十後」，卻已經以新銳政治家的面目出現在中國的政治舞臺上。他不但承擔社會責任，還以極大的勇氣指斥時弊，爲國家的發展提供建設性的意見。從這一點上看得出來，張居正是一個天生的政治家。

細細研讀這封信，感覺得到張居正的政治敏感度很高。如此年輕，就有宏闊的政治視野和嚴謹的治國理念，這實屬難得。但是，這封奏疏並沒有引起世宗的注意，我們看不到皇帝對此有任何意見或批覆。不過，這個初出茅廬的年輕人倒是引起了一個人的注意，那就是時任翰林院掌院學士的徐階。這個精明的小個子政治家，立刻將張居正收至麾下並加以培養和保護。

張居正在翰林院編修的位子上度過了平淡的五年。眼看嚴嵩當權積弊日深，張居正深感失望。其時，雖然他的政治導師徐階已經入閣成爲嚴嵩的副手，但他也無從展布，除了暗中積蓄力量別無他法。於是，三十歲的張居正決定離開官場，他向吏部請假回老家養病獲得批准。回到江陵老家，一住就是三年。人雖然回到江湖，但心還留在廟堂。他不是眞正的歸隱，而是懷才不遇的表白方式。回家第三年的春節，他寫了一首〈元日望闕〉的詩：

北闕朝元憶往年，趨承長在日華邊。
青陽御蹕乘春轉，黃道諸星傍斗旋。
鎬宴並沾歌湛露，虞庭率舞聽鈞天。
江湖此日空愁病，獨望宸居思渺然。

由此可見，張居正的志向並非要當閒雲野鶴，而是要匡時救國。終於，在閒居了三年之後，他重新回到了京城。

十年間成為兩代帝師

張居正少年老成不苟言笑，這一點既贏得尊重也讓人忌憚。他回到京城仍在翰林院供職。三十六歲時，由於徐階的推薦，張居正由翰林院升右春坊右中允，並兼管國子監司業事。

應該說，張居正的仕宦生涯，到此才有一個明顯的轉折。右春坊是專門負責太子學習的教育機構，當了這裡的右中允，名義上就是太子的老師了。而國子監則是國家唯一的大學，又稱太學，司業是主管教育的二把手。張居正同時兼任這兩個職務，便爲日後的晉升打下了堅實的基礎。

世宗皇帝生過三個兒子，但到張居正擔任右中允的嘉靖三十九年，他只剩下了一個兒子，餘下兩個皆病死。這個兒子即是後來成爲隆慶皇帝的朱載垕。因爲世宗不肯立太子，朱載垕當時的身分是裕王。張居正這個右中允，就是充當裕王的老師。

裕王是個寬厚的人，但一生嗜好酒色而不喜念書，他比張居正小六歲。張居正給他當老師時，已經三十歲了。這個年紀早已不是潛心讀書、一心治學的最佳時候，何況裕王因爲沒有太子的身分，名義上還不是儲君，因此老是擔驚受怕鬱鬱不樂。不過，徐階心中明白，大明江山遲早要交到裕王的手上，早早安排張居正當他的老師，怎麼講對張居正來說都絕無半點壞處。果然，六年以後世宗駕崩，裕王繼位，是爲穆宗。做爲裕邸舊臣的張居正，一下子就進入到權力的中心。雖然，他此時的官階只有五品，但已擔任首輔的徐階對他信任有加，特別援引他參加世宗遺詔的起草工作。穆宗一登基，張居正即被提拔爲翰林院侍讀學士、掌院事。

五個月後，張居正又升任禮部右侍郎；一個月後，又升爲吏部左侍郎兼東閣大學士，進入內閣參與機務；再過兩個月，又升任禮部尚書兼武英殿大學士。至此，剛滿四十二歲的他，成爲朝廷裡最爲年輕的內閣輔臣。他從六品官升任五品官用去了整整十二年，從五品官升任四品用去了五年，從四品官到二品卻只用了九個月。

在隆慶一朝，張居正雖然已經是柄政大臣，但他仍是一名合格的帝師。除了繼續充當穆宗經筵的講官，同時他還擔任了時爲太子、後來登基爲萬曆皇帝的朱翊鈞的老師。如果說穆宗的首席講臣是高拱的話，那麼，朱翊鈞的首席講臣則無疑是張居正了。

張居正與朱翊鈞的關係，既是君臣，又是師生，在十幾年的時間中，這兩人之間演繹的愛恨情仇，可謂超乎異常，完全具備美國好萊塢大片的幾大要素。但是，有一個基本點是，張居正自始至終，對朱翊鈞一直充滿尊重與愛憐。

隆慶二年（一五六八年），張居正給穆宗皇帝上了一道〈請冊立東宮疏〉，率先提出要穆宗盡早確立朱翊鈞太子的身分，疏中言道：

> 去歲皇上登極之初，禮官即疏請冊立。伏奉聖諭：以皇子年尚幼，先賜名而後冊立。臣有以見皇子慎重大禮之意。但人心屬望已久，大計亦宜早定。
>
> 查得我祖宗故事，宣宗以宣德三年立英宗為皇太子，時年二歲；憲宗以成化十一年立孝宗為皇太子，時年六歲；孝宗以弘治五年立武宗為皇太子，時尚未周歲也。今皇子年已六歲，比之孝廟年適相符，較之英、武兩朝，則已過其期矣。伏望皇上率由祖宗之舊章，深惟社稷之長計，以今首春吉旦，敕下禮官，早正儲宮之位。以定國本，以慰群情。

穆宗一共生有四個兒子，長子、次子先後夭折，存下的三子翊鈞、四子翊鏐，均爲李貴妃所生。朱翊鈞生於嘉靖四十二年（一五六三年）八月十七日酉時，到張居正上疏請立太子時，他正好六歲。

張居正的建議被穆宗採納，三月九日正式下詔冊立朱翊鈞爲太子。

兩年後，張居正又給穆宗上了一道〈請皇太子出閣講學疏〉：

昨，該禮部、禮科題請東宮出閣講學，臣等擬票，擇日具儀。奉御批：「年十齡來奏。」此我皇上保愛東宮，不欲以講學勞之也。遠稽古禮，近考祖制，皆以八歲就學。蓋人生八歲，則知識漸長，情竇漸開，養之以正，則日就規距；養之不正，則日就放逸，所關至重也。故周成王在繈褓之中，即周、召、太公為之師保，為之置三少，為之選天下之端士，以衡翼之。自孩提有識，即見正事，聞正言，而成王為周之令主，良有以也。

張居正不愧是教育家出身，對太子爲何要出閣讀書講了充分的道理。但穆宗仍堅持要等到朱翊鈞十歲才出閣讀書，他本人不愛讀書，也怕讀壞了太子。由於他的固執己見，以至朱翊鈞兩年後倉促登基時，不但是個十歲的孩子，還幾乎是個文盲。那時，他剛剛出閣讀書才兩個月，一本《三字經》才讀了幾頁。

輔臣與帝師的雙重角色

隆慶六年六月十六日早朝時，小皇帝朱翊鈞並未出現，而是讓太監王蓁當衆宣讀聖旨，讓首輔高拱回籍閒居，而張居正則順利地接替首輔之位。

關於這次權力鬥爭，本由高拱與大太監馮保之間的仇怨引起，但張居正無疑是最大贏家。史家通常的說法是張居正「附保逐拱」，這被當作張居正人生的污點而讓人詬病。

張居正與高拱，都是徐階看中並著意栽培的人物。兩人同在國子監共事，又同爲裕邸舊臣，關係一直很好。但隨著高拱與徐階反目，並欲置徐階於死地時，兩人便產生了分歧。張居正尊重導師，在高拱對徐階的三個兒子施以毒手時，張居正則盡力保護。爲此，兩個心心相印的政友產生了矛盾。穆宗皇帝死後，兩人的矛盾公開化。說實話，如果不是張居正與馮保結爲政治同盟扳倒了高拱，以高拱的性格，在他收拾了馮保之後，也一定會將張居正逐出內閣。爲自身的安全計，張居正此舉雖有可指責之處，卻並沒有太多的過錯。政治鬥爭你死我活，與其成爲失敗者讓人同情，倒不如當一個勝利者，哪怕受到非議。更重要的是，張居正與馮保結爲盟友，並非沆瀣一氣做盡壞事，而是將朝廷中最大的一股政治力量團結起來，使其推行的「萬曆新政」得以順利展開，從這點上看，張居正團結馮保，實際上是做了一件利國利民的好事。

張居正當上首輔的第三天，即隆慶六年的六月十九日，小皇帝在乾清宮前面的平臺單獨接見張居正。其時，張居正因去萬壽山視察穆宗陵寢工程而中暑，在家養病。小皇帝見到張居正，便安慰道：「先生爲父皇陵寢，辛苦受熱。」接著又追述先皇之言：「先生忠臣。」爾後又道：「凡事要先生盡心輔佐。」

十歲的小皇帝說出這番話，令張居正大爲感動，於是伏地奏道：「臣叨受先帝厚恩，親承顧命，敢不竭力盡忠，以圖報稱。方今國家要務，唯在遵守祖制，不必紛紛更改。至於講學親賢，愛民節用，又君道所當先者，伏望聖明留意。」

這是張居正當首輔後，第一次向小皇帝表述自己的施政綱領。關於這一次談話，歷史學家樊樹志先生在其所著的《萬曆傳》中有如下評價：

這個極力主張對弊政掃除廓清的人，此時隻字不提改革，而強調遵守祖制，不必紛紛更改，用心頗為良苦，非不為過，實不能也。地位尚未穩固，時機還不成熟。他是個深沉有城府，人莫能測的政治家。

樊先生的剖析很有見地。張居正宣導的改革，可以說是從「遵守祖制」開始。所謂祖制，指的是洪武與永樂兩位皇帝，在明朝創立之初而制定的一系列施政綱領。明朝初年的政治，對官員是苛嚴的，不要說貪墨，就是政務稍有懈怠，也嚴懲不赦。但是對老百姓，採取的卻是休養生息的政策。面對武宗以來吏治腐敗的狀況以及民不聊生的局面，張居正十分嚮往洪武、永樂兩朝國家清明的局勢，因此提出「唯在遵守祖制」。這不是隨口說出的客套話，而是含有正本清源，廓清政治的大謀略。

其時，張居正在小皇帝面前的角色，既是相，又是師。他上面的那段話，前半段是以首輔的身分說話，而後面的「至於講學親賢，愛民節用，又君道所當先者」這席話，又是以老師的身分來教育學生。實際上，在張居正獨秉朝綱的十年，他一直將輔臣與老師兩種身分集於一身。

為朝廷扛起改革大旗

前面講過，張居正在二十五歲的時候，就有施行改革掃除弊政的雄心。為了實現這一理想，他一直在等待機會。

隆慶二年（一五六八年）的七月，首輔徐階致仕，李春芳繼任。李春芳是張居正的同科進士。所不同的是，李春芳是該科的狀元。這位首輔是個好好先生，且缺乏政治家的縱橫捭闔的才能。在他上任不幾天，張居正就給穆宗皇帝上了一道〈陳六事疏〉，在這篇疏文中，張居正全面提出了自己改革政治的主張。疏文的開頭，就有高屋建瓴之勢：

臣聞帝王之治天下，有大本、有急務。正心修身，建極以為臣民之表率者，圖治之大本也。審時度勢，更化宜民者，救時之急務也。大本雖立，而不能更化以善治，譬之琴瑟不調，不解而更張之，不可鼓也。

恭惟我皇上踐祚以來，正身修德，講學勤政，惓惓以敬天法祖為心，以節財愛民為務，圖治之大本，既已立矣。但近來風俗人情，積習生弊，有頹靡不振之漸，有積重難返憂，若不稍加改易，恐無以新天下之耳目，一天下之心態。臣不惴愚陋，日夜思惟，謹就今之所宜者，條為六事，開款上請，用備聖明採擇。

臣又自惟，幸得以經術遭逢聖主，備位輔弼，朝夕與同事諸臣，寅恭諧協，凡有所見，自可隨事納忠，似不必更有建白。但臣之愚昧，竊見皇上有必為之志，而淵衷靜默，臣下莫能仰窺。天下有願治之心，而舊習因仍，趨向未知所適。故敢不避形跡，披瀝上陳，期於先詔主德，而齊一眾志，非為他也。伏乞聖慈垂鑑，俯賜施行。天下幸甚，臣愚幸甚！

接著，張居正從省議論、振紀綱、重詔令、核名實、固邦本、飭武備六個方面，系統地提出自己的改革主張。此時，距張居正給世宗皇帝呈〈論時政疏〉已過了十九年。在這十九年，國運沒有任何一點起色。而吏治腐敗、法令不行、國庫枯竭、武備廢弛、豪強權貴大肆兼併土地、農民破產等等問題，已經愈來愈嚴重。國家再不改革，必將危在旦夕。

此時的張居正，比之十九年前，由於歷練甚多，政治上更爲成熟，看問題更加透徹。如果在十九年前實施改革，張居正充其量只能當一個「革命軍中馬前卒」。而現在，張居正有能力也有勇氣爲朝廷扛起改革的大旗了。

而且，張居正呈上〈陳六事疏〉的時間，也是經過深思熟慮的。斯時高拱下野，徐階致仕，兩個最有主見的輔臣都不在中樞之地，而擔任首輔的李春芳並無掌控大局的能力。如果穆宗看了奏章同意進行改革，那麼，實施改革的操作必然就會落到他張居正的手上。遺憾的是，穆宗壓根就沒有振衰起隳的雄心。他看過疏文後，只批了七個字：「知道了，具見忠忱。」然後就泥牛入海，消息全無。

明代自宣宗皇帝之後，再也沒有出現過雄奇豪邁的皇帝。要麼是少年登基，不諳世故；要麼是久居深宮，難辯是非。操持國事的，是由內閣、五府六部等部院大臣組成的文官集團。這個集團的執政能力，決定了帝國的命運。

張居正的一腔熱血，再一次化爲塵土。隨後幾年，隨著高拱的二度出山，內閣鬥得驢嘶馬喘。張居正只得繼續隱忍與收斂。

等到當上首輔之後，張居正意識到改革的時機已經成熟。這是因爲小皇帝才十歲，他的生母李貴妃希望張居正挑起治理國家的重擔，而讓小皇帝有足夠的時間學習政體與知識，而文官集團中的強人又相繼離去。這一切，都給張居正的「獨斷專行」提供了極大的便利。此情之下，處理好與李太后（李貴妃在小皇帝登基後晉升爲慈聖皇太后）以及馮保這兩個人的關係，便顯得極爲重要。因爲，這兩個人一個是小皇帝的生母，一個是掌印太監、小皇帝的「大伴」，推行改革若不能取得這兩個人的支持，則絕無可能得到小皇帝的信任。

長袖善舞和「與狼共舞」

近年來，有史家認爲，萬曆初年的中國政壇，李太后、張居正與馮保三人構成了牢不可破的權力鐵三角，這說法有一定道理。李太后雖然貴爲皇母，但出身寒微，懂得民間疾苦，她對兒子管教非常嚴格。小皇帝貪玩，儘管貴爲九五之尊，她還是給其罰跪。馮保精通古琴與書法，是太監中難得的儒雅之士。他是小皇帝的大伴，小皇帝對他非常依賴，同時李貴妃對他也非常信任。此人最大的毛病就是貪墨成性，但也能夠識大體。

張居正在三人中，是眞正的靈魂人物。推行改革，沒有三個人的合力是不可能成功的。但李太后與馮保二人，不可能有什麼創見。相反，他們還各有私欲。張居正總是能做到既滿足他們的私欲，又不至於讓其私欲過分膨脹，並以此換來他們對萬曆新政的支持。

對於一個偉大的政治家來講，既要講操守、氣節，也要講變通、交易，有時候，要有捨棄操守而進行齷齪交易的勇氣。張居正與馮保之間就是這樣，馮保有時收受大批賄銀而希望張居正給某人升官時，張居正不但沒有抵制反而盡量滿足。這一點，日後成了人們攻擊張居正的口實。但放在當時那種特定的情況下，張居正實在沒有別的辦法可以替代。

中國古代士人，歷來重操守而輕事功。如果操守與事功不產生矛盾，則都能做到慷慨任事。如要爲完成事功而有損於操守，則多半會迴避或乾脆掛冠而去。注重操守原也無可厚非，但若每個人都潔身自好而不肯爲國家建立事功，則國計民生的大事就無人承擔了。這乃是因爲，自古至今的官員隊伍中，從來就是善惡忠奸攪和在一起。惡者爲求一已之欲，從來不擇手段，不顧道德；若善者一味死守道德底線，則如何與惡者抗爭，如何建立事功？

儒家將立德放在人生的最高層次，其次是立功、立言。因此，中國的讀書人便以立德爲最高追求。但無庸諱言，報效國家的人首先應當有立功的思想，事實相反，很多人過不了這一關，不肯「與狼共舞」。

張居正一旦登上首輔之位，不但長袖善舞，而且還打破道德觀「與狼共舞」。竊認爲，萬曆新政之所以成功，做爲改革領導人的素質來說，這是關鍵中的關鍵。當然，與狼共舞不是同流合污，而是曲盡其巧的權宜之計。

做爲改革家來說，與狼共舞固然痛苦，與清流共事亦覺艱難。張居正上任之初，爲了穩定政局，啓用了一批元老級的人物充任六部堂官。如將兵部尙書楊博改任吏部尙書，南京兵部尙書王之誥改任北京刑部尙書，主持黃河水利工程的朱衡改任工部尙書，長期賦閒在家的陸樹聲出任禮部尙書。這幾位大老，都有明顯的清流傾向。依靠他們推行改革，顯然不切實際，但張居正初登首輔之位，根基未穩，還得依靠這些清流領袖幫助他穩定局勢。到了張居正改革拉開序幕，這些人果然想不通、看不慣，於萬曆三年前都相繼離去。

任何一場改革，首先必須從人事開始，萬曆新政也不例外。張居正的用人經驗，概括起來是八個字：重用循吏，愼用清流。

循吏是指那種不計個人得失，毀譽不計，只希望把事情做成做好的官員。但是，由於當時的官場以清流居多，張居正的用人標準，與整個文官系統的道德標準與利益訴求大相逕庭，因此受到的壓力也最大。

自主政之後，張居正告誡吏部：「良吏不在甲科，甲科未必皆良吏。」這句話用今天的語義解釋，即會考試的不一定會當官，高學歷不等於高水準。

張居正注重從沒有功名，但辦事幹練的下層吏員中選拔幹部。有一個名叫黃清的人，長得矮小醜陋，還瞎了一隻眼，僅僅只是個秀才。他長期在縣衙門裡當一名刑名師爺，即負責獄訟斷案。由於才幹超群，二十多年的吏場生涯，終於晉升到浙江嘉興府同知的位置。在官員考察中，張居正發現了這個人，決定破格重用。這時張居正正好碰到一個棘手的問題：漕運出現了障礙。

大明王朝的糧賦重地在江南。每年，要通過杭州到北京的大運河運送四百萬石糧食。負責漕糧運輸的是漕運總督衙門，而管理運河的又是河道總督衙門。兩個衙門一歸戶部，一歸工部，經常為許可權問題發生爭執，一旦出事又互相推諉。百年來，這個問題始終得不到解決。張居正一直關注此事，執政之後，他徵詢意見做出判斷，認為淮、揚二郡是運河阻塞的關鍵。皆因高郵、寶應一帶地勢低窪，一遇雨季便洪水氾濫，使運河潰堤、漕運受阻，於是決定在高郵、寶應增築內堤。但是，由於地方、漕運與河道三方面扯皮，導致工程開開停停難以為繼。張居正毅然決定，破格提拔黃清為淮安知府直接擔任築堤工程指揮長。當時，不論是吏部還是戶部、工部都反對這一任命。但張居正執意促成。黃清到任不到一年，便運用超常的變通能力和管理才能，就使內堤工程推進過半，不到兩年就全線峻工。不但解決了運河的水患，也將其漕運能力提高到六百萬石。捷報到京，張居正大喜，再次超升黃清爲兩淮運司同知。

讓一個既無進士出身，又是殘疾人的人驟登高位，官場很難接受。不久，黃清即遭人暗算。一日，上司乘船前來視察，黃清上船拜謁，過跳板時，因板滑墜入運河中淹死。雖是暗害，看起來卻像是一起事故。

張居正聽到噩耗，十分悲憤，他指示淮、揚二府爲黃清舉辦隆重的喪事，並再次破額「贈特祭、贈太僕卿、蔭一子入胄監」。這件事，爲後來的當政者頗爲稱道，認爲這種大破常格的用人方法，既要有慧眼，更要有魄力。唯其這樣不拘一格用人才，改革的大業才有人事上的保障。

在講堂上完成的改革

瀏覽張居正的經歷，我們會發現一個有趣的問題，他從未當過地方官，也沒有在中央任何一個衙門當過一把手。入仕二十餘年，只當過詞臣與講臣，按通常的說法，他並不具備領導一個國家的資格，因爲他的經歷太過簡單。不過，換一種角度看，他屬於職業政治家，自少年時代開始，他無日不在研究經邦濟世的學問。經歷豐富的人，從政憑藉自身的經驗；而閱歷豐富的人，政治眼光會更加宏闊。再大的危機，處置起來也能做到舉重若輕。

張居正在對待小皇帝的問題上，便彰顯出他的政治智慧。他通常把輔臣與老師的身分緊密結合，在教授知識的同時又處置了國事。

隆慶六年（一五七二年）的八月初五，上任才一個半月的張居正，在轟轟烈烈地考察京官整飭吏治的同時，給小皇帝上了一道〈請酌定朝講日期疏〉：

竊惟講學勤政，固明主致治之規；保護聖躬，尤臣子愛君之悃。今開講期近，臣等伏念皇上日每視朝，朝後又講，似於聖體太勞，恐非節宣之道。若論有益於身心，有裨於治道，則視朝又不如勤學之為實務也。臣等愚見，欲乞皇上每月定以三、六、九日視朝，其餘日俱御文華殿講讀。非大寒大暑，不輟講習之功，凡視朝之日即免講，講讀之日即免朝，庶聖體不致太勞，而聖德亦為有益。臣等未敢擅便，謹擬傳帖上進，伏乞聖明裁覽，發下禮部遵行。

神宗小皇帝聽從張居正的建議，下詔「自三、六、九日御門外，餘日皆免朝參」。歷來皇帝每日都得早朝處理國事，張居正覺得神宗眼下讀書比視朝更爲重要。因爲對於一個十歲的孩子來說，尙沒有能力處理國事，讀書進學才是第一要務。神宗下詔採納。不過，下詔名義是神宗，實際是李太后。自神宗登極入住乾清宮後，李太后也一併搬了進來，對兒子實行監護。

詔書實行後，神宗每月只有九天早朝與百官見面，二十一天的時間在文華殿讀書。在他讀書期間，國事的處理則全由張居正負責。雖然，所有的改革舉措皆由神宗的聖旨發出，但旨意都是張居正擬就，然後透過馮保呈進，李太后幫助神宗裁定發出。

由於君臣彼此不疑，溝通的管道暢通，所以，全國的政治局面才能做到日新月異。

鑑於神宗年幼，不宜講太多高深的道理，在神宗講學之初，張居正就指示講官馬自強查考古代堯、舜以來治理天下的君主，精選好的可以效法的八十一件事例，壞的應引以爲戒的三十六件事例，每件事例繪一幅圖，配以淺顯的解釋，總名爲《帝鑑圖說》。這有點像今天的連環畫，可以引起孩子們的學習興趣。張居正如此布置，可謂用心良苦。到了年底，這本連環畫編纂完成，張居正呈進，並上〈進帝鑑圖說疏〉，其中有這樣一段：

> 謹自堯、舜以來，有天下之君，撮其善可為法者八十一事，惡可為戒者三十六事。善為陽、為吉，故用九九，從陽數也。惡為陰、為凶，故用六六，從陰數也。每一事前，各繪為一圖，後錄傳記本文……仍取唐太宗以古為鑑之意，僭名《歷代

帝鑑圖說》，上呈睿覽……

伏望皇上俯鑑愚忠，特垂省覽。視其善者，取之以師，從之如不及；視其惡者，用以為戒，畏之如探湯。每興一念，行一事，即稽古以驗今，因人而自考。

神宗得到這上下兩冊的《帝鑑圖說》後，很是喜歡，放在手邊隨時覽閱。有一天，張居正為神宗講《帝鑑圖說》，講到漢文帝到細柳營慰勞官軍的事，就乘機奏言說：「古人認為天下雖然太平，但忘記戰爭必定是危險的。方今之世，國家承平太久，武備廢弛，文官壓制武官，像對待奴隸一般。如果平日不能培養將士的精銳之氣，一旦戰爭來臨，又怎麼可能強求將士們去衝鋒陷陣呢？以後，凡是發現將帥中忠勇可靠可以委以重任的，就應該給予實際的權力，使其才能得到充分的發揮。這樣才能做到大敵當前號令嚴整、兵士聽從調令。」

神宗聽罷，非常贊同張居正的意見，當即就委託張居正起草詔書，命令內廷外廷官員推薦將才，以備國家使用。

鞏固國防，提升軍事防禦及打擊能力，是張居正推行萬曆新政的重要改革內容之一。進入明朝中期之後，武官的地位日漸降低，一些地方督撫在當地總兵面前總是頤指氣使，加之皇上也派遣太監往各地督軍，使武官處處受氣，處處掣肘。張居正覺得北方邊患與南方叛民，以及東南沿海倭寇屢屢鬧事滋擾而不能克期剿滅，同武官的這種低人一等的處境有關。於是利用講課的機會向神宗進言，從而得到解決。一批著名的軍事將領如戚繼光、李成梁、劉顯等都得到了重用，並在短時間內平息了困擾朝廷多年的雲南、四川、廣東、廣西、貴州等地匪患。

在張居正柄政期間，他經常利用給神宗講課的機會闡述自己改革的主張，許多改革的重大舉措，便是在講堂上完成。

工於謀國，拙於謀身

如果全面闡述張居正十年改革取得的成就，絕非在一篇文章裡能夠完成。但必須要提的，則是他矢志推行的「一條鞭」法。

明朝制定的賦稅徵收政策極其複雜，有丁差、有糧賦、有雜稅。每戶農家按田畝計算，一年要出多少力差，該繳納多少糧賦，一經核定多年不變，繳納糧賦遠近不一，百姓不堪其苦。一條鞭法的內容是將田賦、徭役及各項雜稅總爲一條，合併徵收銀兩，按畝折算交納。這種方法由嘉靖初年的福建巡撫龐尙鵬提出，後來相繼有王宗沐、劉光濟、海瑞等先後在浙江、江西、南直隸等處推行，但始終沒有在全國統一推行。其因是推行一條鞭法的前提是要核定各州府的田畝。武宗之後，一些勢豪大戶大肆兼併田地並隱瞞畝數，導致稅源流失，這些田地的擁有者千方百計阻撓重新丈量田畝；二是沿襲多年的差、賦、稅的分類徵收方法，使一些黑心的地方官員可乘機勒索以農民爲主體的納稅人。所以說，施行一條鞭法的眞正阻力，來自於官方與勢豪大戶。這兩種都是社會上的強勢利益集團。張居正知道，若要眞正推行一條鞭法，必然要在全國重新丈量土地，而此舉就意味著要得罪所有的權貴。張居正一再強調「朝廷盛衰，重在吏治；國家興亡，功在財政」。改革的目的，就是要抓住吏治與財政兩個牛鼻子。所以，他抱著「雖機阱滿前，猶不足畏」的宏大決心，和「知我罪我，在所不計」的堅決態度，毅然決定在全國清丈田畝。此一工程，耗時兩年才完成，全國應徵賦稅的田畝，一下子增加了近四百萬公頃之多。僅此一項，就爲朝廷增加了一百餘萬兩稅銀，幾乎占了全國賦稅徵收的三分之一。

一條鞭法的實現，既減輕了農戶的負擔，又增加了白銀的流通。據史家研究，當時世界上三分之一的白銀在中國流通，山西的票號就是在這一時期產生。而且，大量失去土地的農民，可在官府的組織下投入運輸、興修水利、商貿等經濟活動，這導致了中國在萬曆時期開始了第一次城市化過程。

可以說，一條鞭法的實施，功在當代，利澤後世。隆慶六年，當張居正接任首輔的時候，國庫虧空四百多萬兩銀子，經濟幾近崩潰；十年之後，國庫存銀達一千多萬兩，府倉的積糧可支九年。這麼短的時間取得如此大的經濟成就，張居正居功至偉。

但是，誠如海瑞對張居正「工於謀國，拙於謀身」的評價，張居正這種義無反顧的改革精神，最終導致了他個人的巨大悲劇。

發生在萬曆五年的「奪情」事件，已經露出了事情的端倪。

「奪情」事件的是與非

萬曆五年（一五七七年）的九月二十五日，張居正的父親張文明逝世的喪報傳到京城，這一下，給張居正出了很大的難題。

按明朝規定，凡父母雙親去世，官員必須在喪報到達之日當天，即向吏部具文回家守孝三年，期滿後再回朝廷復職，此舉稱為守制。在以忠孝立國的明朝，守制是天經地義的大事，一般士人都不能違反也不敢違反。設若某位官員碰到此類情況，恰逢朝廷中有緊要公事無法脫身，皇帝會額外下旨令其留任，這種情況被稱為「奪情」。在整個明代，奪情的官員少之又少，而且，凡奪情者不管是什麼原因，都會被士林恥罵。

張居正遭遇父喪，按道理必須回家守制。但是，萬曆新政的推行剛剛有了一點眉目，而清丈田畝的攻堅戰還未打響，如果在這節骨眼上離開首輔之位，那麼，改革事業可能半途而廢。從古至今，人亡政息的例子不在少數。

張居正是個孝子，聽到父親去世的噩耗之後，他五內俱焚。做為人子，他恨不能立刻啓程回荊州奔喪；但是做爲一個政治家，他知道此時離開京城，就意味著改革的成果頃刻喪失。因爲改革而喪失特權的外戚與勢豪大戶組成的強勢利益集團，正巴不得早一天趕他下臺。經過權衡，張居正覺得應繼續留在首輔位子上推行改革。但是，鑑於朝廷的規定，他的去留須由皇上決定，他自己必須立即申請守制。於是，在收到報喪書的翌日，他即向皇上寫了一封〈乞恩守制書〉：

臣於本月二十五日，聞父訃音，即移諮吏部，題請放臣回籍守制。該吏部題奉聖旨：「朕元輔受皇考付託，輔朕幼沖，安定社稷，朕深切倚賴，豈可一日離朕？父制當守，君父尤重。准過七七，不隨朝。你部裡即往諭，著不必具辭。欽此。」臣在憂苦之中，一聞命下，驚慌無措。臣聞受非常之恩者，宜有非常之報。夫非常者，非常理之所能拘也。

……且人之大倫，各有所重。使幸而不相值，則固可各伸其重，而盡其所當為；不幸而相值，難以並盡，則宜權其尤重者而行之。今臣處君臣父子，兩倫相值而不容並盡之時，正宜稱量而審處之者也，況奉聖諭，謂：「父制當守，君父尤重。」臣又豈敢不思以仰體而酌其輕重乎……

從這篇奏疏中可以看出，張居正要求守制的決心並不強烈，猶豫之態度隨處可見。這也是京城各大衙門的官員攻擊他的原因之一。

據說，喪報到京後，李太后、馮保都不肯張居正回家奔喪，兩人的態度對神宗產生了直接的影響，加之神宗此時對張居正的確倚賴甚深，所以很快做出了讓張居正奪情的旨令。

按規定，直接處理這件事的是吏部。斯時，擔任吏部尚書的是張瀚。論資歷，此公絕不可能到此「天官」的位置，是張居正看他辦事認眞且非強勢人物，才把他從南京調來北京擔此重任。一些官員譏笑他是張居正「夾袋中人物」，凡事唯首輔馬首是瞻，絕不敢自己做主。張居正認爲皇上要他奪情，聖旨到部，張瀚就會立即執行並諮文照會各大衙門。誰知張瀚這次卻壯起膽子拒不執行，而是向皇帝送上辭呈。張居正沒想到張瀚關鍵時候背叛了他，心中怒不可遏，神宗也非常惱火，當即勒令致仕。

儘管神宗已經下達奪情聖旨，但是，京城各大衙門的官員卻一片沉默。這多少有點讓張居正難堪。於是，既是張居正同年又是同鄉的戶部侍郎李幼滋，第一個站出來給神宗上疏，支持奪情之議。茲後，御史曾士楚、吏科給事中陳三謨等都上疏挽留張居正。一時間，附合三人上疏的官員很多。此情之下，本來連連上疏請求守制的張居正終於改變主意，請求在官位上守孝。不久，神宗皇帝派太監到張居正家宣讀詔書：張居正仍擔任首輔，在職守孝，每日仍穿官服處理政務。

詔書一下，輿論譁然。一些清流官員認爲，張居正是貪戀祿位而不肯盡人子之義。於是，翰林院編修吳中行、檢討趙用賢首先上疏反對奪情。接著，刑部員外郎艾穆、主事沈思孝再次上疏。四篇疏文矛頭所指的都是張居正。因此，在京城廣爲傳頌，一時輿情洶洶。

卻說神宗看了這四篇疏文後，亦非常震怒，當即下旨將四人抓進錦衣衛大獄，並做出決定將吳中行、趙用賢各廷杖六十，艾穆、沈思孝各廷杖八十。

聖旨一出，各方營救。一些官員來到張府，請求張居正出面讓神宗更改旨意，張居正拒不肯疏通。廷杖之日，神宗命京城所有官員都到午門廣場觀刑。廷杖之後，吳中行氣息已經斷絕。他的朋友中書舍人秦柱帶著醫生趕到，給他餵了一小勺藥，才甦醒過來。趙用賢是個胖子，杖刑後手掌大的爛肉紛紛潰落，一條左腿只剩下骨頭。他的妻子把潰肉一塊一塊收撿裝了一面盆，然後用鹽醃製成臘肉儲藏起來。吳中行、趙用賢當日就被逐出京城。而艾穆、沈思孝在杖刑之後，半死不活地又被戴上木枷手銬，三日後發配戍邊。這四人愴然離京時，竟沒有人敢去問候和送行。

經歷這一次奪情風波，張居正與清流官員形成了尖銳對立。此前，一些外戚與權貴對他恨之入骨。現在，大量的清流又加入到反對他的行列。在當時，清流是士林即讀書人的主體。權貴掌握了社會資源，清流掌握了話語權，兩相夾擊，張居正的悲劇已是無法迴避了。

干涉皇帝私生活，犯了大忌

在張居正留下的二六三道奏疏中，我們既看到了一個「勵精圖治、披肝瀝膽」的宰相風範，又看到了一個「鞠躬盡瘁、死而後已」的帝師形象。這些奏疏，或裁抑外戚、或乞宥言官、或鑑別忠邪、或限制宗藩、或請罷織造、或處治邪佞、或處置戎政、或敦促講學，字裡行間，無不滲透了政治智慧與經邦濟世的責任。可以說，張居正的奏疏是留給後世的一筆豐厚的政治文化遺產。

在這些奏疏中，有一篇〈請戒遊宴以重起居疏〉，雖不是最重要的，卻是張居正權勢由盛轉衰的一個分水嶺。疏文如下：

> 自聖上臨御以來，講學勤政，聖德日新。乃數月之間，仰窺聖意所向，稍不如前。微聞宮中起居，頗失常度；但臣等身隔處廷，未敢輕信，而朝廷庶政未見有缺，故不敢妄有所言。然前者恭侍日講，亦曾舉「益者三樂損者三樂」，「益者三友損者三友」兩章。書語云：「對德務滋，除惡務盡。」其各監等官，俱令自陳，

老成廉慎者存之，諂佞放肆者汰之。且近日皇宮垂象，彗芒掃宦者四星，宜大行掃除以應天變。

臣又聞漢臣諸葛亮云：「宮中府中，俱為一休，陟罰臧否，不宜異同。」臣等待罪輔弼，宮中之事，皆宜與聞。此後不敢以外臣自限，凡皇上起居與宮壼內事，但有所聞，即竭忠敷奏；及左右近習有奸佞不忠者，亦不避嫌怨，必舉祖宗之法，奏請處治。

皇上亦宜戒遊宴以重起居，專精神以廣聖嗣，節賞賚以省浮費，卻珍玩以端好尚，親萬幾以明庶政，勤講學以資治理。

這篇疏文的出籠，原是有一段故事。

卻說萬曆八年（一五八〇年）的十一月十二日夜裡，已經十八歲的神宗，召來兩名宮女飲酒作樂，神宗喝得半醉，要宮女唱酸曲兒。宮女不依，神宗發怒要將宮女斬首。內侍孫海、客用兩人怕事情鬧大，於是請神宗以割髮代替斬首。於是，兩名宮女被剃了陰陽頭。馮保得知此事後，迅速稟報給李太后。李太后對神宗一向管束很嚴，哪裡容得神宗如此狎邪？第二天一大早，就跑去祭告祖宗，要將神宗廢掉，讓他的兄弟潞王繼位。神宗知道闖了大禍，於是跪在母親面前哀求，李太后對他說了一句：「你的去留，還得看看張先生的態度。」

張居正聞訊趕來，一是幫著神宗說話，平息李太后的憤怒；二是乘機幫助馮保，把宮裡一幫挑唆使壞的太監逐出紫禁城。事情平息之後，又寫了上面這道疏對神宗予以規勸。

神宗表面上對張居正的建議盡數採納，但內心中對他已產生了仇恨。特別是他母親那句「看張先生態度」的話，讓他產生了巨大的恐懼。當了八年的皇帝，他發覺自己的命運竟掌握在張居正的手中。

應該說，張居正對神宗的愛，既有君臣之義，也有師生之情。他太注意「顧命大臣」與老師的雙重角色，嘔心瀝血想把這個角色扮演得更好，甚至想打破君臣界限，去干涉九五至尊的私生活，這犯了大忌。

恩怨盡時方論定

萬曆十年（一五八二年）的六月二十日，張居正積勞成疾病死在任上，終年五十八歲。

張居正自當首輔以來，無論寒暑均無休息，每天工作十幾個鐘頭。這種工作狂，縱是鋼筋鐵骨也撐持不住。在張居正病危期間，神宗曾探望他，說了一句動情的話：「先生操勞國事用心盡力，朕無以回報，只是照顧你的子孫。」這句話，神宗說過多次。萬曆八年前說這句話時，他是眞心的。張居正臨終時他再說這句話，便是違心的了。

萬曆十年的春節剛過，張居正就發覺身體不適，郎中診斷爲「痔疾」，其實就是今天的直腸癌，而且是晚期。張居正強忍巨大的疼痛，堅持處理政務，實在堅持不住，便向神宗寫疏乞求致仕，以便骸骨回鄉。但神宗不同意，其因是他的母親李太后態度堅決。李太后懇切挽留張居正，她對張居正說：「先生有師保之責，與諸臣異，其爲我朝夕納誨，以輔元德，用終先帝憑幾之誼。」神宗不能違背母親，也非常堅決地挽留張居正。

張居正數度乞休不得，甚至他向神宗陳述自己「血氣大損，數日以來，脾胃虛弱，不思飲食、四肢無力、寸步難移」時，神宗除了命太醫調治，仍婉言慰留。此情之下，張居正知道生還故鄉已不可能了，於是神情悽愴，病重時他寫過一首〈病懷〉：

白雲黃鶴總悠然，底事風塵老歲年？
自信任公滄海客，敢希方朔漢庭仙？
離居可奈淹三月，尺疏何因達九天？
獨坐書室不成寐，荒蕪虛負北山田。

此時的張居正，盼望歸田不再只是姿態，而是真正的悲情流露。但是，故鄉的白雲黃鶴，江陵的親友故舊他是再也看不到了。在病危期間，張居正已無法坐立或仰臥，每日趴在病床上，靠參湯維持一點力氣，用乾枯顫抖的手握著筆，仍在艱難地批覆各類公文。他是真正的「鞠躬盡瘁，死而後已」。

張居正死後，備極哀榮。神宗「愴悼輟朝」，賜給張家搭建喪棚用的白布五百疋、大米二百石；兩宮皇太后也賜給孝布二百疋、大米二百石。神宗還與親弟弟潞王合贈銀子二千三百兩、香油一千斤、香燭一千對、薪柴一萬斤……朝廷特許在京城設祭壇九座，供官、民弔唁，因致祭的人太多無法容納，後又增設七座祭壇。這在明朝，可以說是空前絕後唯有的一例。當張居正的靈柩離開京城運回故鄉時，京城百姓都湧上街頭送行，沿途都擺滿香案。

張居正在世時，與馮保兩人在李太后支持下，對神宗管束甚嚴。神宗長大之後，對兩人的挾制非常不滿。張居正死後，他立即採取行動，解除了馮保的職務並抄家。剪除「大伴」之後，神宗下詔：「馮保欺君蠹國，罪惡深重，本當顯戮。念係皇考付託，效勞日久，故從寬著降奉御、發南京新房閒住。」馮保保住了一條命，但到南京後，馮保上吊自盡。他被抄沒的家財，僅白銀就二百餘萬兩，相當於中央財政年收入的一半。神宗思忖：馮保並未掌握中樞權力，貪墨錢財就有如此大的數額。那麼，當了十年首輔的張居正，其財產豈不比馮保更多？

馮保的倒臺是一個強烈的政治訊號，官場中的投機分子窺測聖意欲邀巨功。於是，雲南道御史羊可立給神宗上了一篇彈劾張居正的奏疏，無中生有地說：「已故大學士張居正隱占廢遼府第田土，乞嚴行查勘。」

神宗收到這份彈劾，立即下達了查抄荊州張府的詔令，並特意挑選張居正的老對頭、司禮太監張誠與刑部右侍郎丘橓，帶隊前往荊州主持抄家。兩人離京之前，已先馳報地方政府，要求立即登錄張府人口，封閉房門。可憐張家大小數十口來不及退出，等到張誠、丘橓一行到達荊州打開張府大門時，已過去十幾天。張府老小婦孺已餓死十七人，有的屍體已被同樣餓急了的家犬咬噬淨盡。

茲後，便開始抄家，但結果令「專案組」大失所望，所抄家財不及馮保的十分之一。於是，丘橓分頭提審張居正的六個兒子，嚴刑拷打。大兒子張敬修不勝拷掠，懸梁自盡，死前，咬破指頭在自己的布衫上寫下血書，爲家父辯誣。

同時代人沈德符，在其編著的《萬曆野獲編》中，記錄了這一場慘案：

> 今上癸未、甲申間，籍故相張江陵，其貽害楚中亦如是。江陵長子敬修，為禮部郎中者，不勝拷掠，自徑死。其婦女自趙太夫人以下，始出宅門時，搜查者至，

揣摸到褻衣臍腹以下，如金人靖康間搜宮掖事。其嬰稚皆扁鑰之。悉見啖於饑犬，太慘毒矣！

對張居正的抄家及清算，導致名曰「萬曆新政」的改革終告夭折。張居正生前一直不肯離開首輔之位，擔心的就是人亡政息。很不幸，他的擔心最終變成了現實。清算之後，張居正的親屬子孫官職盡奪，家產盡奪，且多半都被流放到邊遠山區充軍或坐牢。明代所有的帝王師中，對國家社稷貢獻最大的是張居正，對皇帝傾注心血最多的也是張居正。但是，他給家人帶來的悲劇也異常慘烈。帝王師中除了方孝儒，擺在第二位的悲劇，應該是張居正了。

張居正死後數百年，對他的爭論始終沒有平息，儘管崇禎十三年朝廷爲張居正徹底平反，但茲後攻擊他的言論仍不絕於史。當然，讚揚他仰慕他的人，也代代相繼。

在張居正剛剛平反的大明晚期，詩人王啓茂到荊州尋覓張居正舊跡，寫了一首〈謁文忠公祠〉：

袍笏巍然故宅殘，入門人自肅衣冠。
半生憂國眉猶鎖，一詔旌忠骨已寒。

恩怨盡時方論定，邊疆危日見才難。
眼前國是公知否，拜起還宜拭目看。

在所有紀念張居正的詩詞中，這一首最好。王啓茂是湯顯祖的學生，終生布衣。眼看大明王朝氣數已盡，社稷飄搖，這名憂患儒生，盼望張居正死而復生，待從頭收拾舊山河。但是，這只能是愴痛的呼喚。

第十四章 雙重性格的老滑頭・沈一貫

沈一貫的問題在於，他在性格、政治上都有兩面性。遇到挫折時，他想當巢由，但更多的時候，想著的卻是榮華富貴

小臣被張居正看中當上帝師

萬曆四年（一五七六年）二月下旬的某一天，文華殿舉行經筵。已經十三歲的萬曆皇帝朱翊鈞，自登基以來一直講讀不綴。除大寒大暑各休息二月，餘皆有日講。經筵是大講，每月舉行一次。凡經筵日，內閣輔臣、六部尚書以及一些王侯勳戚，都參加旁聽。

萬曆皇帝第一次出席經筵，是登基當年的秋天。首輔張居正親自擔任主講，他為小皇帝講述漢文帝到細柳營慰問官軍的故事，藉此提醒皇帝要解決朝廷軍備鬆馳的狀況，注重國防建設。在張居正主持的經筵中，從來都不是講講空洞的學問與知識，而是藉機教導皇帝如何治國，解決目下朝廷亟需解決的問題。因此，對於每次經筵的講官，張居正都要親自挑選並審定講綱。

今天擔任講官的人名叫沈一貫，年齡只有三十多歲。生得白白淨淨，看上去就是一個典型的江南才子。

他今天仍是講授歷史，講的是「高宗諒蔭」的故事。這次講授的主題應該是小皇帝怎麼當。講到一半，沈一貫突然脫離講稿，朝小皇帝朱翊鈞拱了拱手，侃侃言道：「大凡老皇上臨終託孤，必選忠貞不二的臣子擔任顧命大臣。這樣的人輔佐小皇上，才能做到統攝百官，天下歸心。如果沒有選到這樣的顧命大臣，倒不如讓小皇上躬親聽攬，自己管理國事。」

這一席話說完，沈一貫又拿起審過的講稿，繼續念下去。但是，文華殿內起了一陣小小的騷動。很多人眼光都瞟向了張居正。誰都知道，張居正與高拱、高儀三人是隆慶皇帝親自挑選的顧命大臣，讓他們輔佐少帝。隆慶皇帝去世後不到兩個月，高拱被罷免，又過一個月，高儀病逝。三個顧命大臣只剩下張居正一個。聽鼓聽聲，聽話聽音。再沒有心眼的人，也聽得出沈一貫的這一番即席演說，有影射張居正的意思。

沈一貫為何要說這一席話呢，這還得從頭說起。

沈一貫是浙江鄞縣人，隆慶二年（一五六八年）的進士。那一屆會試的主考官是時任內閣次輔的張居正。按明代規矩，主考官稱為座主，凡經他手錄取的進士都是他的學生。學生與座主的關係，無異於父親與兒子的關係，故有「一日為師，終生為父」的說法。

張居正當上首輔後，很注意選拔年輕幹部充實到各個重要衙門。因此，隆慶二年的進士便沾了不少的光。沈一貫正是因爲有張居正這位座主的照顧，才平步青雲成爲皇帝近臣。

沈一貫考中進士後，因爲才華出衆被選爲庶起士，畢業後留在翰林院擔任編修，專門研究歷史。萬曆皇帝即位後，既是沈一貫的同科進士又是同事的翰林院編修張位，按照張居正的意圖給小皇上提了一個建議，要恢復起居注制度。張位說：「前朝都有起居注，唯獨本朝沒有，臣做爲專門的史官，竊見前朝政事，如果不及時記錄，恐湮沒無考。現在的史官很多，無以效命國家，應當每日派人進宮，凡是詔旨、起居、政務等，都隨時記錄，做爲他年修《實錄》之根據。」

張居正接著就此事做出指示，申明史官職責以恢復舊制，每日派一名史官到皇上跟前值班，記錄皇上起居言行。小皇上同意了這個建議。於是，張居正精選六名史官輪值，張位與沈一貫都被選拔。

到了這年秋天，禮部尚書萬士和被罷免，以吏部侍郎身分充當小皇帝日講官的馬自強升任此職。馬自強亦是史官出身，他與于愼行、許國、陳於陛幾人都是張居正爲小皇上挑選的老師。馬自強擔任具體的編輯工作。他當了禮部尚書，就再也不能充當講官了。於是，張居正就選拔沈一貫接替這一空缺。按理說，接替這一職位最合適的人選應該是張位。但可能是張位的家鄉方言太重，說話不大好懂，沈一貫的浙南話也難懂，但他入京數年，已學會了流利的京腔，所以榮幸地當上了帝師。

關於這一點，沈一貫一直自鳴得意，在〈陳善集序〉這篇文章中，他表露如下：

萬曆三年十月六日，一貫守史局，俄被任命充日講官。故事：經筵講官，翰林資歷稍深者可充。日講官旦夕侍上幄中。最華選，資必六七科，官必宮僚，猶然慎擇。如余師殷文通、趙文肅清皆以大宗伯進，非小臣任也……

沈一貫很看重自己少年得志。但是，若非張居正破格提拔，他這個「小臣」怎麼可能得此華選呢？當了帝師後，沈一貫爲何不記座主恩情，反而要譏刺恩師呢？

從來後輩輕前輩

卻說隆慶二年的這一科進士中，出了不少辱沒師門的「造反派」。他們的座主張居正是一位矢志改革的政治家，但學生輩中卻出了不少與他唱對臺戲的保守分子。如萬曆四年正月，巡按遼東的御史劉台上疏彈劾張居正，起因是劉台做錯了事。做爲中央派到地方的巡按，他只有監察權而沒有行政權，一省的行政歸之於巡撫。但是，巡按往往因為自己是中央特派員而對巡撫頤指氣使。張居正對這一點非常看不慣，常常切責。恰好劉台搶先向朝廷報告遼東大捷，這是越權行為。因為是自己的學生，張居正對劉台的批評就更加嚴厲。劉台感到很沒面子，於是下定決心和老師翻臉，故寫了這封奏章。他彈劾張居正「獨擅威福，如驅逐原首輔高拱，擅自贈成國公朱希忠王爵，引用張瀚、張四維做為黨羽，罷斥言官餘懋學、傅應禎等」。總之，對張居正的施政及用人大加撻伐。

張居正看到這份奏章後，震怒非常。因為明朝二百餘年來，這是第一個由學生彈劾座主的例子。他以辭職為要脅，促使萬曆小皇帝下旨將劉台逮捕到京，治以重罪，最後削職為民發往廣西戍邊。

沈一貫是劉台的同科進士，大概平常關係不錯，故暗中為劉台抱不平，但又不敢明講。於是，趁著經筵授課，用「夾塞兒」的辦法，含沙射影地攻擊張居正這個顧命大臣沒有做到對皇上忠貞不二，甚至含蓄地建議小皇上自己親政。張居正聽出沈一貫的話外之音，因此非常惱火，於是日見疏遠。講官當不成了，仍回到翰林院編修的位子上坐冷板凳。這一坐就是八年，直到張居正去世，萬曆皇帝對張居正進行清算之後，沈一貫才重新得到重用。短短幾年時間，他由左中允升至吏部左侍郎兼侍讀學士，又恢復了帝師的身分，同時還兼任太子賓客。到了萬曆二十二年（一五九四年），萬曆皇帝下詔讓沈一貫以禮部尙書兼東閣大學士的身分，進入內閣參與機務。自此，五十多歲的沈一貫總算如願以償進入到權力中樞。

沈一貫在晚年曾寫過一首〈寫眞自詠〉的七律：

浪說圖真豈有真，鬢絲何夜忽成銀？
可憐落拓青藜子，獨睹揶揄白眼人。
籌國無成疑燕雀，畫師終不到麒麟。
從來後輩輕前輩，況我今先厭此身。

沈一貫在這首詩中發了兩個感慨：一是「籌國無成疑燕雀」，二是「從來後輩輕前輩」。後輩輕前輩，他自己年輕時就是這麼做的，攻擊張居正便是明證；至於籌國無成，懷疑自己並非鴻鵠而只具備燕雀之才，這通感慨在他的本意，大概是自謙，但是這恰恰就是「寫眞」。他的確籌國無成，在他當九年輔臣、四年首輔期間，有利社稷的事情做的不多。而有益於自身的事情，他倒做了不少。

萬曆皇帝智鬥閣臣

自從張居正死後，明朝的中興之象像燦爛的焰火一樣驟然熄滅。萬曆皇帝親政之後，熱情只持續了兩年，待到對張居正清算完畢，他再也懶得上朝，一天到晚躲在後宮算計著怎麼弄到更多的銀兩，以充實自己的小金庫。

萬曆二十八年（一六〇〇年）十月中旬的一天，內閣忽然收到萬曆皇帝手書的詔旨一通。上面寫道：「著戶部進銀二千四百萬兩，爲冊立太子、分封諸王之典禮費用。」看到這封詔書，內閣大臣莫不愕然。其時內閣大臣趙志皋、張位、沈一貫等都是隆慶二年的進士，還有一個剛剛死去的陳於陛也與他們同科。可以說，隆慶二年進士控制了中國政壇。但他們全都生性懦弱，既不能引導皇帝更不敢抗拒皇帝。如果他們的座主張居正死而復生，看到自己的學生聚在內閣比窩囊，還不把他氣得吐血。

卻說萬曆皇帝寫這個手劄事出有因。這一年，皇長子朱常洛已長到十八歲，但一直沒有太子的名分。這皇長子爲王皇后所生，幾乎從一開始，萬曆皇帝就不喜歡這位皇后，只是迫於母命，才不敢休掉。但他卻一直寵愛另一個女人，即鄭貴妃。鄭貴妃也生了一個兒子，萬曆皇帝因爲喜歡鄭貴妃，加之鄭貴妃的懇求，他便有意立這個兒子爲太子，但這樣做遭到所有朝廷大臣的反對。於是，君臣之間因此而產生尖銳的對立。長子繼位，本是皇權承續的規矩，大臣們堅持原則沒有錯。但萬曆皇帝寵愛二兒子，一心要廢長立幼。君臣互不妥協，這也是導致萬曆皇帝十幾年不上朝的原因。眼看皇長子十八歲還沒有名分，而且此時王皇后已得了重病。若她突然故去，鄭貴妃升爲皇后，則朱常洛立爲太子的可能性就會更小。此情之下，大臣連番上疏，懇請萬曆皇帝早日立朱常洛爲太子。萬曆皇帝一直不搭理，但說的多了，他心中發煩，故寫了上面這道諭旨。

當事人一看，就知道這是皇上故意刁難。因爲，國家的財政收入，一年只有八百萬兩銀子左右，萬曆開口要二千四百萬兩，等於是三年財政收入的總和。這無異是一個天文數字，縱然戶部掘地三尺也拿不出來。大臣們心裡也明白，萬曆之所以開出這個數目，並不是眞要錢，而是以此表明不想立儲的態度。

這份詔旨傳開後，禮科給事中王德完立即上疏，力諫趕快立儲。這份諫疏由朱常洛的老師黃輝起草，王德完修改而成，內中甚至說到：「萬一冊立鄭貴妃之子爲皇太子，記載於史冊，後人會嘲笑朝廷中沒有正直之臣。」萬曆皇帝看到這份奏疏，頓時大怒，立即傳旨將王德完下詔獄。這時，告假在家休息的沈一貫聽說後，連忙寫疏爲王德完辯解，明神宗很不高興，但對他仍存有客氣，沒有怎麼爲難他。而其他爲王德完說話的大臣，都受到了訓斥、罰俸、降職等不同懲處。萬曆下旨將王德完廷杖一百，開除官籍押解回鄉，並傳出諭旨：「諸臣爲皇長子耶？爲德完耶？如爲皇長子，愼無瀆擾；必欲爲德完，則再遲冊立一歲。」

看到這份諭旨，朝中大臣再無人敢言立儲之事。

朝廷傳位，自有制度，皇長子接任，自古皆然。萬曆想改變，卻也無法繞過祖宗制度；百官要堅持，卻也無法實現目的。說起來這裡頭還有一段故事：鄭貴妃的兒子三歲時，萬曆對這個兒子疼愛有加。於是，鄭貴妃千嬌百媚地慫恿萬曆到大高玄殿拜神發誓，要立這位三皇子為太子。萬曆將誓言書於紙上，放進一個玉匣中用蠟緘封，賜給鄭貴妃為符契。鄭貴妃得到玉匣，也就有恃無恐了。但是，萬曆的生母李太后堅持要皇長孫繼位，這樣才使得大臣們有了支持立長的信心。

到了萬曆二十九年（一六〇一年）的十月，皇長子朱常洛要舉行婚禮。沈一貫看到這是一次難得的進言機會，於是對萬曆說：「不先給皇長子正名而馬馬虎虎舉行婚禮，這等於是將儲君降為藩王，萬萬不可。」萬曆不置一言。當晚，他悶悶不樂來到鄭貴妃宮中，讓鄭貴妃取出玉匣打開看看。自蠟封緘口之後，十幾年來，鄭貴妃藏於宮櫥，從來沒有動過。此時打開，發覺萬曆所書誓言的宣紙竟然遭到蟲蝕，字跡已無法辨認。鄭貴妃見狀，頓時痛哭不已，萬曆也悚然異之，感到冥冥之中皇長子有神靈保護。於是改變初衷，第二天宣布將皇長子朱常洛立為太子，鄭貴妃所生的次子封為福王、三子常浩為端王、四子常潤為惠王、五子常瀛為桂王。

明王朝中晚期，在兩場政治危機導致君臣對立，對國家的命脈造成極大的傷害。一是嘉靖皇帝一意孤行導致的「大禮案」，二是萬曆皇帝一手造成的立儲風波。這場風波持續了十五年之久。在這場風波中，沈一貫始終堅持祖宗制度並最終贏得勝利。在這一點上，他有功於社稷，設若他主政時迎合萬曆的心意，同意廢長立幼，國家的政治危機將會進一步擴大，並有可能釀成更大的災難。

礦稅，萬曆斂財的敗政

朱常洛立爲太子之前的一個月，首輔趙志皋去世，沈一貫接任。萬曆皇帝晉升他爲太子太保，戶部尙書兼武英殿大學士。當了首輔的沈一貫辦成的第一件事，就是立儲風波終於順利解決。這並不表明他的才能高過趙志皋，而是機遇好。立儲之後，朝廷的混亂局面卻是愈演愈烈。

關於沈一貫主政後的局勢，《明史·沈一貫傳》是這樣描述的：

> 自一貫入內閣，朝政已大非。數年之間，礦稅使四出為民害；其所誣劾逮系者悉滯獄中；吏部疏請起用建言廢黜諸臣並考選科道官，久抑不下；中外多以望閣臣，一貫等數諫不省。而帝久不視朝，閣臣屢請皆不報。

由此可見，此時的皇帝，完全可以用「瀆職罪」論處。國政的三大弊端：礦稅、冤獄、缺官不補，全由萬曆皇帝一手造成。

到沈一貫接任時，全國官員空缺的職位有：中央政府缺尚書三人、侍郎十人、給事中和御史九十四人；全國缺巡撫三人，布政使、按察使六十四人、知府二十五人。到這年年底，全國知府即今天的地市級一把手的職務，已經空缺一半之多。

如果說缺官不補，各級權力機構無法正常運轉，已經讓國不像國的話，那麼礦稅之災，則更讓老百姓深受其害。所謂礦稅，即萬曆皇帝直接委派太監到各地強徵各類礦山之稅，太監乘機橫徵暴斂，並私自巧立名目加大徵稅範圍。導致民不聊生，各地殺死太監及爪牙的案件時有發生。在萬曆二十八年（一六〇〇年）臘月，鳳陽巡撫李三才鼓足勇氣，兩次上疏陳述礦稅之害。他在第一封奏疏中說：

> 陛下愛珠玉，民亦思溫飽；陛下愛子孫，民亦戀妻兒。奈何崇聚財賄，而使小民無朝夕之安！近日奏章，凡及礦稅，悉軒不省。此宗社存亡所關，一旦眾叛土崩，小民皆為敵國，陛下即黃金盈盆，明珠填屋，誰為守之！

這篇奏章可謂火力十足，李三才不僅指出了官逼民反的可能性，而且譏刺萬曆皇帝愛財富不愛百姓可能導致的後果。這篇奏疏如果是寫給朱元璋的，必定會誅連九族；如果是寫給嘉靖皇帝的，一定會立即逮捕，並嚴刑拷打，找出一個「反革命集團」來。但萬曆皇帝不像他的列祖列宗，他看過後，不慍不火，不急不躁。當然，他一如既往全然不搭理。

看到李三才以罵大街的形式上疏也產生不了作用，戶科給事中田大益便以擺事實、講道理的方式，再次上疏陳述礦稅六害：

內臣務為劫奪以應陛下之求，礦不必穴而稅不必商，民間丘隴阡陌皆礦也。公私騷然，脂膏殫竭，向所謂軍國正供，反致缺損。即令有司威以刀鋸，只足驅民加速叛亂耳，此所謂「斂巧必蹶」矣。

陛下嘗以礦稅之役為裕國愛民，然內庫日見不已，未嘗少佐軍國之需。四海之人才反唇切齒，而冀以計智甘言掩天下耳目，其可得乎?此所謂「名偽必敗」也。財積而不用，祟將隨之。脫巾不已，至於揭竿而起。適為奸雄睥睨之資，此時雖家給人予，亦且追之覆之而不可及矣。此所謂「賄聚必散」矣。

夫眾心不可傷也。今天下上自簪纓貴族，下至耕夫販婦，茹苦含辛，遭人盤剝而無從控訴者，積來以久。一旦民憤勢成，家為仇，人為敵，眾心齊倡，而海內因以大潰。此所謂「怨報必亂」也。

國家全盛二百三十餘年，已屬陽九，而東征西討以求快意。上之亂主心，下之耗國脈，二豎固而良醫走，死氣積而大命傾。此所謂「禍遲必大」也。

陛下矜奮自賢，沈迷不返，以豪璫奸滑為心腹，以金錢珠玉為命脈。藥石之言，全然不聽。即令逢、干剖心，皋、夔進諫，亦安能解其惑哉！此所謂「意迷難救」也。

此六者，今之大患。臣畏死不言，則負陛下；陛下拒諫不納，則危社稷。願陛下深察而醒悟之。

這封奏章，指出萬曆皇帝由礦稅而生發的一些治國措施，都是禍國殃民的敗政，長此下去，必然危及大明王朝。但是，萬曆皇帝執迷不悟，仍然不作任何回答。所有指斥時弊的奏章，都像是拳頭打在棉花上。而全國各地因爲礦稅而引發的政治危機，則愈演愈烈。比較突出的有如下幾件：

萬曆二十七年三月，臨清平民奮起自保，將萬曆皇帝委派下來徵收各類雜稅的太監馬堂的衙門圍住，打死馬堂隨從三十七人。

萬曆二十七年十二月初二，武昌、漢陽兩鎮居民爲反抗徵稅太監陳奉的橫徵暴斂，萬餘人圍攻徵稅衙門。陳奉被擊傷後，下令武裝衛士放火縱燒民房，平民再度圍攻陳奉居處，陳奉下令屠殺。許多人被殺死，屍體剁碎扔在街上。

萬曆二十九年三月，武昌再度發生民變，太監陳奉逮捕爲民求情的武昌知府馮應京，使武昌市民非常氣憤，聚集數萬人圍攻陳奉官邸，並將陳奉爪牙十六人扔進長江淹死。

萬曆二十九年六月初六，蘇州發生民變，將徵稅太監孫隆的隨員六名殺死。

萬曆三十年三月二十日，雲南騰越州發生民變。稅監楊榮橫行妄爲激怒百姓，他們放火燒毀楊榮官邸，並殺死他的部屬。

萬曆三十年五月，江西南昌發生民變，他們與宗室人員聯合砸毀徵稅太監潘相的府宅，潘相逃走免於一死。

類似這樣的案件，每年發生幾十起。但是，萬曆皇帝仍一味的偏袒他委派的收稅太監，沈一貫雖然位居首輔，眼看著國家的危機加大，稅監與老百姓之間的尖銳對立無可調和，卻一籌莫展。

讓司禮太監田義吐了一臉口水

從萬曆二十七年到萬曆三十二年(一五九九至一六〇四年)的六年時間內,全國各類官員給萬曆皇帝上疏要求停止礦稅徵收的奏件不下二百餘件,統統石沉大海。沈一貫束手無策。到了萬曆三十二年的五月二十三日,忽然天降暴雨,雷電導致長陵的明樓起火而致燒毀。祖宗陵寢燒損,這是不小的事件。基於慣例,萬曆皇帝下詔書諮詢國政。內輔次輔沈鯉請求廢除礦稅,便聯合沈一貫、朱賡各寫一份奏疏。疏成之後,沈一貫就要緘封送入內廷,沈鯉建議他稍等,說現在還不是最佳時期。沈鯉比沈一貫大了將近十歲,此時已是七十三歲老人,他一生正直多智,朝野之間聲望極高。沈一貫對這位次輔一直有防範之心,害怕他搶了自己的首輔之位,但又巴不得這人留在內閣,凡遇難以解決的難題,他躲在一邊盡讓沈鯉處理。

過了幾天,忽然大雨滂沱,天色昏暗。沈鯉對沈一貫說:「現在可以上奏了。」沈一貫問:「為什麼?」沈鯉回答:「皇上不喜歡聽礦稅的事,每有這樣奏章送入,他都不看。今天我們三人冒著大雨穿著素服到文華殿求見,皇上一定以為出了什麼大事,就會趕來接見我們。我們乘機送上奏章,他就會閱讀,這可能是一個機會。」

沈一貫覺得這主意可行。因為萬曆皇帝深居簡出,沈一貫當三年首輔只得到一次接見。三人依計而行，萬曆果然趕到文華殿。三人分別遞上奏章，萬曆皇帝看後默不作聲。沈一貫便跪下來奏道：「皇上，若要朝廷秩序安靜嚴肅，就應當收天下百姓之心；欲收天下百姓之心，當安撫天下的輿論。近年以來，全國長期受礦稅之害，而又聽慣了廢除礦稅的言論，企望陛下下發恩典詔書。眼下，臣等憂慮礦稅之事度日如年。」

萬曆皇帝聽罷，似乎有所觸動，但仍然沒有表態。他一言不發，起身離開文華殿。望著皇上的歸輦，三位內閣大臣相對無語。沈一貫心裡頭更不是滋味，因爲這次「智鬥」仍不奏效，而兩年前的一幕，又浮現在他的眼前。

萬曆三十年的閏二月二十二日，一大早起來，明神宗忽然感到頭暈目眩並由此產生末日來臨的感覺，他連忙召聚各大臣到仁德門外等候。一會兒，太監便到仁德門傳旨，讓首輔沈一貫單獨進入啓祥宮後殿的西暖閣。穿著冠服的萬曆皇帝坐在御榻上，當著皇太后、皇太子和各位親王的面對沈一貫說：「朕病篤矣，礦稅事，朕因三殿、三宮工程未峻，臨時採取徵收。今可與江南織造、江西陶器一併停辦。所派遣之內監，俱令還京。並令法司釋放久押罪囚，凡因建言獲罪的官員，一律復官還職。」說完，萬曆皇帝就閉上眼睛躺下了。沈一貫叩頭辭別，回到內閣趕緊按萬曆皇帝的吩咐，草擬諭旨並送到內宮。

當晚，內閣大臣與九卿均在朝房住宿値班。三更過後，太監捧出萬曆皇帝的諭旨，內容與他對沈一貫所講的一樣。看到這份諭旨，在場大臣覺得朝廷政局有了轉機，都催促沈一貫趕緊頒行。

第二天上午，沈一貫召來通政司官員正在布置頒發聖旨的工作。忽然一大群太監湧入內閣，直接進入沈一貫的值房。沈一貫以為是萬曆皇帝駕崩了，還來不及起身，領頭太監就嚷嚷著要取回昨夜送出的諭旨。原來，睡了一覺後，萬曆皇帝覺得病好了，於是對昨天的諭旨產生懊悔，便立即下令讓太監前往內閣追回。

知道原委以後，沈一貫二話沒說，就打開抽屜將諭旨封還。卻說此時的乾清宮，司禮監掌印太監田義正在就諭旨之事，與萬曆皇帝較上勁。田義不同意收回諭旨，他質問萬曆皇帝：「聖上的話出口還能追回嗎？」明神宗被田義噎住了，不由得大怒抽出寶劍，要親手殺死他。田義並不畏懼，仍據理力爭。正在這時，取諭旨的太監回到乾清宮。看到諭旨，萬曆皇帝這才放過田義。

田義出了乾清宮，徑直來到內閣找到沈一貫，朝他臉上吐了一包口水，譏刺道：「相公稍一強硬，害民擾民的礦稅就被廢除了。你怎麼這麼膽小，你怕什麼呢？」

這件事傳出去後，大臣們對田義都肅然起敬，而從內心瞧不起沈一貫。

沈一貫的懦弱，間接地產生助長萬曆皇帝貪婪的作用。他對礦稅並不是沒有看法，但不敢抗爭，只敢哀求。這件事一直拖到萬曆三十三年十二月，因皇長孫朱由校降生，萬曆皇帝爲討一個吉慶，才下旨廢除天下礦稅。

上都之士是國之大妖

沈一貫因爲研究歷史而得到張居正的賞識，又因爲講課影射張居正而得到萬曆皇帝的賞識。但是，對張居正這位恩師，他始隨終棄，在他的著作中，沒有一字提到這位師相。對萬曆皇帝，他則委曲求全，並不肯當諍臣、直臣。所以，在明代的帝師與相臣中，他只能算平庸的一個。但奇怪的是，他對知識分子的風氣變壞卻痛心疾首。在〈送杜伯理序〉一文中，他這樣說道：

夫士含秀葆靈，攬三千之粹。居則範鄉黨，出則效百職，乃今之士壞矣。夫民壞，法律可糾之。士壞則逃其口而匿其身，以為禮不能約束矣。刑如予何？斯國家之大妖也。余行遊四方，大抵山谷之俗龐，近野之俗鄙，都市之俗狡矣。邑愈大，俗愈薄。此猶民也，怒而靡，喜而解，情可知，法可行也。壞俗者莫甚於士，尤莫盛於上都之士。上都之士戴峨冠、躡鮮履，翱翔揖讓，逡巡容與，頌說先王而行徑迥異。赴利如湍奔，避難如鼠竄……

在這篇文章裡，沈一貫將上都之士稱爲大妖。上都，指的是北京、南京兩地寄身於官場的讀書人。沈一貫爲我們勾劃出上都之士「赴利如湍奔，避難如鼠竄」的醜惡嘴臉。在他看來，國家的風氣，全被這些上都之士弄壞。客觀地說，上都之士的變壞，固然有自身的原因，也有皇帝的原因。如果爲那些「國家大妖」排一個座次，第一個大妖就是萬曆皇帝，接下來恐怕就要排列到他沈一貫頭上了。《明史》評價他：「枝拄清議，好同惡異，與前後諸臣同。至楚宗、妖書、京察三事，獨犯不韙，論者醜之。雖其黨不能解免也。一貫歸，言者追劾不已。其鄉人亦多受世人詆諆。」

楚宗指的是朱氏宗藩楚王襲爵之事，一貫因收受假楚王巨額賄賂而顛倒黑白。妖書爲萬曆三十一年發生了一件大案。有人炮製一本《續憂竑議》的書，假託鄭福成的口氣就朝廷大政發表評論。所謂鄭福成，含意是「鄭貴妃之子福王應當成爲太子」。這本書引起萬曆皇帝震怒，斥爲妖書，下令搜索奸人。沈一貫藉機陷害彈劾過他的禮部侍郎郭正城，又因郭正城是內閣次輔沈鯉的門生，又想透過郭正城構害沈鯉。於是唆使萬曆皇帝製造冤獄，雖然陰謀最終沒有得逞，但其陰險爲士林所不齒。第三件京察指的是沈一貫任首輔期間，利用京察將與他政見不合或不合作的官員盡行驅逐。

官場中人，大都有兩面性。但沈一貫的兩面性猶其明顯。一方面，他罵上都之士是國家大妖，另一方面又不斷地將自己妖魔化；一方面，他貪戀祿位，在官場呼風喚雨，另一方面又嚮往林泉生活，想當與世無爭的農夫。他寫過〈山中雜詠四首〉，且錄其二：

老樹橫溪穩作橋，故人慣飲不須招。
白綸巾上青山好，日遣松風綠酒瓢。

山田處處白雲飛，流入溪田帶雨肥。
若使巢由辭潁上，更無人共飲牛歸。

不計人品，這是兩首好詩。放進唐詩中，亦算上乘。如果說沈一貫只是在這裡表露虛情假意，恐怕失之苛刻。中國爲官的讀書人，奸臣也罷，良相也罷，庸官也罷，循吏也罷，其性格特徵都具有兩面性。但性格的兩面性不等於政治的兩面性，這猶如公正不等於清廉，變通不等於圓滑。沈一貫的問題在於，他在性格、政治上都有兩面性。遇到挫折時，他想當巢由，但更多的時候，想著的卻是榮華富貴。

萬曆三十四年（一六〇六年）七月十六日，沈一貫與沈鯉同時退休。

此前，淮揚巡撫李三才上疏彈劾沈一貫，指責他沒有將皇帝頒行的撤銷礦稅、釋放囚徒、起用貶官、增加言官幾件事狠抓落實，導致政局仍舊死氣沉沉。萬曆皇帝看到彈章後，偏袒沈一貫而嚴厲斥責李三才，給他停發五個月工資的處罰。但是不久，給事中陳嘉訓、御史孫居相又分別上疏指責沈一貫「一貫奸貪」。沈一貫又羞又怒，老臉無處擱，便請求辭職。萬曆皇帝一方面將陳嘉訓罷免，孫居相罰俸，一方面又同意了沈一貫的退休請求。沈一貫擔心自己走後，沈鯉接任首輔於己不利，便暗中活動讓沈鯉一同退休。恰好沈鯉也要求退休，於是萬曆皇帝也就同意了。

雖然，退休的詔書是兩個人一塊發的。但詔書中只對沈一貫一個人表示安慰。正直的沈鯉，始終是萬曆皇帝不喜歡的刺頭，對沈一貫這樣的老滑頭，他倒總是眷顧。

第十五章 張居正之後最好的帝王師・葉向高

做為萬曆中後期最為重要的政治家，葉向高自覺地承擔維護道統尊嚴的責任。葉向高治吏論政，不落空泛。所發議論，都切中時弊。葉向高是繼張居正之後的帝王師與首輔中，最有思想的一位。

初生牛犢不怕虎

歷史學家黃仁宇先生的名著《萬曆十五年》在讀書界影響甚大，他認為萬曆十五年是明王朝走向衰敗的起點。在我看來，萬曆十一年（一五八三年）才是一個敏感的時間之窗。這一年的三月初二，萬曆皇帝朱翊鈞頒發詔旨，對死去不到一年的內閣首輔張居正進行清算。第一步是追奪張居正的官階，將他的太師、上柱國等榮譽頭銜盡行革除。從此，一場針對張居正的清算運動拉開了序幕，曾經給明王朝帶來中興之象的萬曆新政始告結束。人亡政息是中國政治的一大特點，在張居正身上表現得尤其突出。

清算詔令後不幾天，朝廷便舉行會試，全國數千名舉人匯聚京師參加考試。我猜想，萬曆皇帝之所以選擇在這時候發布清算令，也是讓這些讀書人中的菁英分子知道皇上的意圖。這道詔令顯然發揮了作用。在廷試中，有一名考生寫下一篇名爲〈試策三道〉的文章：

問：帝王之道，莫要於用人。用人則予之以權。權者，上之所藉，不欲假人者也。故英主常靳之。唐虞三代，詢嶽諮牧，夢卜登賢與作威作福，操柄馭吏兩不相妨，何其盛也。後世有躬親庶政不任三公之說，論者以為懲前世之失權，然其後揆端日輕，政柄旁落，遂有著論言，昔之三公任重而責輕，今之三公任輕而責重。又有人上書，言今之三公有其名而無其實，其說允當否？

答：惟我高皇帝天縱聖神，乾綱獨斷，罷中書省勿置相，以政事分委六卿，神謨淵畫，高出近代矣。乃再傳而有內閣之設，稽考相名。果何故乎？二百年來權任之重輕，名實之有無，亦可得而言其大概：

皇上睿智聰明，同符聖祖。臨御初年，委任大臣，穆然恭已十年。後太阿獨持心膂，罕寄重託。至今日官僚多虛，即密勿重地，亦單曠持久，豈有所懲而然歟？抑臣下之誠心信志，不足以取信於君上。昔人有言，權臣不可有，重臣不可無。茲欲權歸皇上，臣重責於下，以成聖主獨斷之明。用人之美，將何道其極言之。

> 天下，大器也。人主可一人有之，不能一人操之，則不得不分其事於人。分於人而又慮其擅於人，則不得不攬權於已。分之所以為任也，而善任者必善操，舍操以為任，則委轡駘銜之釁生矣。攬之所以為操也，凡善操者必善任。舍任以為操，則叢脞釜鬵之患至矣……

這篇文章出自萬曆皇帝下詔懲處故相張居正半個月後，不能不說是一篇奇文。文中從皇上憂慮「大權旁落」入題，闡發「權臣不可有，重臣不可無」的觀點，進而指出可任重臣的人需「善操」。這操指的是品行道德。操與任兩者的統一，就是皇上應該信任的重臣。

這篇策論的好處在於，並未一味地迎合萬曆皇帝當時的心態，萬曆皇帝此時已是十分痛恨張居正這樣的「權臣」。本文指出權臣不能有，但天下可以爲爲皇上一個人所擁有，卻不可能由皇上一個人來管理。在特定環境下，寫這篇文章還是要承擔風險的。

寫這篇策論的人，名叫葉向高，時年二十四歲，可謂初生牛犢不怕虎。但他的廷試合格，成爲新科進士，這亦不能不說是一件異事。

廁所裡誕生的宰相

葉向高有一個奇異的小名，叫「廁」。將廁所這樣的穢字做爲小名，全世界大概僅此一例了。葉向高有此小名，卻別有故事。

卻說葉向高是福建省福清縣人，那裡屬閩東近海山區。在明代，那裡始終倭寇猖獗，海盜時時出沒。葉向高的父親葉朝榮，在外面當知州，一直膝下無子，便在老家續娶了一名姓林的姑娘做爲妾室。翌年，林氏懷孕，快要臨盆時，海盜登岸大肆搶掠，一境小民皆避走逃難。林氏亦在難民隊伍中，跑到中途胎氣發動，匆促之下，只得避到一間民廁中生產。在穢臭難聞的廁所中誕生的嬰兒便是葉向高。林氏坐月子期間，一直在逃亡路上，幾次驟遇海盜，避入深林。同行的婦女爲了安全，不惜讓懷中啼哭的嬰兒窒息死亡。逃難者也要林氏仿效，她卻執意不肯，最後只得離開人群，隻身竄伏草莽。待到寇難停止，林氏已是九死一生，雙腿潰爛不能行走，葉向高也奄奄一息。

數十年後，當葉向高登上首輔之位，回想這段經歷，猶潸然淚下。他之哭不爲自己，而是爲他的母親。當母親去世，他寫下一篇感人至深的墓誌銘。

俗話說大難不死必有後福，這話在葉向高身上應驗。他弱冠之後登進士榜，並授庶起士，繼而授編修專攻歷史，茲後調任南京國子監司業。這一段經歷與張居正驚人相似。萬曆二十六年（一五九八年），他調回北京任左庶子。這個官職屬左春坊，是專門負責太子學習的機構。萬曆皇帝下詔讓葉向高擔任太子的老師，用明代的官方語言表示，即「充皇子侍班」。

太子朱常洛，這一年十六歲。其時內閣輔臣沈一貫是朱常洛的首席講師。但無論是沈一貫還是葉向高，誰也見不到朱常洛。萬曆皇帝寵愛與鄭貴妃所生的次子朱常洵，對朱常洛非常冷落。而且，一再找理由不讓朱常洛出閣講學。

勇敢地監督皇權

葉向高充當太子師期間，沒有機會教導朱常洛。此時國家朝野之間，正蒙受礦稅之災，葉向高不避嫌疑，斗膽給萬曆皇帝寫了一份〈請止礦稅疏〉：

臣惟人臣之事君也，當官有專職，苟事關宗社，不得避出位之誅……

今日宗社安危之機，萬口同聲欲號呼於君父之前者，則礦店是已。臣等儒臣也，觸事危言，實情不得已。臣惟往昔礦砂之採，僅在北方。店稅之興，止於近地。中外人情已洶洶不安，謂亂在旦夕。今日四封之中，五嶺之外，更無一處山川得完其面目，更無一處人民得安其生理。試觀從古至今，有如此世界而不亂者乎？

有如此亂象而可容易收拾乎？

陛下神聖之資，無幽不燭。此明擺之事有何難曉而聖意堅欲為之？群言不能爭，群怨不能動。度陛下之心，必曰國家之威靈甚張，小民之力量甚微。即有狂徒，何人能逞？不知三代以還，危亡之禍，接踵見矣。創謀發難，豈是異人？盡蚩蚩之氓也。東漢之季，西邸聚錢，中璫肆虐，其君雖蒙蔽詬聲，尚未至鑿山張肆，與小民爭尺寸之利，而四海已糜沸矣。況今日事勢，十百危比者哉！

武弁負恩，貪圖邀幸，誑瀆聖明；至於市井無賴，假捏礦山，枉辱褒獎。此等小人，得志橫行。既幸陛下為其所中，復笑陛下為其所愚。無禮無義，一至於此。臣等私心實懷痛憤疾。無用之財積，無窮之禍蒙，無端之欺受，無根之謗陛下，何利於此而必欲為之也。且明旨屢下，皆云協濟大工。今宮中之一瓦一椽有取自礦砂者乎，有取之店稅者乎？耳目昭彰，誰人可掩？而陛下必云然者，得非聖心於此亦有所不安而姑且為之辭歟？如其不安，何如勿為。

明旨又云，不許擾害地方。夫中官承命，奉宣德意，或亦有人。然而前後左右盡皆豹虎，業已予之牙距，歆之腥穢，而復禁其搏噬，責其馴伏，即有賢者，猶難約束。況於暴戾恣肆如陳增、李道之流者哉！掘人墳墓，壞人田廬，奪人財貨，奸人妻子，此等景象，群臣知之而不敢盡言，即便言之而陛下不信也。

今上自公卿大夫，下至輿儓台賤隸，無有一人不云：朝廷如此舉動，天下必亂、宗社必危！

陛下方詔明大業，垂有道之長。奈何使祖宗列聖艱難創守之天下，為此饑不可食、寒不可衣之長物，遂聽俎儈謬言而棄之不恤耶？

臣目擊危難，披瀝上陳，伏願聖明急行省改，毋為群小所中，以毀萬世之基。宗社幸甚！臣愚幸甚！

關於礦稅之禍，我在前一章中已談到，這裡再略作補充：礦指開礦，稅指店稅。萬曆二十四年後，萬曆皇帝以籌集紫禁城三大殿維修費爲名，下令在全國開採各類礦山，並在各省增收商店營業稅。兩樣合稱爲礦稅。爲了保證礦稅收入能如數到達自己手中，萬曆皇帝便將內廷太監大量外派。這些太監誠如葉向高所形容，一個個如狼似虎，刮地三尺，一時間荼毒天下，民怨沸騰。

爲敦請皇上停徵礦稅，朝廷正直官員紛紛上疏，但萬曆皇帝一意孤行，根本不聽。沈一貫雖是老滑頭，亦覺礦稅之舉是敗政並因此上疏。比起沈一費的奏疏來，葉向高的這篇疏文顯然要犀利得多。他直接道出了「官逼民反」的可怕後果。本來只想節選錄出，但全文的內容不可分割，故只能重抄一遍。

明代有一個有趣的現象，即入仕爲官的讀書人，除了尊重皇權這個「政統」之外，同時還會維護一個「道統」。簡單說，這個「道統」就是讀書人共同遵循的爲人處世的原則。於道德方面，就是操守、氣節；於事業方面，就是經邦濟世；於精神方面，就是安貧樂道、佛老雙修。基於這些原則，讀書人則有了「達則兼濟天下，窮則獨善其身」這句話。在明代，任何一位「達者」，都是把盡忠盡孝擺在首要位置。忠是忠於皇上、忠於朝廷、忠於國家、忠於職守；孝是孝敬父母、長輩、老師，友愛兄弟。忠臣孝子是受世人景仰的楷模。但因有了「道統」，讀書人的忠便不是愚忠。如果碰到一個昏庸的皇帝，政統與道統便會尖銳對立。皇帝的一件錯誤決策，必會招致許多官員的反抗。自武宗開始，到神宗，一連四個皇帝，除穆宗之外，餘下三個皇帝均與大臣產生過激烈的對抗。也就是說，明中葉百餘年來，政統與道統大部分時間都處於尖銳的對立狀態。這期間，不怕死的大臣比比皆是，他們前赴後繼，一直擔負著監督皇權的責任。比之後世清朝，明朝的知識分子更能彰顯風骨。在萬曆時期，特別是張居正死後，引起皇帝與大臣對立的，主要有兩件事：一是立儲，二是礦稅。

做爲萬曆中後期最爲重要的政治家，葉向高自覺地承擔維護道統尊嚴的責任。他的這篇〈請止礦稅疏〉，便是一個明證。

張居正之後最好的帝王師

萬曆皇帝在位四十八年，是明朝十六個皇帝中享祚最久的一個。有史家認爲，明朝滅亡的最大罪人不是別人，正是這位萬曆皇帝。他一生中做過最激烈的事，便是對張居正的清算。從那以後，他退居深宮，對一應朝廷大事，都表現出漠不關心，好像這天下不是他的一樣。斥責他的大臣很多，但他概不搭理。這種忍耐性也確是了得！他的爺爺世宗皇帝處理「大禮案」，凡是反對他的人，一律治以重罪。萬曆皇帝挨罵的次數與程度，都遠遠超過世宗，但他只當什麼事都沒發生，十之八九的奏疏都留中不發。這其中當然也包括葉向高的這一篇。萬曆皇帝被葉向高斥爲禍國殃民的罪魁禍首，不但不生氣，反而給他升官，調任爲南京禮部右侍郎。葉向高此次在北京只待了兩年，名義上當了太子的老師，卻是連太子的面都沒有見著。在南京不知不覺又待了九年，由禮部右侍郎改任爲吏部右侍郎。雖然品級一樣，但由禮改吏，在官場看來，這等於是晉升。

其時，在內閣任首輔的是沈一貫。葉向高同沈一貫一樣，都是史官出身，又同爲太子的老師。所不同的是，葉向高的學問更扎實，他的論史文章，很多都有眞知灼見。如他論述治理天下的原則：

夫王者之治天下，非以我治之也，以我治天下者，私天下者也。夫天下大矣，吾生一私心必有所徇於人，必有所不便，故其勢不得不出於術。彌縫掩飾以愚斯民之視聽，而濟己之私，此有我者也。有我則我之心狹隘，而與王者不相似。夫所謂王者何也，公其心而矣。（〈王道蕩平正直論〉）

葉向高認爲王者應行的王道就是天下爲公，不要試圖以權術蠱惑視聽，採取愚民政策。這種民主政治的觀念，在明代的政治家中並不多見。論國家興亡，葉向高亦有創見：

天下之禍，莫大於人臣之求勝也。人臣有邪正，君子小人。唐虞三代所不能免其進退用舍，相為勝負亦其勢有必然，未成大害。惟君子用而專，務扶小人之所為；小人用而專，務扶君子之所為。各恃其勝心，快於一逞。以國家之政事詢臣下之意，向而為之君上者，泛泛然不能自主，卒之君子不勝則小人之禍烈矣。宋之極盛，則祥符、慶歷年間。其時君子小人亦屢進屢退，而無損於治者，以政事出自朝廷，臣下去留，不能大有變更也。（〈宋論〉）

這段論述，葉向高闡明一個觀點，國家興亡的主要承擔者，就是皇帝。若皇帝有主見，則臣子中的小人再多，也不能有損於政治。

葉向高治吏論政，很少說那種酸溜的秀才話，也不落空泛。所發議論，都取之於史而落實在當下，是有的放矢，且切中時弊。張居正之後的帝王師與首輔，葉向高應是最有思想的一位。

首輔是維持會會長

萬曆三十五年（一六〇七年）五月二十六日，萬曆皇帝簽發了一道詔旨，任命退休在家的原禮部尚書于愼行、禮部侍郎李廷機、南京吏部右侍郎葉向高三人，同爲禮部尚書兼東閣大學士，入閣參予機務。

自沈一貫與沈鯉同日退休後，內閣只剩下朱賡一名輔臣。朱賡爲人淳厚謹愼，爲政素無大過。他因是沈一貫的同鄉而受到提拔，爲此，亦爲士林所詬病。二沈離職後，朱賡已經七十二歲，勉強支撐時局。其時，中央與地方政府處在癱瘓狀態，吏治鬆懈，朝政渙散。朱賡實感力不從心，於是給萬曆皇帝寫了數十道奏書，希望他補齊部院大臣，增補閣臣。萬曆皇帝概不答覆。萬般無奈，朱賡要求退休，並脫下官袍換上素服到文華門懇求，萬曆皇帝一味慰留，但言官又對他窮追不捨地彈劾。兩相夾擊，朱賡心力交痒，死在任上。

于愼行、李廷機、葉向高的任命，便是在這種背景下產生。萬曆皇帝還下詔起用已退休多年的大學士王錫爵任首輔，王錫爵堅決推辭而不到任。于愼行勉強到任，但已病得下不了床，到京不到一個月就死於家中。在沒有任何老臣掌舵的情況下，兩名新任閣臣趕著鴨子上架，承擔起權力中樞的責任。而李廷機因爲是沈一貫體系中的人，所以一上任就遭到言官的猛烈攻擊。這樣，他亦不能全身心地投入工作。內閣的重擔，實際上落在葉向高的身上。此時，內閣首輔名義上還是王錫爵，因他堅持閉門不出，從未履任。葉向高實際上承擔著首輔的責任。

不知不覺到了萬曆三十七年（一六〇九年）的三月，這一天，禮科給事中王元翰帶著家屬徒步離開京城，掛冠而去。

這個王元翰當了四年言官，他爲人清正，敢於揭露官場的腐敗和種種違法亂紀的行爲。因此，他遭到許多官員的忌恨。於是，便有一個名叫鄭繼芳的御史，受人嗾使上疏彈劾王元翰「盜竊國庫金銀，克扣商人財產，贓物達數十萬」。王元翰非常憤怒，上疏辯冤。但萬曆皇帝仍然不聞不問。鄭繼芳之流便有恃無恐，派人將王元翰的家包圍封鎖。王元翰無法自明，只好將自家箱櫃中的財物全部取出搬到大街上，聽憑那些包圍他家的官吏拿走，他自己則帶著家人一路痛哭離開京門。第二天，吏部便將王元翰開除公職。

朝廷混亂到這種地步，以致奸人囂張，君子去位，黨同伐異，正氣不伸。坐在內閣值房的葉向高，儘管知道皇帝「自作孽，不可活」，他仍針對王元翰事件的發生，及時上疏懇請皇上整理言官，將言官近年上疏的奏章盡數發還給群臣討論。

由於皇上的不作爲，言官們不再發揮監察作用，而是利用彈劾的權力互相攻訐。責任雖在萬曆皇帝本人，但鬧成這樣子，又讓萬曆更加討厭。於是，所有言官上奏給他的彈劾文章，他一律留中不發。這種不分青紅皂白、不分是非曲直的做法，使朝廷的監察系統遭到完全的破壞。葉向高身在其位，不得不擔心後果，於是提出發還言官奏章的建議。他的本意是藉此明辨是非。但是，萬曆皇帝照例是不置一詞。

葉向高步入仕途已經二十六年，其中在北京待的時間不過六年，大部分時間都是在南京擔任閒職。明代的帝師中，留下著作最多的兩個人，一個是宋濂，另一個就是葉向高了。宋濂五十歲才入仕，此前一直教書做學問，所以著作多。葉向高雖然入仕早，但一直坐在冷板凳上，有時間讀書寫作，所以有著豐富的筆墨生涯。

葉向高之所以被萬曆皇帝選中入閣，第一是他的學問，第二乃是因爲他一直離權力中樞遠，沒有樹敵結怨，任用他各派力量都能接受。但是，在萬曆皇帝的心目中，他希望的首輔不是那種精明強幹、勵精圖治的幹臣，只要能當好維持會的會長就行。張居正之後，首輔這個位子上，再不可能產生政治強人。

葉向高當然知道萬曆皇帝的心思。他上任之後，從不提重振朝綱、革除弊政這樣一些應該做也必須做的事情。而且是順勢而為，做一些力所能及的事，如懇求皇上讓太子上學，補充缺官等。但是，即便是這樣一些事情，萬曆皇帝仍然不予採納。到這時，太子朱常洛差不多二十六歲了，但還是一個半文盲，萬曆皇帝阻止他出閣讀書。做為他名義上的老師，葉向高痛心疾首，卻又無可奈何。

三年寫了三十九份辭職報告

萬曆四十年（一六一二年）春三月，大批鬧饑荒的流民集聚京師，戶部請求撥出糧米建幾處粥廠進行賑濟，獲得皇上批准。這天，葉向高視察粥廠歸來，嗷嗷待哺、形容枯槁的饑民形象，在他腦子裡揮之不去。做為歷史學家，他可以從浩浩史籍中找出許多例子來證明「民可載舟，亦可覆舟」的道理。今日之饑民，誰能保證他們明日不會成為揭竿而起的陳勝？大廈將傾的危機感，讓葉向高無法緘默。於是，他又提筆給萬曆皇帝寫了一封簡單的奏疏，大意是：歷代帝王在位四十年以上的，從夏、商、周三代至今，只有十位君主，皇上便是這十位中的一位，希望皇上珍惜上天的眷顧，推行新政，徵集人才，及時處理政務。

葉向高在這封簡疏中含蓄地提出「推行新政」，明眼人一看便知，這是爲張居正說話。因爲萬曆登基之初，正是由於任用張居正「推行新政」，國家才有了中興之象。自張居正之後，朝廷再無一個大臣敢提「推行新政」這四個字。葉向高此時提出來，可謂觸犯了萬曆皇帝的忌諱，這是要冒很大的風險的。

但是，葉向高的這一記重拳，仍然打在棉花上。

按理說，一個登基四十年，又恰逢進入天命之年的皇帝，面對這樣兩個重要的時間視窗，一定會有所動作，在撫慰民心提振治績上，也會推出一些善政。但是，萬曆皇帝堅持「枯樹禪」，心如死灰比出家人還要徹底。

葉向高心裡涼透了。第二天，他又寫了一封奏章，名爲〈乞休第二十三疏〉：

> 奏為申請罷斥事。
>
> 臣於歲裡連章乞罷，伏蒙聖恩慰留，居期重違上命，匍伏勉出，亦妄意聖明當此新歲，必有一番新政，以慰天下之望，使臣得少免於曠職之愆。但至今還然。臣連章苦口，聖上從不答覆。臣始知螻蟻之誠，終不足感動聖明。臣日夜延頸而企望者，皆是妄想，諄諄陳請，皆無用語耳。但大小臣工，都寄望於臣，以為臣之力，尚能得皇上支持，而臣自不努力。今天高於上，眾迫於下，臣以孤身躑躅其間，如

同牛馬。主人既縶其足而諸人欲乘其駕者，見其不動，復鞭之策之，必令其行。彼牛馬雖賤，亦有知覺，其難不仰首而悲鳴哉！

昔韓琦求去，神宗留之。琦乃盡取士大夫責望之書以奏，神宗遂聽其去。蓋人主之於臣，既不行其言，則亦使之有所容於天下，而後可也。臣之庸劣既遠非琦可比，而人之罪責臣者，又萬倍於琦。臣寸心未死，何以自容。頃者以腰足楚痛不能行步，杜門數日又復勉出，令人扶掖至閣當值。今一身之中，自頂至踵，無不作痛，即扶掖亦不能行，此所以萬不得已，哀祈皇上放臣殘生，使歸田里，以毋誤天下國家之事。

臣聞之畏途難涉，高位難居，臣起自孤貧，素無遠志，叨濫至此，自揣非宜，無一時一刻不思退避，豈敢營私貪位，以貽士大夫之憂。惟望皇上召還耆德，妙簡名賢，為天下所共信共服，無偏無黨之人，使居此地。耳目一新，眾志咸附，世界應有清寧之日，此尤今日安危治亂之一大機。而臣所欲以一去報國者，惟聖明鑑其誠而批准之。臣冒死懇求，不勝激切哀鳴之至。

萬曆四十年二月十七日

這是葉向高寫給萬曆皇帝的第二十三封辭職報告。自古至今，高官的職位都是香餑餑，唯獨在萬曆中晚期，想當高官的人都成了一大傻。那一時期的官場展現出生動的「圍城」現象，一方面是仍有不少人想躋身其中嘗嘗高官的甜頭，另一方面是已經當上高官的人紛紛都想掛冠而去。發展到後來，愈是有責任的大臣，愈是有氣節的人，就愈是想炒萬曆皇帝的魷魚。

從萬曆三十八年至萬曆四十一年的這三年時間裡，葉向高一共寫了三十九份辭職報告，平均一個月一份。如果將這些辭職報告單獨彙聚成冊，即可看出當時政治的混亂，亦可看到葉向高的苦心孤詣。當然，我們更可以從中看到萬曆皇帝的昏庸。如果說，正德皇帝的昏庸尚有可愛的一面，萬曆皇帝的昏庸則可謂是大明帝國的升級版，除了可恨，還是可恨。

黨禍，礦稅後的又一場災難

在總共寫了六十餘份辭職報告後，到了萬曆四十二年（一六一四年）的八月，萬曆皇帝終於批准葉向高致仕。葉向高在任職首輔期間，始終保持其清正的聲望，每一件事都有獨立的主見，效忠皇上而不阿諛。如敦請太子出席講筵，爲瑞王請婚、福王出京、補缺官、罷礦稅，都是再三陳述理由，試圖以最正確的方式進行處理。但是，他的建議大都不被萬曆皇帝採納，所用者，不過十之一二而已。

葉向高去職之後，朝廷政局愈來愈糟，政府機構癱瘓，官員都處於失控狀態。他們彼此拉幫結派，相互攻訐。葉向高在位時，黨派鬥爭已經開始，他走之後，黨派鬥爭便到了白熱化的程度。

事情源於東林書院。一名退休官員顧憲成在老家無錫閒居，創辦了一所東林書院，收徒講學。一時間，跟著他講學的人很多，其中不少是官員。因爲影響力日漸增強，故嫉妒者也一天天增多。自此，凡是參與在東林講學的人，便被稱之爲東林黨。而當時朝廷官員，幾乎達到了無官不黨的地步。最先與東林黨抗衡的，叫「宣昆黨」。乃是因爲該黨的兩大黨魁一個是國子監祭酒湯賓尹，安徽宣城人；一個是左春坊諭德顧天竣，江蘇昆山人。取二人籍貫，故稱爲「宣昆黨」。這兩個人召聚學生爲同夥，干預朝廷大政，影響極壞。茲後，又有齊黨、楚黨、浙黨，爲首者都是朝廷大臣。這些黨或是以老鄉，或是以師生、同年等各種關係糾合在一起，都以攻擊東林、排斥異己爲宗旨。並創立「大東」、「小東」之說，大東指的是東宮太子，小東指的是東林書院。反對東林的四黨互相聯盟，凡不符合其意趣的，必欲傾力排擠。所以，在朝廷爲官者，若不依附於他們，便不能安於其位。因此，這些樹黨者被稱之爲「當關虎豹」。

相比之下，東林黨人比較正直。到熹宗、光宗時代，四黨之人借助魏忠賢的勢力，對東林黨人必欲趕盡殺絕。到了天啓年間，朝中奸臣給東林黨下了一個定義：凡是萬曆年間爭立皇長子爲太子者，爲李三才辯護者，揭發韓敬科場事件者，要求復查熊廷弼案件者，爭辯梃擊案者，爭論移宮、紅丸兩案者，觸犯魏忠賢者，都被指爲東林黨。這樣一來，朝廷中凡是正直的大臣，幾乎都成了東林黨人。這幫人還別出心裁地弄了一個〈東林點將錄〉，被視爲東林黨黨魁的，既不是顧憲成，也不是高攀龍，而是葉向高。

葉向高保全善類，但從不結黨。他之所以被定爲東林黨魁，乃是因爲在黨派鬥爭中，他保持中立，但堅持正義。這樣，東林黨中的許多正人君子得到了保護。葉向高離開政壇後，黨派爭鬥最終衍變成黨禍。這是萬曆時期繼礦稅之後，又一個促使明朝滅國的災咎。

就在萬曆不理朝政，百官陷入黨爭之時，東北的女眞人已經崛起。萬曆四十四年（一六一六年）正月，大清太祖高皇帝努爾哈赤在冰天雪地中稱帝，建立年號爲天命元年。明朝的掘墓人已經出現了，清醒的人已經聞到了這個政權的屍臭，但萬曆皇帝本人尙渾然不覺。

清太祖稱帝後的第三個月，萬曆皇帝應允考察京官，主持考察的是浙黨之人。一個月之後，齊黨、楚黨、浙黨三黨官員盡踞要職，而所有不肯依附的官員一律被斥爲東林黨，盡數驅逐一個不留。對這種官場亂象，萬曆皇帝仍不置一詞。

萬曆四十八年的七月二十一日，萬曆皇帝在乾清宮駕崩，終年五十八歲。

九天後，皇太子朱常洛繼任，是爲光宗。一個月後，即九月一日，光宗駕崩，享年三十九歲。

六天後，朱常洛的皇長子朱由校即位，是爲熹宗。半個月後，熹宗皇帝賜予太監魏忠賢以世代繼承官職的特權，熹宗同時冊封自己的奶媽客氏爲奉聖夫人。自此，明朝政治掀開了最爲黑暗的一頁。

孤臣白髮三千丈

光宗雖然只當了一個月的皇帝，但他登基之初，還是想革除弊政，如將其父皇搜刮的內庫金銀拿出來充作軍費，頗得民心。同時，他對自己的老師葉向高頗有好感，他想施行新政，便想借助葉向高的智慧和能力。於是，登基後不幾天，便下詔請葉向高還朝，但詔令還未到葉向高的手上，光宗就已去世。熹宗即位後，仍按父皇的意願，促使葉向高還朝。葉向高多次推辭而不能，只得束裝上路，從老家福清登車北上。他於天啓元年（一六二一年）十月重新回到闊別了六年的北京，再次擔任首輔。

他重登首輔之位三個月後，便促成了一件大事，即給張居正平反。

對張居正，葉向高感情較爲複雜。從寬厚的角度講，他不同意張居正的嚴峻；從富國強兵的願望上看，他又讚賞張居正的施政措施。特別是萬曆後期，他目睹弊政日深、國力衰微、民心潰散的亂象後，更加覺得張居正的難能可貴。但他畢竟不是鋌而走險的人物，不敢在萬曆皇帝面前爲張居正講好話。不過，只要一有機會，他就會曲折表達對「萬曆新政」的懷念。

前面曾經說過，當年萬曆皇帝同時任命于慎行、李廷機與葉向高三人爲內閣輔臣。于慎行剛從山東老家抵達北京就病死，葉向高爲其寫墓誌銘。其中有這樣一段：

當江陵柄國日，既大失士大夫心。其敗後，莫不推波助瀾，欲甚之而為快。公獨致書丘公，言江陵當有勞於國家，是非功過當為別論，即間有所受取，亦可指數。家之所藏，遠較分宜，近視馮璫，皆萬分不及。而必欲捕風捉影廣為搜刮，以稱上命，竊恐株連全楚，公私皆受其累……

這一段是歌頌于慎行在張居正禍發之後的公正態度。于慎行認爲張居正有勞於國家，對於他的是非功過，可以暫時擱置不談，但誣衊他貪污，則有失公正。他希望主持此案的刑部侍郎丘橓不要一味迎合皇上的意思，捕風捉影製造冤案。

葉向高爲于慎行寫墓誌銘時，正在首輔位上，萬曆皇帝也還健在。但他敢於這樣寫，可見他對張居正的改革新政還是持肯定態度的。

光宗登基後，將一些被貶謫罷斥的大臣請回京城，其中就有一個曾因反對張居正奪情而被打斷腿的鄒元標。鄒元標也是一個學者型官員，一輩子剛直不阿。此番回京，主動追述張居正的功績，並大聲呼籲「張居正功不可沒」。其時，萬曆皇帝已死，爲張居正平反的最大障礙已經清除。於是，葉向高便利用鄒元標等老臣的影響力，建議熹宗爲張居正平反。

天啓三年（一六二三年）的五月初三，在張居正去世整整四十年之後，熹宗皇帝宣布爲張居正平反，恢復張居正的原官。這一天，也正是張居正的誕辰。

五月初四，熹宗再下詔旨，撫恤方孝儒的後代，賜予謚號，給予祭祀和安葬。

我曾說過，明代所有的帝師中，悲劇性最大的兩個人，第一是方孝儒，第二是張居正。熹宗同時給這兩個人平反，做爲當朝首輔的葉向高功不可沒。

熟悉中國政治運作規律的人都知道，任何一次政治的革新，都是從平反歷史上的冤假錯案開始。給方孝儒、張居正平反，本可期待熹宗有更大的善政出現。但不幸的是，他深深信任的大太監魏忠賢與奶媽客氏，已經讓朝廷陷入黑色恐怖。

天啓四年（一六二四年）六月初一，左副都御史楊漣上疏彈劾魏忠賢的二十四大罪狀，朝廷中正直與邪惡的鬥爭由此進入白熱化。

當楊漣遞交〈劾忠賢疏〉時，諭德繆昌期正在拜謁葉向高。繆昌期是葉向高的得意門生。交談中，繆昌期告訴他楊漣上疏的事，葉向高聽罷大驚，說：「楊漣這是輕率之舉。除掉魏忠賢，皇上身邊還有誰呢？」繆昌期聽此回答更爲吃驚，大聲說：「是誰用這種話欺騙你呢？魏忠賢這種人該殺呀！」說罷起身而走。

葉向高態度曖昧，引起大批官員的不滿。比起萬曆時期，年過六十的葉向高的確變得圓滑了。但他卻不肯與魏忠賢之流同流合污，而是審時度勢，認爲眼下剷除魏忠賢的時機還不成熟。楊漣劾疏上呈後，大臣相繼有數十人跟進上疏，一時間局勢非常緊張。有人建議葉向高將此事交給大臣討論，可能取得勝利。葉向高認爲眼下最好的辦法，是由內閣從中消除對立，不要讓大批官員因此而釀悲劇。於是，他給熹宗寫信，一方面肯定魏忠賢忠君勤勞，一方面又說魏忠賢濫用皇上對他的寵信，導致內廷與外官對立，建議讓魏忠賢回家閒居。

魏忠賢看到這封信後很不高興，便請人捉刀給熹宗寫信爲自己辯護。同時，還派出大批宦官圍攻葉向高的居所。葉向高又給熹宗上疏說：「國朝二百餘年來，從未發生過宦官圍攻內閣大臣府第的現象。臣現存若不辭掉首輔之職，將有何面目見士大夫！」熹宗收到信後，好言慰留，但葉向高去意已決，一連給熹宗寫了二十餘封辭職信。

天啓四年七月九日，即楊漣上〈劾忠賢疏〉後一個多月，葉向高終於得到熹宗批准辭職返鄉。葉向高離京之後，由於少了一個既存正氣又有能力周旋的人物。魏忠賢便肆無忌憚地大興冤獄，大開殺戒，京城之內群魔亂舞，善類爲之一空。

天啓七年（一六二七年）八月二十二日，熹宗皇帝在乾清宮駕崩，享年二十三歲。幾天後，葉向高在家鄉病逝，享年六十九歲。孤臣白髮三千丈，用此來形容葉向高的一生，是最恰當不過了。

十七年後即一六四四年，運行了近二百六十年的大明王朝滅亡。如果這一年葉向高還活著，他將是八十六歲的老人。幸虧他沒有這麼高壽，否則，亡國之痛會讓他五臟俱裂！

國家圖書館出版品預行編目資料

明朝帝王師：他們教皇帝的事，以及他們的下場 / 熊召政著. -- 初版. -- 臺北市：本事文化, 民 101.04
面； 公分
ISBN 978-986-6118-28-9(平裝)
1. 傳記 2. 明代 3. 中國
782.21 101005392

明朝帝王師：他們教皇帝的事，以及他們的下場

作　　者　熊召政
責任編輯　林毓瑜、劉素芬

發 行 人　麥成輝
總 經 理　喻小敏
總 編 輯　林毓瑜
主　　編　王曉瑩
行 銷 部　吳宜臻

出 版 社　本事文化股份有限公司
台北市中正區羅斯福路四段 68 號 7 樓之 9
電話：(02) 2363-9799　傳真：(02) 2363-9939
E-mail：motif@motifpress.com.tw

營運統籌　大雁文化事業股份有限公司
地址：台北市 105 松山區復興北路 333 號 11 樓之 4
電話：(02)2718-2001
傳真：(02)2718-2001

香港發行所　大雁（香港）出版基地・里人文化
地址：香港荃灣橫龍街 78 號正好工業大廈 25 樓 A 室
電話：(852)2419-2288 傳真：(852)2419-1887
網址：anyone@biznetvigator.com

美術設計　比比司設計工作室
印　　刷　中原造像股份有限公司

● 2012（民 101）4 月初版
定價 380 元

本書中文繁體字版由紫禁城出版社授權出版
　ISBN 978-986-6118-28-9

本事
文化
Motif Press Co., Ltd.
Motif

廣 告 回 信
台北郵局登記證
台北廣字第03773號

平 信

100-91
台北市中正區羅斯福路四段 68 號 7 樓之 9
本事文化股份有限公司

請沿虛線對摺，非常感謝！

書號：WN1005　書名：明朝帝王師：他們教皇帝的事，以及他們的下場

請於此處用膠水黏貼

本事文化
Motif Press Co., Ltd.
Motif

《明朝帝王師》
讀者回函卡

更多本事文化相關資訊，請上
本事部落格 http://motifpress.pixnet.net/blog
或到 facebook 加入「本事文化粉絲團」

非常感謝您購買本事文化的產品！
請耐心填寫此卡，我們將不定期寄上本事文化最新書訊給您！

姓名：________________

性別：□男　□女　　生日：西元________________年______月______日

通訊地址：________________

聯絡電話：________________　傳真：________________

Email：________________

學歷：□**1.**小學　□**2.**國中　□**3.**高中　□**4.**大專　□**5.**研究所以上

職業：□**1.**學生　□**2.**軍公教　□**3.**服務業　□**4.**金融業　□**5.**製造業　□**6.**資訊
□**7.**傳播業　□**8.**自由業　□**9.**農漁牧業　□**10.**家管　□**11.**其他 ________

請問您如何得知本書訊息？

□**1.**實體書店　□**2.**網路　□**3.**報紙　□**4.**雜誌　□**5.**廣播　□**6.**電視
□**7.**親友推薦　□**8.**其他 ________________

請問您通常以何種方式購書？

□**1.**實體書店　□**2.**網路　□**3.**傳真訂購　□**4.**郵局劃撥　□**5.**其他 ________

請問您喜歡閱讀哪類書籍？

□**1.**財經類　□**2.**自然科學　□**3.**歷史　□**4.**法律　□**5.**文學　□**6.**休閒旅遊
□**7.**小說　□**8.**傳記　□**9.**生活勵志　□**10.**其他 ________________

歡迎寫下您的建議：________________

____

____

____

請於此處用膠水黏貼